新工科×新商科·金融科技创新系列

汽车金融

阙海宝　帅青红　主审

刘　潼　刘　映　主编

李　岚　郝业彤　易　珂　副主编

电子工业出版社
Publishing House of Electronics Industry
北京·BEIJING

内 容 简 介

本书基于汽车金融发展现状，首先对汽车金融及相关概念进行概述；接着介绍汽车金融公司、汽车互联网平台等相关主体；然后分析汽车消费信贷、汽车保险、汽车租赁、二手车交易等具体业务；最后介绍互联网汽车金融、新能源汽车、汽车金融未来展望。具体内容涵盖了汽车金融的基础知识、典型应用，特别是研究了汽车金融公司、汽车互联网平台的融资、经营模式、风险管理，以及汽车消费信贷、汽车保险等主要业务的具体流程，分析了汽车金融行业的宏观经济影响，介绍了行业的发展趋势及未来展望，形成一个完整的知识体系。

本书可作为金融学、经济学、汽车等相关专业学生的教材，也适合金融、汽车等领域的相关研究人员与从业人员使用。

未经许可，不得以任何方式复制或抄袭本书之部分或全部内容。
版权所有，侵权必究。

图书在版编目(CIP)数据

汽车金融 / 刘潼，刘映主编. — 北京：电子工业出版社，2024.2
ISBN 978-7-121-47259-6

Ⅰ. ①汽… Ⅱ. ①刘… ②刘… Ⅲ. ①汽车－金融 Ⅳ. ①F830.571 ②F840.63

中国国家版本馆 CIP 数据核字(2024)第 037042 号

责任编辑：王二华　　特约编辑：张　慧
印　　刷：三河市良远印务有限公司
装　　订：三河市良远印务有限公司
出版发行：电子工业出版社
　　　　　北京市海淀区万寿路 173 信箱　　邮编：100036
开　　本：787×1092　1/16　印张：12.5　字数：304 千字
版　　次：2024 年 2 月第 1 版
印　　次：2025 年 1 月第 2 次印刷
定　　价：45.00 元

凡所购买电子工业出版社图书有缺损问题，请向购买书店调换。若书店售缺，请与本社发行部联系，联系及邮购电话：(010)88254888，88258888。
质量投诉请发邮件至 zlts@phei.com.cn，盗版侵权举报请发邮件至 dbqq@phei.com.cn。
本书咨询联系方式：wangrh@phei.com.cn。

前　言

随着人们生活水平的提高及消费观念的不断改变，人们在购买能力不断提升的同时，接受新鲜事物的水平也在不断提高，人们越来越追求高品质的生活。此外，人们逐渐提高的消费水平也为汽车消费打下了坚实的基础。特别是近年来，汽车金融行业的兴起，成功地推动了汽车消费的增长。

汽车金融从诞生至今已有百余年的历史。伴随着汽车金融出现的，还有汽车产业磅礴发展的态势。汽车金融对于汽车产业来说，有着十分重要的意义，它不仅延伸了汽车产业价值链，还扩大了汽车产业的获利领域，为整个汽车产业带来了巨大的经济利润，使汽车生产商和汽车经销商都看到了其中蕴含的商机。理特管理顾问有限公司曾指出，全球汽车行业利润的24%左右都来自汽车金融业务。汽车金融在给汽车产业带来"衍生业务利润"的同时，也给汽车生产商与汽车制造商带来了新的发展契机。

我国的汽车金融消费起源于20世纪90年代，在21世纪初实现了"黄金十年"井喷式发展后，逐渐走入千家万户。

自2017年以来，我国车市增速放缓，汽车销量不断下滑，汽车产业的竞争愈加激烈，汽车产业链的利润来源主要依赖汽车金融。同时，随着宏观经济形势的变化及可持续发展的需要，我国在汽车产业和汽车金融领域出台了很多导向性政策，如2018年基本放开利率管制，建立了存款保障体制；大中型商业银行开展普惠金融业务，加强了金融监管等。这些政策的出台在着重解决汽车产业发展中存在的问题的同时，也使汽车金融行业的发展迎来新的拐点。

2019年，在宏观经济不景气、汽车产业萎靡的背景下，汽车金融行业的监管力度显著增强。

2020年4月9日，为稳定和扩大汽车消费、促进经济社会平稳运行，国家发展改革委员会、科技部、工业和信息化部等11个部门联合印发了《关于稳定和扩大汽车消费若干措施的通知》（发改产业〔2020〕684号），鼓励金融机构积极开展汽车消费信贷等金融业务，通过适当下调首付比例和贷款利率、延长还款期限等方式，加大对汽车个人消费信贷支持力度，持续释放汽车消费潜力。

2020年11月，中国银保监会会同国家发展改革委员会、工业和信息化部、财政部、住房和城乡建设部、农业农村部、商务部、人民银行、市场监管总局等融资性担保业务监管部际联席会议成员单位，联合印发了《关于印发融资担保公司监督管理补充规定的通知》（银保监发〔2019〕37号）。

2021年，我国汽车金融渗透率约达53%，2020年，我国汽车金融规模达到2.2万亿元，近10年的年复合增长率达25.8%。当前，25家汽车金融公司的总资产规模现已超过万亿元规模，占据整体市场的半壁江山。

从业务角度来看，汽车金融渗透率整体呈上升趋势，未来业务发展仍有较大空间。

因此，汽车金融公司要围绕本公司用户、车辆及有关贷款等业务场景，持续创新，为购车、用车和换车的全生命周期提供金融服务。同时，汽车金融公司也应将其汽车金融业务衍生到整个汽车产业链中，以推动整个汽车产业链持续稳步发展。

从风控角度来看，汽车金融有关经营主体要严格依照相关法律法规合法经营，在防范和化解汽车金融风险的同时，实现汽车金融行业的可持续发展。

从科技角度来看，汽车金融行业要不断引进人工智能、大数据、云计算、车联网等相关技术，实现科技金融。在科技赋能金融的同时，汽车金融行业也要不断提升汽车金融服务在汽车电动化、智能化、网联化和共享化方面的支撑力。

本书从汽车金融概述出发，对汽车金融公司、汽车互联网平台、汽车消费信贷、汽车保险、汽车租赁、二手车交易、互联网汽车金融和新能源汽车等内容进行讲解，并对汽车金融的未来进行了展望。同时，本书立足我国实际，内容涵盖了有关汽车金融的基础知识、经典案例及有关主要业务的具体流程，形成了一个较为完整的汽车金融知识体系。

本书由刘潼、刘映担任主编，李岚、郗业彤、易珂担任副主编。其中，刘潼负责编写"汽车金融概述""汽车金融公司""汽车保险"和"互联网汽车金融"等章节的内容，同时负责全书的统筹及完善；刘映负责编写"汽车互联网平台"和"汽车消费信贷"等章节的内容；郗业彤负责编写"汽车租赁"和"二手车交易"等章节的内容；李岚负责编写"新能源汽车"和"汽车金融未来展望"等章节的内容；易珂负责全书的校对。

本书的编写得到了众多金融领域专家及汽车金融行业同仁的大力支持，感谢他们提供的部分参考材料。同时，与他们的交流使编者深受启发，在此表示衷心的感谢！对于在本书编写过程中提供帮助的朱江艳、陈静、田宸溪、张涵、范柏江、郭金成及苟璇等同学，表示衷心的感谢。同时，特别感谢在本书编写过程中默默提供支持与帮助的朋友、专家、学者及同行。在本书编写过程中，编者参考和借鉴了大量的国内外出版物与资料，在此谨向原作者表示诚挚的谢意。

由于编者水平有限，书中难免存在不足，在此真诚希望各位读者提出宝贵意见，也希望得到同行专家的批评和指正，以利本书修改和订正，使之更臻完善。编者联系邮箱：s_liutong@bgu.edu.cn。

目　　录

第1章　汽车金融概述 ··· 1
1.1　产业金融 ·· 2
1.1.1　产业金融的定义 ··· 2
1.1.2　产业金融的发展 ··· 2
1.2　汽车金融 ·· 3
1.2.1　汽车金融的定义 ··· 3
1.2.2　汽车金融的发展 ··· 3
1.2.3　汽车金融的现状 ··· 4
1.3　汽车金融市场主体 ·· 4
1.3.1　汽车金融公司 ·· 4
1.3.2　商业银行概况 ·· 7
1.3.3　保险公司概况 ·· 9
1.3.4　融资租赁公司 ·· 11
1.3.5　汽车互联网平台 ·· 12
本章小结 ·· 13
关键词 ··· 13
思考题 ··· 13
参考资料 ·· 14

第2章　汽车金融公司 ··· 15
2.1　汽车金融公司概述 ·· 16
2.1.1　我国汽车金融公司的产生与发展 ····································· 16
2.1.2　汽车金融公司的设立、变更与终止 ································· 17
2.1.3　汽车金融公司的主要业务 ·· 19
2.2　汽车金融公司经营模式 ·· 19
2.2.1　汽车金融公司的营销模式 ·· 19
2.2.2　汽车金融公司的融资渠道 ·· 20
2.2.3　汽车金融公司的盈利模式 ·· 21
2.2.4　汽车金融公司的竞争策略 ·· 23
2.2.5　汽车金融公司的竞争优势 ·· 25
2.3　汽车金融公司的风险管理 ·· 26
2.3.1　汽车金融公司面临的主要风险种类 ································· 26
2.3.2　风险控制与监督管理 ·· 27

  2.4 汽车金融公司经营案例分析 ·· 29
 本章小结 ·· 30
 关键词 ·· 30
 思考题 ·· 31
 参考资料 ·· 31

第3章 汽车互联网平台 ··· 32

 3.1 汽车互联网平台概述 ·· 33
  3.1.1 汽车互联网平台概况 ·· 33
  3.1.2 常见的汽车互联网平台 ·· 34
 3.2 汽车互联网平台的融资模式 ··· 35
  3.2.1 汽车互联网平台融资结构的理论基础 ································ 35
  3.2.2 汽车互联网平台融资结构的基本内涵 ································ 37
  3.2.3 汽车互联网平台的融资形式 ··· 38
 3.3 汽车互联网平台的经营模式 ··· 39
  3.3.1 汽车互联网平台的营销模式 ··· 39
  3.3.2 汽车互联网平台的盈利模式 ··· 41
  3.3.3 汽车互联网平台的竞争策略 ··· 42
 3.4 汽车互联网平台面临的风险及风险监控 ·································· 42
  3.4.1 汽车互联网平台面临的风险 ··· 42
  3.4.2 汽车互联网平台的风险监控 ··· 44
 3.5 汽车互联网平台经营案例 ·· 46
 本章小结 ·· 46
 关键词 ·· 47
 思考题 ·· 47
 参考资料 ·· 47

第4章 汽车消费信贷 ·· 48

 4.1 汽车消费信贷概述 ··· 49
  4.1.1 汽车消费信贷的定义 ·· 49
  4.1.2 汽车消费信贷的发展历程 ··· 50
  4.1.3 汽车消费信贷的现状 ·· 51
 4.2 汽车消费信贷业务的特点及种类 ··· 53
  4.2.1 汽车消费信贷业务的特点 ··· 53
  4.2.2 汽车消费信贷业务的种类 ··· 54
 4.3 汽车消费信贷参与单位及业务流程 ·· 56
  4.3.1 汽车消费信贷参与单位及其职责 ···································· 56
  4.3.2 汽车消费信贷业务流程 ·· 57
 4.4 汽车消费信贷的风险管理 ·· 59
  4.4.1 汽车消费信贷的风险种类 ··· 59
  4.4.2 汽车消费信贷的风险特性 ··· 60

4.4.3　汽车消费信贷风险的成因分析 61
　　　4.4.4　汽车消费信贷的风险防范 63
　4.5　汽车消费信贷案例分析 65
　本章小结 66
　关键词 67
　思考题 67
　参考资料 67

第5章　汽车保险 68
　5.1　汽车保险概述 69
　　　5.1.1　汽车保险的定义 69
　　　5.1.2　汽车保险的发展历程 70
　　　5.1.3　汽车保险的现状 70
　5.2　汽车保险的种类 72
　　　5.2.1　机动车交通事故责任强制保险 72
　　　5.2.2　第三者责任险 74
　　　5.2.3　机动车损失险 75
　　　5.2.4　车上人员责任险 76
　5.3　汽车保险承保 77
　　　5.3.1　汽车保险承保概述 77
　　　5.3.2　汽车保险承保流程 78
　5.4　汽车保险理赔 80
　　　5.4.1　汽车保险理赔概述 80
　　　5.4.2　汽车保险的理赔流程 82
　5.5　中国汽车保险反欺诈 84
　　　5.5.1　汽车保险欺诈的现状 84
　　　5.5.2　汽车保险反欺诈的主要举措 86
　　　5.5.3　汽车保险反欺诈的意义 87
　5.6　汽车保险案例分析 88
　本章小结 89
　关键词 89
　思考题 89
　参考资料 89

第6章　汽车租赁 90
　6.1　汽车租赁概述 91
　　　6.1.1　汽车租赁的定义 91
　　　6.1.2　汽车租赁的分类 92
　　　6.1.3　汽车租赁的功能 93
　　　6.1.4　汽车租赁的发展概述 94
　6.2　经营性汽车租赁 96

  6.2.1 汽车长期租赁·······96
  6.2.2 汽车短期租赁·······98
  6.2.3 汽车分时租赁·······99
  6.2.4 经营性汽车租赁租后服务和业务管理·······100
 6.3 汽车融资租赁·······104
  6.3.1 汽车融资租赁的业务模式·······105
  6.3.2 汽车融资租赁的业务流程·······106
  6.3.3 汽车融资租赁资产证券化·······110
 6.4 汽车租赁案例分析·······115
 本章小结·······117
 关键词·······117
 思考题·······117
 参考资料·······118

第7章 二手车交易·······119
 7.1 二手车交易概述·······120
  7.1.1 二手车交易的定义·······120
  7.1.2 二手车交易的原则·······121
  7.1.3 二手车交易市场的设置·······122
  7.1.4 我国二手车交易的发展历程·······123
  7.1.5 我国二手车交易的现存问题·······123
 7.2 二手车交易的商业模式·······124
  7.2.1 二手车超市模式·······124
  7.2.2 二手车拍卖模式·······125
  7.2.3 二手车拍卖注意事项·······126
  7.2.4 二手车置换·······127
  7.2.5 二手车电子商务·······129
 7.3 二手车鉴定与评估·······130
  7.3.1 二手车价值的评估方法·······130
  7.3.2 二手车的静态检查和动态检查·······132
 本章小结·······136
 关键词·······136
 思考题·······136
 参考资料·······137

第8章 互联网汽车金融·······138
 8.1 互联网汽车金融概述·······139
  8.1.1 互联网汽车金融的定义·······139
  8.1.2 互联网汽车金融的发展历程·······139
  8.1.3 互联网汽车金融的发展现状·······140
 8.2 互联网汽车金融业务种类·······141

		8.2.1	企业融资	141
		8.2.2	汽车融资租赁	143
		8.2.3	并购业务	145
		8.2.4	保险业务	146
	8.3	互联网汽车金融的风险管理		146
		8.3.1	互联网汽车金融的风险种类	147
		8.3.2	互联网汽车金融应对风险的措施	148
	8.4	互联网汽车金融案例分析		149
	本章小结			151
	关键词			151
	思考题			152
	参考资料			152

第9章　新能源汽车 153
  9.1 新能源汽车概述 154
    9.1.1 新能源汽车的定义 154
    9.1.2 新能源汽车的种类 155
    9.1.3 新能源汽车的发展历程 156
    9.1.4 新能源汽车的发展现状 157
  9.2 新能源汽车企业融资 158
    9.2.1 新能源汽车企业的股权融资 159
    9.2.2 新能源汽车企业的债权融资 160
  9.3 新能源汽车企业融资风险的种类及管理 161
    9.3.1 新能源汽车企业融资风险的种类 161
    9.3.2 新能源汽车企业融资风险的管理 163
  9.4 新能源汽车租赁 164
    9.4.1 新能源汽车的商业模式 164
    9.4.2 新能源汽车分时租赁 166
  9.5 新能源汽车保险 168
    9.5.1 新能源汽车保险的发展现状 168
    9.5.2 新能源汽车保险的产品设计 169
    9.5.3 新能源汽车保险的风险分析 170
  9.6 新能源汽车案例分析 171
  本章小结 173
  关键词 173
  思考题 173
  参考资料 174

第10章　汽车金融未来展望 175
  10.1 创新汽车金融产品 176
    10.1.1 汽车金融产品 176

- 10.1.2 创新汽车金融产品的必要性 ·················· 177
- 10.1.3 创新汽车金融产品的建议 ·················· 178

10.2 利用新技术加强风险控制 ························ 179
- 10.2.1 人工智能技术在汽车金融领域的应用 ············ 179
- 10.2.2 区块链技术在汽车金融领域的应用 ·············· 179
- 10.2.3 物联网技术在汽车金融领域的应用 ·············· 181
- 10.2.4 大数据技术在汽车金融领域的应用 ·············· 182

10.3 构建专业汽车金融服务机构 ······················ 183
- 10.3.1 汽车金融服务机构的现状 ·················· 183
- 10.3.2 发展专业的汽车金融服务机构的必要性 ············ 184
- 10.3.3 发展专业的汽车金融服务机构的相关建议 ·········· 185

10.4 汽车金融法律法规建设 ·························· 186
- 10.4.1 汽车金融法制建设有关条款 ················ 186
- 10.4.2 汽车金融法律风险分析 ·················· 186
- 10.4.3 汽车金融法律法规建设的相关建议 ·············· 188

本章小结 ······································ 188
关键词 ······································ 189
思考题 ······································ 189
参考资料 ····································· 189

第 1 章

汽车金融概述

✎ 【教学目标与要求】

1. 了解汽车金融产生的背景；
2. 了解汽车金融的发展及现状；
3. 掌握汽车金融的定义与其市场竞争格局；
4. 掌握汽车金融公司的定义与特征；
5. 清楚认知我国现行汽车金融市场主体。

📖 【思政目标】

1. 通过了解我国的基本国情和社会现实状况，认同和接受中国特色社会主义理论体系的科学性；
2. 以汽车金融的视野，去熟悉中外文化；以发展的眼光，去对待各国经济及各行业经济的发展。

 导入案例

大众汽车金融:"甲壳虫"的世界环游之梦

1949 年,大众汽车金融服务股份公司(Volkswagen Financial Services AG)成立。该公司以"人人都能买得起汽车"为基本目标,希望能够借助个人信贷业务帮助普通消费者购买自己的梦想之车。随着"甲壳虫"车型的畅销,"甲壳虫贷款计划"成为大众汽车金融的第一块奠基石。

1966 年,大众汽车租赁有限公司(Volkswagen Leasing GmbH)成立,于 1994 年进行改组,并相应地联合大众汽车集团的国外金融子公司,逐步形成了一个强大的、国际性的金融服务企业。截至 2015 年 12 月,大众汽车相继在全球 49 个国家开展了汽车金融业务。大众汽车的汽车金融业务总资产约为 1579 亿欧元,其中营业额约为 19 亿欧元,合同总量 1660 万份,成功成为欧洲最大的汽车金融服务提供商。

中国一直是大众汽车"甲壳虫"的梦中国度。大众汽车金融(中国)有限公司是中国第一家外商全资汽车金融公司,于 2004 年 9 月正式营业,为中国的汽车消费者和汽车经销商提供全方位、多样化的服务。截至今天,大众汽车在中国 300 多个城市提供金融服务,拥有近 3000 家汽车经销商,其明星产品包括标准信贷、弹性信贷、尊享平衡贷、玲珑轻松贷、跃贷、二手车信贷等,旨在推进中国的汽车产业发展。

本章将就产业金融、汽车金融的基础概念,以及汽车金融的市场经营主体进行有关讲解,以期帮助读者对汽车金融市场形成初步的印象。

1.1 产业金融

1.1.1 产业金融的定义

产业金融是在现代金融体系趋向综合化的过程中出现的依托并能够有效促进特定产业发展的金融活动的总称,是一门全新的学科,主要研究内容包括产业与金融的相互融合、互动发展、共创价值。

产融结合,产业为本,金融为用,产融一体化是必然趋势。在产融一体化的过程中,产业作为基础平台,金融作为催化剂和倍增剂,两者相互作用,共同创造新的价值,从而加快财富积累。从资本的角度做产业,产业的财富放大效应就会迅速增加;金融与产业的融合就会产生放大效用、产生更大价值。产业金融的基本原理就是通过资源的资本化、资产的资本化、知识产权的资本化,以及未来价值的资本化来实现产业与金融的相互融合,最终促进两者互动发展,从而实现价值增值。

1.1.2 产业金融的发展

回顾全球产业金融发展史,可以将其划分为如下几个阶段:第一阶段是 19 世纪末到 20 世纪初,初步形成了金融垄断资本主导的产融结合模式,该模式造就了美国摩根财团、洛克菲勒财团等一批大型企业;第二阶段是 20 世纪 20 年代到 20 世纪 70 年代,各国普

遍进入金融分业管理时期，产融结合开始更多地依托金融市场来完成；第三阶段是20世纪80年代初到2007年，金融业放松管制，自由化发展逐渐成为主流，金融创新变得更复杂，传统产融结合模式也发生了一些巨大变化，并出现了大量"过犹不及"的现象；第四阶段是2008年全球金融危机之后，各国对金融控股集团开始反思，部分国家强调避免过度金融化，甚至有的大型企业开始"去产融化"，但产融结合仍在稳步前行。

伴随着我国改革开放的进行，我国产业金融不断发展，最早的产融结合初步实践可追溯到1987年5月东风汽车工业财务公司成立。该财务公司的业务主要面向企业集团内部，在支撑企业外部产业链等方面存在一定的局限性。1992年，以首都钢铁公司为母体的华夏银行正式成立，标志着我国企业集团进行产融结合的实践正式拉开帷幕。"产业+商业银行"成为当时普遍流行的商业模式。2007年3月，国家电网集团筹建英大泰和财险公司和英大泰和产险公司，"产业+保险公司"成为当时最具代表性的产融结合新模式。2014年8月，格力财务公司正式开始试点供应链金融服务，以"产业+财务公司"的模式为非银行金融机构的产融结合提供新渠道。

1.2 汽车金融

1.2.1 汽车金融的定义

汽车金融主要是指与汽车产业相关的金融服务，是在汽车研发设计、生产、流通、消费等各个环节中，通过货币流动和信用渠道所进行的资金筹资、融资及相关金融服务等一系列金融活动的总称。汽车金融实际上是描述资金如何在汽车领域通过资金筹集、信贷运用、抵押贴现、金融租赁，以及相关保险、投资活动等活动进行流动的。汽车金融是汽车产业与金融服务相互渗透的必然结果。

汽车金融服务可分为两个层次。汽车金融服务的第一个层次是针对汽车制造商、零部件生产企业的传统金融业务。这些业务包括以长短期贷款、委托贷款、银行承兑汇票融资贴现、保函、信用保险业务等为代表的汽车金融产品，以及为汽车整车及零部件制造企业提供的项目融资及自筹服务；由保险公司提供的财产保险、机械损坏保险、产品责任保险、运输保险等与汽车相关的保险服务，为汽车整车及零部件制造企业提供保险保障及附加价值服务等。汽车金融服务的第二个层次是针对流通和消费环节提供的金融服务，主要包括汽车消费信贷、融资租赁、经销商库存融资、营运设备融资等零售业务。

1.2.2 汽车金融的发展

汽车金融源于20世纪20年代前后，以汽车制造商向消费者提供汽车销售分期付款作为汽车金融开始的标志。当时的汽车属于高档消费品，只有极少数人能够全款购车，加之银行不愿为这些人提供汽车消费贷款，给当时的汽车销售和购买造成了极大的阻碍。在汽车制造商卖不出去、消费者买不起的同时，汽车这一产品极大地占用了汽车制造商的生产和运营资金。为解决这一问题，20世纪20年代初，美国的部分汽车公司开始组建自己的汽车金融公司，汽车信贷消费由此开始。

1919年，美国首家汽车金融服务机构——通用汽车票据承兑公司开始向汽车消费者提供金融信贷服务，目前该公司是全球三大汽车金融服务机构之一，通用汽车公司也成为最早创建汽车金融公司的汽车制造商。通用汽车公司最初的业务是承兑汽车经销商的营收账款，后来逐渐为消费者提供购车贷款、融资租赁等业务。

整体来看，汽车金融主要经历了三个阶段，具体表现为汽车金融发展的一般规律和不同运营模式。

(1)汽车金融的"泛化模式"。这是汽车金融发展的初期形态，是以增强汽车消费市场的成长性、拓展汽车消费市场的总量、助长消费者消费能力为直接目标的汽车信贷融资模式。该模式的实质是借助信贷工具来增加汽车销售量。

(2)汽车金融的"深化模式"。这是汽车金融的发展形态，是以销售市场整合和营销规模效益化为基础的汽车金融运作模式，其实质是在汽车金融量扩张的同时，也实现汽车金融质的提高。该模式既包含了对汽车消费融资金融工具的丰富和深化，也包含了汽车制造商对提供相关咨询服务的能力和自身制度体系、运作管理体系等的完善和发展。

(3)汽车金融的"混合模式"。这是汽车金融一个相对完备、成熟的形态，是对汽车金融的"泛化"与"深化"的有机统一，同时也是汽车金融分别从横向和纵向的角度对汽车产业全面扩展、渗透与深化的过程。"混合模式"实现了汽车金融在量和质方面的统一，这是以汽车产业全面金融资本化作为标志的。

1.2.3　汽车金融的现状

商业银行作为金融体系最重要的组成部分，在汽车金融领域扮演了重要的角色。很长一段时间以来，我国都是国有商业银行占汽车金融市场的主导地位，汽车财务公司及其他金融机构占从属地位的格局。随着市场准入的逐步放开，汽车财务公司、商业银行、汽车金融公司纷纷进入汽车金融市场，形成了以汽车财务公司、商业银行、汽车金融公司等为主体的多元化竞争格局。

从发达国家的经验看，在汽车产业价值链里面，有30%的价值由汽车金融产生。随着我国汽车市场竞争日益激烈，汽车制造商新车销售的利润率逐渐下降，借助汽车金融公司提供的汽车金融服务日益成为汽车制造商重要的促销手段和盈利手段。国内各大汽车集团纷纷成立汽车金融公司，或者依托其旗下的汽车财务公司快速抢占汽车金融市场，将汽车产业价值链延伸至金融领域，这对促进汽车产业发展、提高资金使用效率，以及实现汽车生产和销售的分离都有着相当重要的作用。

我国在加入世贸组织时承诺放开服务贸易的有利环境，因此吸引了诸多跨国车企。跨国车企通过与国内汽车集团合资的形式或以独资的形式进入我国汽车金融市场。例如，通用公司、标致雪铁龙公司、日产公司等成立了合资的汽车金融公司，丰田公司、福特公司、大众公司、戴姆勒公司、沃尔沃公司、菲亚特公司、宝马公司等成立了独资的汽车金融公司。在中国设立汽车金融公司已成为跨国车企在中国实施战略布局的一项重要举措。

1.3　汽车金融市场主体

1.3.1　汽车金融公司

从事汽车金融服务的机构除商业银行、信托公司、信贷联盟等传统的金融机构外，还有汽车金融公司。汽车金融公司在汽车金融市场起着主导作用，这类汽车金融公司具有传统金融机构所不具备的特殊优势。自 2011 年以来，受中国人民银行存款准备金政策影响，银行信贷规模收紧，商业银行汽车信贷业务"被减速"，受贷款门槛提高的影响，虽然不少商业银行的车贷业务受阻甚至"被叫停"，但是大型汽车金融公司却成绩喜人。汽车金融公司在整个汽车金融市场上的作用日益凸显。

1.3.1.1　汽车金融公司的定义

由于各国金融体系和业务功能的不同，导致国际上对汽车金融公司没有统一的定义。在中国，汽车金融公司是指经国家金融监督管理总局批准设立的、专门提供汽车金融服务的非银行金融机构。

1.3.1.2　汽车金融公司的特点

以下从汽车金融公司的背景性质、业务范围、日常经营活动及设立方式等几个方面，分析汽车金融公司的特点。

1. 性质的多样性

截至 2021 年，我国的汽车金融公司约有 25 家，多为汽车集团的全资公司。结合各汽车金融公司背景，发现汽车金融公司与汽车产业的兴衰息息相关。

汽车金融公司在汽车产业的调整与发展过程中产生并发展、繁荣。汽车产业的调整与发展推动了汽车集团的进步。虽然汽车金融公司主要由汽车集团出资设立，对汽车集团有极大的依赖性，但汽车金融公司又具有独立核算的企业法人地位。同时，由于汽车金融公司是经营货币资金的特殊的金融服务机构，它几乎可以为汽车集团提供与汽车消费有关的所有的金融业务，因此其实现了资金积累与运用的金融职能。由此可知，汽车金融公司同时具备产业性、金融性和企业性等多种性质。

2. 业务的多元化

从业务范围来看，汽车金融公司几乎涉及汽车消费的所有业务，是一个附加值相当大的领域。汽车金融公司的业务范围涉及汽车制造商、汽车经销商、汽车消费者和汽车金融服务市场：从以往的局限于只为本企业品牌车辆融资，转变为通过代理制，将融资对象扩展到多种汽车品牌；从以往的传统的购车信贷，扩大到汽车衍生消费及其他领域的个人金融服务；从以往局部化地为当地消费主体提供汽车金融服务产品，转变为根据不同地区的消费者需求而提供相应的汽车金融服务产品。

3. 经营专业化

汽车金融公司的日常经营活动主要包括汽车金融公司风险控制和业务运营。

从风险控制角度来看，汽车金融公司能够根据汽车消费特点，开发出专门的风险评估模型、抵押登记管理系统、催收系统、不良债权处理系统等。从业务运营角度来看，汽车金融公司在汽车金融产品设计开发、销售和售后服务等方面，都有一套标准化的操作系统。汽车金融公司作为附属于汽车制造企业的专业化服务公司，可以通过汽车制造商和汽车经销商的市场营销网络，与汽车消费者进行接触和沟通，并为汽车消费者提供量体裁衣式的专业化服务。同时，由于汽车金融产品具有多样性和复杂性，因此汽车金融产品在售前、售中和售后都需要由专业的人员为汽车消费者提供有关服务。汽车金融公司凭借完善的制度优势和专业的操作人员,克服了部分商业银行中人员对业务不熟悉或相关制度、环节不完善的缺陷。这种独立的、标准化的金融服务,不仅极大地节省了交易费用,还极大地提高了交易效率,最终在获得规模经济效益的同时,也给消费者带来了便利。

4. 设立方式的多样化

依照投资主体的不同,汽车金融公司的设立方式目前主要有以下三种类型。

(1) 由主要汽车制造企业单独发起设立的汽车金融公司。这类汽车金融公司属于"大汽车制造企业附属型"。目前世界上几家规模较大的汽车金融公司都属于这种类型。

(2) 主要由较大型的银行、保险公司和财团单独或联合发起设立的汽车金融公司。这类汽车金融公司被称为"大银行财团附属型"汽车金融公司。

以上两种"附属型"汽车金融公司根据与被附属母公司的紧密程度又可以进一步划分为"内部附属"和"外部附属"两种类型。"内部附属"是指汽车金融公司在所依附的母公司内部存在和运行,与母公司关系较为密切,或者它本身仅是母公司的一个从事汽车金融服务的部门,对内和对外分别以两种不同的名称或牌子出现。"外部附属"是指汽车金融公司与母公司具有相对的独立性,只在业务上独立运作,并不具备独立法人资格。

(3) 没有母公司,以股份制形式为主的独立型汽车金融公司。这类汽车金融公司规模一般较小,股东来源较广泛。在美国,绝大部分汽车金融服务公司都是以这种类型存在的。这种汽车金融公司所提供的汽车金融服务所针对的汽车品种和品牌不是完全固定的。

1.3.1.3 我国汽车金融公司现状

从汽车金融公司内部格局分析,汽车金融公司的放贷数额在很大程度上取决于其代理品牌汽车的销量。因此,汽车全年销量排名前十的汽车制造商,基本与统计放贷量靠前的汽车制造商一致。汽车金融公司(包括财务公司)前三名的地位稳固,分别是上汽通用汽车金融有限责任公司(2004年由中国银监会批准成立的第一家汽车金融公司)、上海汽车集团财务有限责任公司(2007年开发汽车金融核心业务系统,目前拥有"好车e贷"线上一站式金融服务平台)、大众汽车金融(中国)有限公司(该公司是德国大众汽车金融服务股份公司在华的全资子公司)。

从汽车金融公司的风控方面分析,国内汽车金融公司起步较晚,相较商业银行缺乏有效的征信手段和客户数据支持,所以会对客户履约的风险管理收取较高的风险费用。但由于汽车经销商和汽车财务公司先天具有资本和产品的纽带关系,二者利益一致、风险共担,对贷款者的审核、风控、不良贷款催收都具有双重保险作用。

截至 2021 年年末,我国共有汽车金融公司 25 家,资产规模达 10 068.94 亿元人民币,同比上年增长 3.01%;零售贷款余额为 8138.26 亿元人民币,同比上年增长 4.07%;库存批发贷款余额为 1036.43 亿元人民币,同比上年略降 0.96%。但其行业总体运行稳健,在疫情期间展现出了专业的风控能力和强韧的经营能力,相关监管指标持续表现良好。截至 2021 年年末,行业平均流动性比率达 201.35%,远高于有关商业银行业金融机构平均水平;行业资本充足率为 21.79%,比上年末增加 0.39 个百分点;行业平均不良贷款率为 0.58%，较 2020 年虽上升 0.09 个百分点，但仍远低于有关商业银行业金融机构平均水平。

1.3.2 商业银行概况

1.3.2.1 商业银行的定义

商业银行是区分于中央银行和投资银行的，它是储蓄金融机构而不是投资金融机构。商业银行主要以经营工商业存放款为主要业务，是以获取利润为目的的货币经营企业，时常充当信用中介机构，一般没有货币的发行权。

我国的商业银行主要包括 6 家大型国有商业银行、12 家全国性股份制商业银行、134 家城市商业银行和 300 多家农村商业银行。大型国有商业银行主要包括中国工商银行、中国农业银行、中国银行、中国建设银行、中国邮政储蓄银行和交通银行；全国性股份制商业银行主要包括招商银行、浦发银行、中信银行、中国光大银行、华夏银行、中国民生银行、广发银行、兴业银行、平安银行、恒丰银行、浙商银行和渤海银行；134 家城市商业银行和 302 家农村商业银行主要包括我国各市的城市商业银行和各农村合作银行。根据国家有关规定，所有的农村合作银行均要改制为农村商业银行。

1.3.2.2 商业银行的职能

1. 调节经济

调节经济是指商业银行通过其信用中介活动，调剂社会各部门的资金短缺，同时在中国人民银行货币政策和其他国家宏观政策的指引下，实现经济结构、消费比例投资和产业结构等方面的调整。此外，商业银行通过其在国际市场上的融资活动还可以调节本国的国际收支状况。

商业银行由于具有广泛的职能，因此对整个社会经济活动的影响十分显著，在整个金融体系乃至国民经济中位居特殊而重要的地位。自 2012 年开始，随着市场经济的发展和全球经济的一体化发展，我国商业银行已凸显其职能多元化的发展趋势。

2. 信用中介

信用中介是商业银行最基本、最能反映其经营活动特征的职能。信用中介的本质是通过商业银行的负债业务，把社会上各种闲散货币资本集中到商业银行里来，再通过资产业务，把这些货币资本投向经济各部门。

商业银行作为货币资本的贷出者与借入者实现了资本的融通，并从吸收资金的成本、发放贷款的利息收入及投资收益的差额中获取利益收入。通过信用中介的职能，商业银行实现了货币资本的盈余和短缺之间的融通，但并不改变货币资本的所有权，改变的只是货币资本的使用权。

现阶段汽车金融的发展，在很大程度上依赖于相关商业银行的信用中介职能。在汽车消费信贷业务中，商业银行仍占据着重要地位。

3. 支付中介

商业银行除作为信用中介融通货币资本外，还执行着支付中介的职能。通过转移账户上的存款、代理客户支付、在存款的基础上为客户兑付现款等,成为工商企业、团体和个人的货币资本的保管者、出纳者和支付代理人,从而以商业银行为中心,形成了经济过程中的支付链条和债权债务关系。

4. 信用创造

商业银行在信用中介职能和支付中介职能的基础上,具有信用创造职能。

商业银行是能够吸收各种存款并利用这些存款发放贷款的银行。在支票流通和转账结算的基础上,贷款又派生存款,在不提现或不完全提现的基础上,增加了商业银行的资金来源,最后在整个银行体系中,形成了数倍于原始存款的派生存款。

5. 金融服务

随着经济的发展,工商企业的业务经营环境日益复杂化,商业银行之间的业务竞争也日益激烈化。在强烈的业务竞争压力下,各商业银行不断开拓服务领域,通过金融服务业务的发展,进一步促进资产负债业务的扩大,并把资产负债业务与金融服务结合起来,以开拓新的业务领域。在现代经济生活中,金融服务已成为商业银行的重要职能。

1.3.2.3 商业银行的特点

我国现阶段商业银行进行的汽车金融服务主要是汽车消费信贷业务,这让我们清楚地看到商业银行具有以下特点。

1. 优势

(1) 商业银行资金充足。商业银行作为汽车消费信贷的主体,其较低的融资成本及充足的后备资金,为开展汽车消费信贷业务提供了有力的支持。

(2) 商业银行具有规模优势。商业银行网点数量众多,且各网点之间的分布均衡合理,甚至涵盖了一省、数省乃至全国的终端网点,所以商业银行更容易建立汽车金融服务领域的规模优势与辐射效应。

(3) 商业银行金融专业能力强。商业银行凭借较强的金融专业能力,使得客户对其信任度较高,且商业银行可在汽车消费信贷之外提供保险、理财等综合金融服务,延伸业务价值链。同时,我国的头部银行(如中国工商银行、中国农业银行、中国银行、中国建设银行等)是最早一批进入汽车金融市场的参与者,在业务模式、风控体系等方面更为成熟,具备先发优势。

此外,商业银行已积累了一定规模的客户群体,有着较为丰富的金融领域服务经验,因此可以不同程度地为汽车各产业链提供相关的金融服务。商业银行拥有一定受众群体的信任与口碑,更容易在汽车产业交易双方拓展汽车金融业务。

2. 劣势

商业银行虽具有资金优势,但汽车消费信贷服务对象主要是个人;与其他贷款种类相比,商业银行的汽车消费信贷具有客户数量多、贷款数额小而分散、操作业务人员专业知识要求高等特点。同时,由于我国缺乏专业的汽车消费信贷服务体系和完善的个人征信系统,这就使得汽车消费信贷存在以下一些比较突出的问题。

(1) 车辆自身的特点给商业银行带来了附加成本。汽车消费信贷具有的特点使得商业银行的人工成本大大增加。以价值1000万元人民币的贷款单为例，其他贷款业务可能只是针对一个客户，而汽车消费信贷则有可能是针对100个甚至更多的客户，这就会增加相关人员的工作量，分散商业银行的精力，增加商业银行的运营成本。

(2) 专业评估费用高。由于我国征信体系尚不完备，导致商业银行在进行资信调查、审核和管理的过程中，需要花费大量的人力物力，显著增加了商业银行的管理成本，降低了工作人员的效率。

(3) 承担风险高。由于缺乏完备的个人征信系统，商业银行难以掌握客户的真实情况和综合信用，使得商业银行在办理汽车消费贷款业务时面临较高风险。

此外，汽车消费具有一套完整的价值链，但许多链条在商业银行系统中还暂时无法串联起来。二手车的转移和转让、专业人才的缺乏、违规车辆的处置与变现等有关问题，使得商业银行在面对客户违约时十分被动。

1.3.2.4 商业银行汽车消费信贷业务现状

1998年，我国商业银行系统恢复了汽车消费信贷业务，我国汽车消费信贷进入正式的发展阶段。商业银行凭借自身的优势及优先入场的系列操作，在汽车金融行业占据了相当大的份额。大型商业银行和股份制商业银行着力发展覆盖汽车产业链上下游的广义汽车金融业务，并在此领域取得了较大的成果。

中国建设银行作为首家获得人民银行批准开办汽车消费信贷业务的商业银行，在北京、上海、天津、江苏等地试行汽车消费信贷业务，而后中国工商银行、中国农业银行、中国银行、交通银行等国有银行及其他股份制商业银行也相继开展了相关业务。

2004年以前，大部分汽车消费信贷业务都是通过商业银行办理的，汽车消费信贷业务很快在商业银行间形成规模。但由于当时商业银行的业务审核不规范，且缺乏相关的风险意识，大量汽车消费信贷逾期，从而形成了坏账，导致商业银行损失惨重，甚至国内汽车消费信贷业务几乎一度停止。

直到现在，我国商业银行可开展的汽车金融服务也十分有限，想要取得突破性的进展十分困难。我国宏观经济政策无法全面地照顾到每个行业，容易顾此失彼，加之汽车金融行业相关法律法规不完善，全社会范围内的信用评价体系尚未完全建立，这些都制约着汽车金融业务的开展。但汽车金融依旧是相当不错的业务领域，是各大商业银行拓展业务空间的必争之地。

2021年上半年，平安银行的汽车金融贷款新增了1300多亿元人民币，同比增长了36.8%。后疫情时代的经济发展状况及汽车芯片紧张等造成汽车金融公司与汽车集团之间的关系不再紧密，商业银行正好填补了这一空隙。尤其是商业银行的有关金融产品提供了更高的免息额度，极大程度地吸引了汽车行业买卖双方。商业银行的加入对于汽车集团和汽车消费者而言无疑是一件好事。商业银行之间良性的市场竞争，在促进汽车销售的同时又使汽车消费者得到实惠，并推动了商业银行自身的业务规模发展。

1.3.3 保险公司概况

1.3.3.1 保险公司的定义

在我国，保险公司是指经中国银行保险监督管理机构批准设立，并依法登记注册的商业保险公司。保险公司可承担各类可保风险并专门进行风险管理，主要包括直接保险公司和再保险公司。

保险公司通过为被保险人提供各种保险来满足被保险人转移风险、减少损失、保障生活水平、获取金融服务等各方面的需要。同时，保险公司将收取的保费所得资本投资于债券、股票、贷款等资产，运用这些资产所得收入支付保单所确定的保险赔偿。

1.3.3.2 保险公司的作用

保险公司作为汽车金融的一个重要组成部分，充分发挥自身的保险保障作用和风险管理职能，积极融入汽车金融行业，在推动汽车产业转型升级、构建持续健康的汽车产业生态、服务高效诚信的社会治理体系过程中发挥着重要的助推作用。

(1) 借助履约保险的增信手段，打造多层次、广覆盖的汽车金融普惠体系。借助履约保险的增信作用，可有效解决对汽车资金有需求的企业和个人信用不足问题。特别是具有真实资金需求、良好交易履历或信用记录，以及可靠还款来源的企业和个人，可以借助保险手段有效提升融资能力、降低融资成本，并激发消费主体对汽车金融的需求，从而实现更广范围、更深程度的金融普惠。

(2) 发挥保险保障作用，建立安全可靠的资金融通机制。规范的履约保险操作模式可以有效解决资金供给方对资金安全的担忧问题，同时强化对投保人现金流风险的有效管控。在汽车金融资金需求方和资金供给方之间，保险公司搭建起相对安全可靠的资金融通机制，从而可以有效维护市场各方对于汽车金融的信心。同时，为有效控制业务风险，保险公司应不断提升风险审核、催收追偿、精算定价等能力。

(3) 完善汽车产业交易链条，构建多方共赢的汽车产业新生态。保险公司能够有效融入汽车产业链的几乎所有交易场景，打通汽车产业链上、下游，成为链接资金端与资产端的重要纽带和中转枢纽。保险公司通过线上、线下平台的有机结合，深度对接和满足汽车交易双方的汽车金融服务需求，推动汽车产业链各个环节进行深度连通与融合，实现完整、统一的汽车产业链闭环。

(4) 穿透车贷资产风险管理，防范和化解系统性风险。对汽车消费信贷而言，车贷资产一般缺乏有效的金融监管工具来控制系统性风险。保险公司通过有效整合线上风险、审核与管理系统及整合线下汽车产业链资源，保障汽车消费信贷的贷前审核的有效性，对车贷资产进行穿透式管理。同时，保险公司及时准确地进行线下车辆的跟踪管理与处置，及时发现和管理风险，可以有效地防范和化解系统性风险。

1.3.3.3 保险公司的现状

2001年8月，经保监会批准，中国人民保险公司在全球范围内正式开办"机动车辆消费贷款保证保险"，标志着我国保险业正式介入汽车消费信贷业务。目前，我国保险公司经营各种车辆保险，为汽车金融的开展提供有效的支持。

为适应汽车消费信贷业务，保险公司对有关保险条款进行了必要修改。新的保险条款有利于降低我国汽车金融机构的经营风险，提高汽车金融机构贷款的积极性。可以预期，保险公司的介入将极大地推动我国汽车消费信贷业务的发展。

目前，我国保险公司在汽车金融方面的角色还很弱化。由于国家监管的要求，我国目前对保险资金的投资范围有严格的限制，保险公司一般只为汽车消费信贷的贷款进行担保。商业银行在发放汽车消费信贷时，一般不对消费者的信用状况进行调查，而是联合保险公司制定一套保险方案，这导致我国车贷履约保险赔率相当高。

1.3.4 融资租赁公司

1.3.4.1 融资租赁公司的定义

融资租赁公司实质上是一个以金融为主、产业为辅的金融控股平台。融资租赁公司可以对接几乎所有资金方和项目资源，包括银行、基金、信托投资机构、资产管理公司、券商、理财机构、担保公司、保险公司等资金方，其项目也几乎覆盖各行各业。

我国现有的汽车融资租赁公司作为汽车金融的参与者，在汽车金融行业中发挥着重要的作用。汽车融资租赁能够降低汽车消费门槛，满足下沉市场消费者的购车需求，是促进汽车消费升级、进一步激活下沉市场汽车消费、解决汽车消费区域不平衡问题的有效途径。按照成熟汽车金融市场的经验，汽车融资租赁公司今后可能将会与汽车金融公司、商业银行实现汽车金融三驾马车并驾齐驱。

1.3.4.2 汽车融资租赁业务的特点

汽车融资租赁公司开展汽车融资租赁业务具有以下特点。

(1)涉及三方当事人，且通常需要签订至少两种合同。汽车融资租赁涉及车辆的出租人、承租人和汽车经销商三方当事人，并需要签订汽车销售合同和汽车融资租赁合同两种或包括其在内的两种以上合同。

(2)风险与收益相统一。与汽车经营性租赁不同的是，汽车融资租赁实质上是将与汽车所有权有关的全部风险和收益转移给了承租人。在汽车租赁期间，出租人既不承担该车辆的任何风险，也不获取该车辆相关收益。

(3)车辆所有权与使用权和收益权相分离。在经济层面，车辆在合同期内的维修、保养和保险等所产生的费用，以及由该车辆带来的收益等，即使用权和收益权均属于承租人。在法律层面，车辆的所有权属于出租人。因此，在汽车融资租赁业务中，汽车的所有权与使用权和收益权是相互分离的。

(4)汽车租赁的相关合同不可解除。为保障汽车租赁双方的利益，避免出租人因市场变动或政策调整等因素提高租金价格，并避免承租人随意退还车辆或提前终止合同等情况的出现，汽车租赁双方所签署的汽车融资租赁合同具有不可解约性，即在合同有效期内，汽车租赁双方都无权在中途随意终止合同。在实际操作中，承租人若提前还款，出租人会收取一定的违约金额，以保障出租人的自身利益。

(5)租赁期限较长。汽车融资租赁的合同期限不同于普通合同，由于融资租赁的标的物价值较高，为了减轻承租人的还款租金压力，使承租人更长时限"捆绑"在出租方利益链上，汽车融资租赁合同期限往往设置较长，通常为三年。

(6)承租人在汽车融资租赁结束后享有车辆的优先购买权。汽车融资租赁业务最显著的特点是租赁期限结束后，承租人可以选择向出租人支付尾款(通常为所租赁车辆价值的50%左右)，办理解除车辆抵押登记后，承租人可以获得该车辆的所有权。

1.3.4.3 汽车融资租赁公司的现状

总体而言，由于我国汽车产业发展较晚，早期汽车融资租赁价格偏高，且存在许多限制条件，因此我国汽车融资租赁业发展相对滞后，其市场渗透率远低于发达国家。

截至 2020 年，全球汽车融资租赁渗透率达到 15%。在北美，汽车融资租赁渗透率达到 46%，但汽车金融渗透率仅为 34%。而我国却恰恰相反，汽车金融渗透率仅为 38% 左右，而汽车融资租赁渗透率则不到 2%。

对于个人汽车融资租赁市场而言，我国基本属于未开放状态，即使是企业用车，其汽车融资租赁渗透率也不到 10%，且多为外企租赁。目前，汽车融资租赁的概念被"炒"得很热，但汽车融资租赁行业整体的发展还处于初级阶段。

现在，我国汽车融资租赁行业处在发展的起步阶段，仍存在一些尚未解决的问题。但考虑其行业的发展潜力，越来越多的资本开始进入汽车融资租赁行业，汽车融资租赁公司发展迅速。

1.3.5 汽车互联网平台

1.3.5.1 汽车互联网平台概述

由于汽车消费群体的年轻化和该群体对互联网的依赖，互联网平台开始跨界加入汽车金融行业的角逐。汽车互联网平台在汽车金融行业的布局虽晚，但攻势强劲。目前，汽车互联网平台与银行等助贷机构合作，凭借平台流量获取客源，将大数据和科技实力深入到业务当中，为客户提供更便捷、更多样化的产品和服务。汽车互联网平台的客户门槛较低、产品灵活度高。互联网平台凭借自身流量，具备服务品牌多、贷款要求较低、产品丰富、贷款方式灵活及审批速度快等优势，近年来发展迅速。

1.3.5.2 汽车互联网平台车贷特点分析

从审批流程与申请条件来看，由于商业银行的汽车消费信贷审批门槛较高、程序复杂，信用卡分期成为消费者通过商业银行贷款购车的主要途径。与商业银行类似，消费者向汽车金融公司申请汽车消费信贷时需要提供身份证明、工作收入证明及房产证明等诸多资料，且汽车金融公司的车贷产品种类较多，虽然不同类型的车贷产品的首付比例、还款方式不同，但普遍审批时间较短，约在 1 天之内就能完成审批。相比上述两类金融机构的汽车消费信贷，汽车互联网平台在申请条件方面与它们并无太大差异，除需消费者提供身份证明、财产证明及房产证明外，当放款金额超过一定数额时，还需提供个人的征信报告。

从贷款利率角度来看，各家商业银行的车贷利率有所差异。受审批所需材料多寡的影响，对于同一家大众汽车的经销商，中国银行一年期、两年期、三年期的贷款利率分别约为 4%、8%、12%；而中国建设银行的贷款利率分别约为 5%、10%、14%。汽车金融公司除在不同时期推出固定车型的"零利率"车贷优惠活动外，车贷利率较一般的银行信用卡利率要高一些，其一年期、两年期、三年期的贷款利率分别约为 8%、15%、20%。目前，汽车互联网平台的车贷利率通常在 10% 左右，且借款期限灵活。

从资金实力对比来看，消费者通过商业银行贷款购车时，商业银行背景的信用卡分期业务明显更胜一筹。由于《汽车金融管理办法》中规定的融资渠道有限，汽车金融公司当前面临着不小的融资压力，而汽车互联网平台无自有资金参与，主要利用其线上优势将资金供交易双方进行对接，再通过汽车互联网平台发布的汽车金融理财项目将资金从投资人转向贷款购车的借款人。

1.3.5.3 汽车互联网平台发展状况

我国汽车互联网平台的发展主要分为以下三阶段。

2012—2014年，金融领域试水期。各大金融机构推出汽车互联网平台（如车贷平台、垂直汽车金融平台等），其平台数量虽多，但资质参差不齐。此阶段以宜车贷、好车贷、微贷网等企业为代表。

2015—2017年，汽车电商汇合期。汽车电商入局互联网汽车金融，提供汽车金融消费产品以作为汽车互联网平台购车支付方式的补充，其实质上为汽车销售业务的延伸。此阶段以易鑫金融和优信集团等企业为代表。

2018年至今，互联网巨头发力期。互联网巨头开始布局汽车互联网平台。阿里领投大搜车、腾讯投资灿谷并领投车好多、京东金融车白条等纷纷上线。市场逐渐有序化，消费者保障逐渐提高。此阶段以车白条、灿谷好车、弹个车等企业为代表。

本 章 小 结

汽车金融依托并促进汽车产业发展。国外汽车金融已有近百年的历史，其业务水平和市场秩序与我国相比早已成熟。虽然汽车金融在我国的发展时间较短，但我国民众对其接受程度较高，使得其在短短的二三十年间快速发展。近年来，我国汽车消费市场的蓬勃发展为汽车金融提供了广阔的发展空间。

关 键 词

产业金融；汽车金融；汽车金融市场主体

思 考 题

1. 思考汽车金融产生背景。
2. 简述什么是汽车金融。
3. 简述汽车金融市场由哪些主体构成。
4. 简述汽车金融的发展历程及现状。
5. 思考汽车金融在我国如何再次发展。

参考资料

[1] 欧阳卫民. 对汽车金融发展的认识[J]. 中国金融，2012(4)：19-21.

[2] 许南. 现阶段我国汽车消费金融支持新模式研究[J]. 消费经济，2005(5)：60-63.

[3] 付文娟. X公司汽车金融业务竞争战略研究[D]. 广州：华南理工大学，2020.

[4] 史青林. F汽车金融公司"互联网+"战略研究[D]. 大连：大连理工大学，2019.

[5] 纪元. 汽车金融中的信贷资产证券化研究[J]. 时代金融，2012(30)：221-222.

[6] 牛大勇. 自主品牌汽车集团构建汽车金融服务专业机构的研究[D]. 哈尔滨：哈尔滨工程大学，2008.

[7] 中国汽车工业协会. 2021年8月汽车工业经济运行情况简析，2021.

[8] 范红忠，魏铃洁. 第三方互联网金融对中国居民汽车消费的影响研究——基于ARDL模型的实证分析[J]. 工业技术经济，2020，39(3)：82-87.

[9] 牟叶桐. 我国汽车金融业的发展问题研究[D]. 长春：东北师范大学，2013.

[10] 朱酉西. 基于汽车金融的C公司营销策略研究[D]. 上海：上海交通大学，2018.

[11] 孙亚萍. 奇瑞金融融资结构的优化研究[D]. 合肥：安徽财经大学，2019.

[12] 毋凡. 我国汽车金融法律问题研究[D]. 西安：西北大学，2017.

[13] 罗洋. 我国汽车金融行业发展问题及对策[J]. 西南金融，2015(2)：4.

[14] 林静. 我国汽车金融业现状及发展对策[J]. 现代营销(下旬刊)，2016(2)：137-138.

[15] 赵冬雪. 互联网汽车金融业务风险的影响因素研究[D]. 南昌：华东交通大学，2020.

第 2 章

汽车金融公司

【教学目标与要求】
1. 了解我国汽车金融公司的产生与发展；
2. 了解我国汽车金融公司的主要业务；
3. 了解我国汽车金融公司的设立、变更与终止；
4. 掌握我国汽车金融公司的经营模式；
5. 了解我国汽车金融公司的风险管理。

【思政目标】
1. 通过学习、思考和观察的紧密结合，深刻认识我国汽车金融公司在汽车金融行业及国民经济中的重要地位；
2. 在社会大变革、文化大变革的时代，树立科学与创新思维，推动"协同育人"理念的实现，培养中国特色社会主义事业建设者。

 **导入案例**

乐风乐骋"年轻人购车计划"

近年来,小车市场份额快速扩张,以"80后"为主力的新一代年轻消费者日益成为购车的中坚力量。随着市场再细分的不断深入,汽车金融成为这群时尚年轻人乐于接受的个性消费方式。上海通用汽车联手上汽通用汽车金融公司,推出了行业内首个针对年轻人的专属汽车金融贷款服务——乐风乐骋"年轻人购车计划"。

该计划以新车实际市场售价为基准,提供"低首付+首年低月供"的购车贷款形式,两年后还可随时换购新车,为处在创业期和事业上升阶段的消费者提供了门槛更低、更符合其理财习惯和消费习惯的创新的购车方式。

乐风乐骋"年轻人购车计划"如何"两年玩转两部车"?

(1)第一部车怎么"玩"?

乐风乐骋"年轻人购车计划"充分考虑年轻一代消费群体的经济结构、消费理念和理财习惯,通过精心设计,助力消费者在不影响日常生活的前提下轻松"玩转"新车。例如,若以指导售价74 900元购入1.4排量乐风车型,则消费者只需支付22 470元首付款(售价的30%)即可开走爱车,轻松跨入有车一族的行列。在购车的首年还款期内,每月月供仅为1084元,从而不会对日常开销造成过大压力。

在购车的首年年底,在月供还款的基础上,一次性支付车款的10%,消费者用自己努力工作的回报来为个人信用加分,这对拥有年底分红或双薪的有志青年并非难事。随着事业的不断发展和收入的增加,第二年的月供金额略有提升,每月支付1674元,在年底既可选择结清尾款,也可根据个人实际情况申请再展期一年。

(2)第二部车随意"玩"!

乐风乐骋"年轻人购车计划"为年轻人提供了更合心的"玩车"方法。如果消费者的消费能力在两年内迅速提升,并有了新的目标,则可以选择通过上海通用汽车公司推出的二手车平台"诚新二手车"将原有车出售,以置换一定数额的现金,并结清原有车贷款的尾款,然后再补足金额以购买其他车型作为自己的第二部车。第二部车可根据自己喜好,随心选定。

"玩爱车,更是玩理财。"利用乐风乐骋"年轻人贷款计划"提前拥有爱车,却只增加十分有限的月度开销,这对于年轻的"爱车族"和"拼搏族",乃至都市"月光族"都不失为一项贴心的金融方案。乐风乐骋"年轻人购车计划"的推出,对于处于事业起步阶段、有稳定收入的年轻人,无疑是通向有车生活的最佳渠道。

汽车金融已经渗入我们的日常生活,汽车金融公司也逐渐进入了大众视野。本章将从汽车金融公司的有关事务、经营模式及风险管理等多个方面对汽车金融公司进行讲解。

2.1 汽车金融公司概述

2.1.1 我国汽车金融公司的产生与发展

从汽车金融公司发展历程来看,我国银监会自成立不久,便积极尝试推动汽车金融公司入局。

2004年，上汽通用汽车金融有限责任公司(合资)和大众汽车金融(中国)有限公司(外资)成立。2005年，丰田汽车金融(中国)有限公司(外资)、福特汽车金融(中国)有限公司(外资)和梅赛德斯-奔驰汽车金融有限公司(外资)成立。2006年，沃尔沃汽车金融(中国)有限公司和东风标致雪铁龙汽车金融有限公司(合资)成立。2007年，东风日产汽车金融有限公司(合资)和菲亚特克莱斯勒汽车金融有限责任公司(外资)成立。2009年，奇瑞徽银汽车金融股份有限公司成立。2010年，宝马汽车金融(中国)有限公司(合资)、广汽汇理汽车金融有限公司(合资)和三一汽车金融有限公司成立。2012年，长安汽车金融有限公司(原名为"重庆汽车金融有限公司")、北京现代汽车金融有限公司(合资)和一汽汽车金融有限公司成立。2013年，瑞福德汽车金融有限公司(合资)成立。2014年，天津长城滨银汽车金融有限公司(合资)成立。2015年，吉致汽车金融有限公司(合资)、上海东正汽车金融股份有限公司、比亚迪汽车金融有限公司、华泰汽车金融有限公司、华晨东亚汽车金融有限公司和山东豪沃汽车金融有限公司成立。2016年，裕隆汽车金融(中国)有限公司成立。

以上25家汽车金融公司大多为汽车主机厂出身，其中上海东正汽车金融股份有限公司拥有汽车经销商背景，三一汽车金融有限公司主要为工程机械行业提供金融服务。现阶段的头部汽车金融公司大多为较早一批成立的公司，具有先行者优势、主机厂品牌和资源优势，头部效应较为明显。但由于各家公司对五级分类的标准尚不统一，披露的经营信息有所滞后，汽车金融公司的贷款不良率虽相较于银行较低，但仍处于历史高位。

2.1.2 汽车金融公司的设立、变更与终止

2.1.2.1 汽车金融公司的设立

在我国，依据《汽车金融公司管理办法》[①]规定，设立汽车金融公司应具备下列条件：
(1)有符合《中华人民共和国公司法》和国家金融监督管理总局规定的公司章程；
(2)有符合本办法规定的出资人；
(3)有符合本办法规定的注册资本；
(4)有符合任职资格条件的董事、高级管理人员和熟悉汽车金融业务的合格从业人员；
(5)建立了有效的公司治理、内部控制和风险管理体系；
(6)建立了与业务经营和监管要求相适应的信息科技架构，具有支撑业务经营的必要、安全且合规的信息系统，具备保障业务持续运营的技术与措施；
(7)有与业务经营相适应的营业场所、安全防范措施和其他设施；
(8)国家金融监督管理总局规定的其他审慎性条件。

汽车金融公司的出资人为中国境内外依法设立的非银行企业法人，其中主要出资人须为汽车整车制造企业或非银行金融机构。汽车金融公司出资人中至少应当有1名具备5年以上丰富的汽车消费信贷业务管理和风险控制经验，或为汽车金融公司引进合格的

[①] 2023年7月11日，国家金融监督管理总局修订发布了《汽车金融公司管理办法》，自2023年8月11日起施行。原《汽车金融公司管理办法》(中国银监会令2008年第1号)废止。

专业管理团队，其中至少包括1名有丰富汽车金融从业经验的高级管理人员和1名风险管理专业人员。

非金融机构作为汽车金融公司出资人，应当具备以下条件：

(1)最近1个会计年度营业收入不低于500亿元人民币或等值的可自由兑换货币；作为主要出资人的，还应当具有足够支持汽车金融业务发展的汽车产销规模。

(2)最近1个会计年度末净资产不低于总资产的30%；作为汽车金融公司控股股东的，最近1个会计年度末净资产不低于总资产的40%。

(3)财务状况良好，且最近2个会计年度连续盈利；作为汽车金融公司控股股东的，最近3个会计年度连续盈利。

(4)入股资金为自有资金的，不得以借贷资金入股，不得以他人委托资金入股。

(5)权益性投资余额原则上不得超过本企业净资产的50%(含本次投资金额)；作为汽车金融公司控股股东的，权益性投资余额原则上不得超过本企业净资产的40%(含本次投资金额)；国务院规定的投资公司和控股公司除外。

(6)遵守注册地法律，近2年无重大违法违规行为。

(7)主要股东自取得股权之日起5年内不得转让所持有的股权，承诺不将所持有的汽车金融公司股权进行质押或设立信托，并在拟设公司章程中载明。

(8)国家金融监督管理总局规定的其他审慎性条件。

其中，第(1)(2)(3)(5)项涉及的财务指标要求均为合并会计报表口径。

非银行金融机构作为汽车金融公司出资人，除应具备上述第(4)(6)(7)项规定的条件外，还应当具备以下条件：

(1)注册资本不低于3亿元人民币或等值的可自由兑换货币。

(2)具有良好的公司治理结构、内部控制机制和健全的风险管理体系；作为主要出资人的，还应当具有5年以上汽车消费信贷业务管理和风险控制经验。

(3)财务状况良好，最近2个会计年度连续盈利。

(4)权益性投资余额原则上不得超过本企业净资产的50%(含本次投资金额)。

(5)满足所在国家或地区监管当局的审慎监管要求。

其中，第(3)(4)项涉及的财务指标要求均为合并会计报表口径。

2.1.2.2 汽车金融公司的变更

汽车金融公司有下列变更事项之一的，应依据有关行政许可规定报国家金融监督管理总局或其派出机构批准：

(1)变更公司名称；

(2)变更公司注册资本；

(3)变更住所或营业场所；

(4)调整业务范围；

(5)变更股权或调整股权结构；

(6)修改章程；

(7)变更公司董事及高级管理人员；

(8)合并或分立；

(9)国家金融监督管理总局规定的其他变更事项。

2.1.2.3 汽车金融公司的终止

汽车金融公司的终止包括解散和破产。当汽车金融公司出现公司章程规定的营业期限届满或公司章程规定的其他解散事由、公司章程规定的权力机构决议解散、因公司合并或分立需要解散或其他法定事由等情况时,经国家金融监督管理总局批准后,该汽车金融公司可以解散。当汽车金融公司出现不能清偿到期债务,并且资产不足以清偿全部债务或明显缺乏清偿能力,以及因解散或被撤销而进行清算,清算组发现汽车金融公司财产不足以清偿债务时,汽车金融公司应当申请破产。

2.1.3 汽车金融公司的主要业务

《汽车金融公司管理办法》规定,汽车金融公司可从事下列部分或全部本外币业务:

(1) 接受股东及其所在集团母公司和控股子公司的定期存款或通知存款;
(2) 接受汽车经销商和售后服务商贷款保证金和承租人汽车租赁保证金;
(3) 同业拆借业务;
(4) 向金融机构借款;
(5) 发行非资本类债券;
(6) 汽车及汽车附加品贷款和融资租赁业务;
(7) 汽车经销商和汽车售后服务商贷款业务,包括库存采购、展厅建设、零配件和维修设备购买等贷款;
(8) 转让或受让汽车及汽车附加品贷款和融资租赁资产;
(9) 汽车残值评估、变卖及处理业务;
(10) 与汽车金融相关的咨询、代理和服务。

以上所称控股子公司是指股东所在集团母公司持股 50%(含)以上的公司。汽车经销商是指依法取得汽车(含新车及二手车)销售资质的经营者。汽车售后服务商是指从事汽车售后维护、修理、汽车零配件和附加品销售的经营者。汽车附加品是指依附于汽车所产生的产品和服务,如导航设备、外观贴膜、充电桩、电池等物理附属设备以及车辆延长质保、车辆保险、车辆软件等与汽车使用相关的服务。

符合条件的汽车金融公司,可以向国家金融监督管理总局及其派出机构申请经营下列部分或者全部本外币业务:

(1) 发行资本工具;
(2) 资产证券化业务;
(3) 套期保值类业务;
(4) 国家金融监督管理总局批准的其他业务。

汽车金融公司申请开办上述业务的具体条件和程序,按照行政许可有关规定执行。

2.2 汽车金融公司经营模式

2.2.1 汽车金融公司的营销模式

汽车金融公司在实际的经营活动中,通过多种营销手段来进行有关汽车金融产品的销售，具体包括直销、联合营销、网络营销、差异化营销、知识营销等。直销和联合营销在汽车金融公司产品销售方面占据着重要的地位。同时，由于互联网的普及和发展，网络营销也逐渐成为汽车金融公司的重要营销手段之一。

2.2.1.1 直销

汽车金融公司的直销是指汽车金融公司的销售人员直接将自己公司的产品销售给消费者的一种销售手段。汽车金融公司的直销有明确的目标群体，没有中间销售环节或尽量减少了中间销售环节，在一定程度上促进了汽车金融产品销售。

2.2.1.2 联合营销

联合营销使企业之间的营销合作关系更具战略性，最早由艾德勒1966年在《哈佛商业评论》上提出。联合营销是指两个或两个以上的品牌或企业，为了实现资源的优势互补，增强市场开拓、渗透与竞争能力，达成长期或短期的合作联盟关系，共同开发和利用市场机会。通常所说的品牌合作、品牌联盟、协同营销及共生营销等和联合营销基本是同一概念。

联合营销的最大好处是可以使联合体内的各成员以较少的费用取得较大的营销效果，有时还能达到单独营销无法达到的目标。以汽车金融公司为例，汽车金融公司最常见的联合营销模式是指在进行某些赛车的赛事时，以赞助商的身份出现。赛事通过汽车金融公司的有关出资来进行筹备，而汽车金融公司通过在赛事中提供赞助来提升自身的知名度并进行有关汽车金融产品的销售。此外，汽车金融公司的联合营销还可以通过和汽车经销商、汽车制造商及同行业有关的公司等进行，通过优势互补、资源共享及有关事宜的联合来达到联合营销的目的。

2.2.1.3 网络营销

汽车金融公司的网络营销是指以国际互联网络为基础，利用数字化的信息和网络媒体的交互性来辅助汽车金融公司实现营销目标的一种新型市场营销方式。常见的汽车金融公司网络营销主要有搜索引擎营销、网络知识性营销、病毒营销、即时通信营销、论坛营销(BBS营销)、博客营销、网络事件营销、网络直复性营销、网络视频营销、网络事件营销、网络电子订阅杂志营销(RSS营销)和利用社会性网络服务的SNS营销等。

2.2.2 汽车金融公司的融资渠道

汽车金融行业是典型的资本密集型行业，汽车金融业务的发展促使其融资需求不断攀升。得益于金融市场的深化发展和各汽车金融公司的不懈努力，汽车金融公司的融资渠道从单一的银行借款和资本金注入向更多元化的方向延伸。

目前，我国汽车金融公司的主要融资渠道包括以下几种。

(1) 金融债券。金融债券是指汽车金融公司作为金融机构的主动负债，期限一般为3~5年，其利率略高于同期银行的定期存款利率水平，属于汽车金融公司的信用债券。

(2) 资产支持证券。资产支持证券实质上是一种债券性质的金融工具，其发行通常先由包含汽车金融公司在内的基础资产的发起人，将贷款或应收款等资产出售给其附属的或第三方特殊目的载体(SPV)，实现有关资产信用与发起人信用的破产隔离，然后由SPV

经过打包资产、评估分层、信用增级、信用评级等步骤，向投资者公募或私募发行。

(3)股权融资。股权融资是指汽车金融公司的股东让出部分汽车金融公司所有权，通过增资的方式引进新的股东，同时使总股本增加的融资方式。通过该方式获得的资金，汽车金融公司无须还本付息，且新股东将与老股东享有同样的汽车金融公司的盈利。

(4)金融机构借款。金融机构借款主要是指汽车金融公司向银行、保险公司、财务公司等金融机构借入长期款项。进行金融机构借款时，要求交易双方必须通过签订合同的方式进行。在合同签订时，无论有关款项是否到账，合同均立即生效。

(5)关联公司存款。关联公司存款是指汽车金融公司接受境外股东及其所在汽车集团的在华全资子公司和境内股东的定期存款。

(6)汽车经销商保证金。汽车经销商保证金是指汽车金融公司接受汽车经销商采购车辆贷款的保证金和承租人汽车租赁的保证金。

2.2.3 汽车金融公司的盈利模式

2.2.3.1 新兴盈利模式：融资租赁

近年来，随着我国消费者对低首付、低利率的汽车金融产品的需求加大，以及租赁行业相关政策法规的日趋完善，汽车制造商、汽车经销商集团及第三方公司纷纷加入汽车金融领域，使我国融资租赁的市场规模得以快速增长，融资租赁已成为我国汽车金融行业的新兴盈利模式。

就汽车金融公司的汽车融资租赁实质而言，我国汽车金融公司经营的汽车融资租赁主要是经营性租赁和融资租赁。经营性租赁是指将汽车的使用权与所有权分离，承租人以一定租金的形式向出租人取得一定期限内汽车使用权的过程。在经营性租赁期间，汽车使用权归承租人，所有权归出租人，以承租人使用汽车的时间计算租金。融资租赁是指出租人根据承租人对汽车的特定要求和对4S店的选择，由出租人自己出资向4S店购买车辆，并出租给承租人使用的过程。在融资租赁期间，汽车使用权归承租人，所有权归出租人。在融资租赁期满后，承租人若不想购买所租车辆，则结束该租赁关系，若想购买所租车辆，则可付清该车辆的残值(折旧价)，并在办理相关手续后可取得该车辆的所有权。

就汽车金融公司的融资租赁附加服务而言，承租人在汽车金融公司进行融资租赁时，可以获得由该公司发放的专门信用卡，凭借该信用卡累计消费到一定额度后，承租人可以以优惠的价格购车或获得与汽车有关的旅游小额信贷支持。在融资租赁期间，汽车金融公司会针对该融资租赁车辆向承租人提供全套的汽车维护修理方案，以帮助承租人获得价格公道合理的维修服务，并且维修费用可以分期付款，充分体现了汽车金融公司人性化的关怀。在融资租赁到期后，承租人还可以选择继续拥有该租赁车辆或购换新车，有关车辆平时的维护修理也由汽车金融公司负责。

在我国，汽车融资租赁以其独特的优势广受市场欢迎，成为汽车金融公司新的经济增长点。

2.2.3.2 基本盈利模式：汽车消费信贷

目前，我国汽车金融公司的主要金融服务以汽车消费信贷为主。汽车消费信贷一般是指汽车金融公司向汽车消费者发放的用于购买汽车或支付其他费用的贷款。按照目前最为常见的主体进行划分，可将我国汽车金融公司的汽车消费信贷分为批发性汽车信贷和零售性汽车信贷。

批发性汽车信贷的业务主要针对与该汽车金融公司有相关合作的汽车经销商，汽车金融公司为汽车经销商提供包括库存融资、设备融资、建店融资等在内的流动资金贷款服务。零售性汽车信贷的业务主要针对消费者个人。近年来，我国零售性汽车信贷业务逐年增长，占据了整个汽车信贷业务的四分之三以上。由此可见，零售性汽车信贷给汽车金融公司带来了相当可观的经济效益。

虽然申请汽车金融公司的汽车消费信贷相较于申请商业银行的车贷的门槛低，但仍对贷款的对象提出了相关的要求，且对于不同主体间的有关要求也各不相同。以针对消费者个人的零售性汽车消费信贷为例，要求消费者个人具备以下条件。

(1) 具有完全民事行为能力。

(2) 具有稳定的职业和偿还贷款本息的能力，且信用良好。

(3) 能够提供有效的抵押物和质押物，或者有足够代偿能力的个人或单位作为其保证人。

(4) 能够按照《汽车消费贷款管理办法》的相关规定支付首期付款限额（首期付款至少应为购车价款的20%）。

(5) 满足汽车金融公司规定的其他条件。

2.2.3.3 增值盈利模式

随着有关市场的不断变化，汽车金融公司已逐渐成为一个较为综合性的平台，开展了许多与汽车金融有关的增值服务。汽车金融公司增值服务的开展创新了汽车金融公司的盈利模式，给汽车金融公司带来了可观的收益。

1. 维修保养利润模式

汽车金融公司在为消费者提供汽车融资租赁服务时，往往也会为其提供全套的汽车保养维修方案。该方案主要依据车辆的现实状况及消费者的有关资产现状制定，具体表现为车辆保养维护价格公道合理、事故维修及时得当。同时，汽车金融公司会将与该方案相关的费用分摊到各个时期的融资租赁款项中，在减轻消费者压力的同时，也给自身带来了一定的经济效益。

2. 保险代理利润模式

在汽车金融公司为消费者提供汽车金融服务的同时，汽车金融公司的代理保险公司为消费者提供汽车保险业务，这一举措为汽车金融公司带来了较大的盈利空间。以汽车消费信贷业务为例，由于汽车金融公司在为消费者提供汽车金融服务时涉及车辆购买的方方面面，因此有很多同消费者建立密切联系的机会。若保险公司与汽车金融公司合作，将有关保险代理权授予汽车金融公司并予以相应的业务提成作为激励，则在保险公司获得有关销量利益的同时，汽车金融公司也可以凭借此项业务获得额外的收入，此外，也免除了消费者单独投保的有关业务流程，节约了一定的人力和物力成本。

3. 汽车文化利润模式

文化是附属于产品一般形式上的额外利益。附属文化的概念越来越成为汽车金融产品竞争的关键。很多欧美国家把文化的渲染看作一个企业不断发展壮大的根本要素之一。其实,文化通过影响人们的生活方式使很多生活形态变得多元化,从而最终影响人们的消费行为。汽车文化的营销通过文化理念的设计创造来提升产品及服务的附加值,契合了消费者对精神层次的需求,成为汽车金融服务的一项重要内容。

我国汽车金融公司在重视汽车金融产品与汽车金融服务的同时,应积极营造一种良好的文化消费氛围,以形成特有的汽车品牌文化。汽车品牌的文化内涵正逐步成为消费者选择购车方式的决定性因素之一。

汽车金融公司除上述增值盈利模式外,还可应用资本运作利润、团购网络利润、购车理财利润、现金管理利润等模式,这些模式都可为汽车金融公司的日常运营带来新的利益增长点。

2.2.4 汽车金融公司的竞争策略

汽车金融公司的竞争策略是指汽车金融公司在汽车金融市场中找寻或建立其竞争对手所没有或相对缺乏的特殊能力,以便能更有效、更快捷地为消费者提供所需的产品和服务。

2.2.4.1 竞争策略层次

汽车金融公司的竞争策略主要包括以下四个层次,如图2-1所示。

(1)形式竞争。形式竞争是汽车金融公司最狭义的一种竞争,它反映的主要是汽车金融公司有关汽车金融产品竞争的观点。这些汽车金融产品属于同类产品,具有相同的特征,面对的是同样的细分市场。

(2)品类竞争。汽车金融公司的品类竞争是指具有类似特征的汽车金融产品之间的竞争。在界定竞争对手时,汽车金融公司应重点考虑这一层次的竞争对手。

(3)属类竞争。汽车金融公司的属类竞争是指汽车金融产品属类之间的竞争。属类竞争以较长的时间跨度为导向,着重于可替代的产品属类的分类,是满足消费者同一需求的产品之间的竞争。

(4)预算竞争。预算竞争这一概念是由营销大师菲利普·科特勒提出的。汽车金融公司的预算竞争主要考虑的内容是汽车金融市场上争夺同一消费者钱包份额的所有产品和有关附加服务。

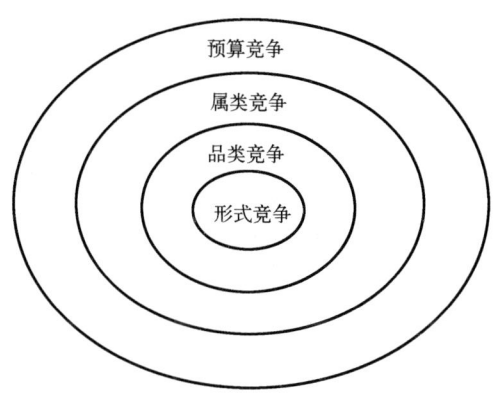

图2-1 汽车金融公司竞争策略层次

2.2.4.2 竞争对手分析方法

汽车金融公司的主要竞争对手是和汽车金融公司开办相似或相同业务的金融机构。通常可以采取以下方法对竞争对手进行分析。

1. 排行榜法

排行榜法适合在分析某个单个指标的若干个对象强弱时使用。汽车金融公司在对竞争对手进行排序时，可针对竞争对手的某个特定指标进行分析，从而对自身及竞争对手在相关方面的能力进行排序，并制定相应的排行榜。

2. 四象限分析法

四象限分析法适用于对两个指标同时进行比较。如图 2-2 所示，十字线代表两个指标的平均值。如果需要对三个指标进行分析时，可以考虑用四象限气泡图来辅助分析。

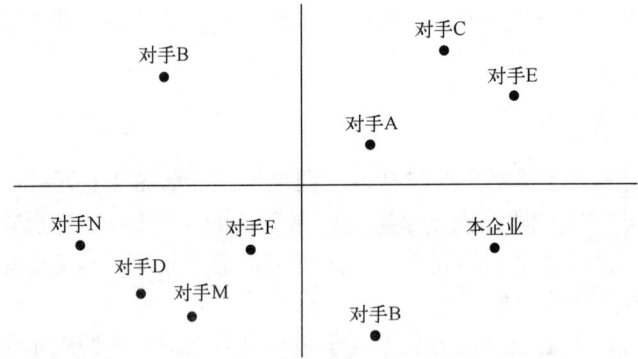

图 2-2　汽车金融公司四象限分析图

3. 雷达图分析法

当需要分析的指标有 4 个或 4 个以上时，一般的图表就不能达到很好的展示效果，此时可以考虑使用雷达图。但是由于雷达图只有一个坐标轴，不能同时展示不同的量纲数据和不同的数量级数据，所以需要进行去量纲处理。此时可以采用排行榜法达到去量纲或去数量级的目的。

2.2.4.3 竞争战略

汽车金融公司若要在众多竞争对手中突出自己的竞争优势，以实现自身汽车金融公司的盈利目标，则需要在实际的经营活动中制定有关的竞争战略。

1. 总成本领先战略

总成本领先战略是指通过最大的努力降低成本，以通过低成本而降低商品价格，从而维持竞争优势的战略。汽车金融公司要做到成本领先，就必须严格控制成本，并尽可能地将降低费用的指标落实在人头上，使处于低成本地位的汽车金融公司可以获得高于行业平均水平的利润。

2. 差异化战略

差异化战略又称别具一格战略。在汽车金融公司的相关竞争中，差异化战略是指汽车金融公司提供的产品别具一格，或利率更低，或更激发消费者购车欲望，或更方便快捷，或提供行业中其他金融机构没有的金融产品。例如，根据用户群体、品牌车型的不同，汽车金融公司与厂家合作，为客户量身打造最合适的金融产品。

3. 集中化战略

集中化战略指汽车金融公司在进行业务时主攻某个特定的消费者群体、某产品系列的一个细分区段或某一个地区市场。实施该战略的前提是汽车金融公司能够以更高的效率、更好的效果为某一狭窄的战略对象服务，从而超过其在更广阔范围内的竞争对手。该战略的实施具有赢得超过行业平均收益水平的潜力。

2.2.5 汽车金融公司的竞争优势

汽车金融公司在我国仍属于新生事物，当前最大的竞争对手主要是经营汽车消费信贷业务的商业银行。与经营相同业务的商业银行相比，汽车金融公司有着自己独特的优势。

2.2.5.1 技术优势

汽车金融公司相较于商业银行更加熟悉汽车市场行情，拥有更多汽车方面的技术人员和市场销售人员，能够较准确地对消费者的具体情况做出专业化的价值评估和风险评估，在处理抵押品和向保险公司索赔等方面具有熟练的专业技巧。同时，几大汽车金融公司在业务的开展过程中，已开发并成功应用了先进成熟的计算机业务管理系统，涵盖了申请、受理、评审、发放、贷后管理等汽车贷款业务的各个环节，具有相当明显的技术优势。

2.2.5.2 经营关系优势

我国汽车金融公司大多依托汽车集团，其服务的对象主要是本集团所生产的各种汽车品牌，由于汽车金融公司与其服务的品牌汽车制造商同属一个集团，因此便于协调和配合，不存在根本的利益冲突。同时，经过长期的相关合作，汽车金融公司、汽车经销商、汽车制造商、汽车修理厂商等各个利益主体相互之间已经形成了较为稳定的业务关系，通过相关的协议使其成为一个紧密联系的利益共同体。

2.2.5.3 服务优势

不同于商业银行的汽车信贷业务只能赚取利息收入，汽车金融公司则可以与汽车制造商、汽车经销商、汽车修理厂商达成某种协议，为汽车生产、汽车销售、汽车售后维护修理、旧机动车回购、以旧换新等各个业务环节提供资金服务，大大拉长了汽车产业链，便于资源整合、业务创新，且操作灵活。同时，在汽车金融风险控制、汽车金融产品设计开发、汽车金融产品销售和售后服务等方面，汽车金融公司都有一套标准化的业务操作系统。汽车金融公司可以从汽车消费者及汽车经销商的角度出发，为其提供合适且便捷的服务。

2.3 汽车金融公司的风险管理

2.3.1 汽车金融公司面临的主要风险种类

我国汽车金融公司实质上是非银行金融机构，其面临的风险与一般金融机构所面临的风险相同。

2.3.1.1 信用风险

汽车金融公司所面临的信用风险是指对方无法按照约定或承诺履行其义务的风险，最常见的就是贷款到期无法偿还。通常，按照风险产生的主体，可以将信用风险划分为以下几种。

(1)借款人风险。借款人风险通常是指借款人因各种情况(包括不可抗力的出现)无法按照约定的时间和金额偿还借款的风险。

(2)担保人风险。担保人风险是指为借款人提供担保的担保人或担保公司不能在借款出现问题时履行其担保义务的风险。

(3)交易对手风险。交易对手风险主要是指由于交易一方不遵守合同条款，在合同到期前违约而造成损失所带来的风险。

(4)信贷集中度风险。信贷集中度风险通常是指某一类别的贷款超过了汽车金融公司的有关指标的风险，具体表现在将贷款集中于一个或一组借款人、贷款抵押品单一或贷款集中于某一项业务产品。

2.3.1.2 市场风险

汽车金融公司所面临的市场风险通常是指由于市场价格的不利波动而带来损失的风险。汽车金融公司依照导致市场风险产生的风险因子不同，将所面临的市场风险划分为以下几种。

(1)利率风险。利率风险是指因利率的变动导致债券价格与收益率发生变动的风险。债券是一种法定的契约，大多数债券的票面利率是固定不变的(浮动利率债券与保值债券除外)，当市场利率上升时，债券价格下跌，使债券持有者的资本遭受损失。

(2)股价风险。股价风险是指由于经济周期变化、所持股公司经营情况变化、政策变化及一系列有关行为导致股票价格出现上升或下降的风险。股价风险的存在对于持股人资产变化有着决定性的作用，同时，股价风险也决定着汽车金融公司的现实经营状况。

(3)汇率风险。汇率风险是指当汽车金融公司有非本国的外债或交易时所面临的风险。以人民币汇率贬值为例，在用外汇结算在我国境内持有的人民币资产时就会产生账面亏损。

(4)期权风险。期权风险是基于基础标的资产所构造出来的衍生产品的价格波动所带来的风险。在汽车金融公司面临此风险时，可以参照美国次贷危机中，次级贷款的大面积违约所导致的衍生产品价格连锁反应引发的系统性事件。

2.3.1.3 资产风险

汽车金融公司的资产风险是指汽车金融公司在资产和负债方面的期限错配所导致的风险，也可表现为有关财产的流动性风险，主要包括资产流动性风险和负债流动性风险。资产流动性风险是指汽车金融公司在进行借贷业务时，资产到期不能如期足额收回，进而无法满足到期负债的偿还和新的合理贷款及其他融资的需要，从而给汽车金融公司带来损失的风险。负债流动性风险是指汽车金融公司的负债性资金由于内外因素的变化而发生不规则波动，对其产生冲击并引发相关损失的风险。特别需要注意的是，当汽车金融公司进行期限较长的借贷业务时，在业务进行期间，有关借贷的利率发生变化有可能导致签订的还款利率低于现行的贷款利率和市场基准利率，从而使汽车金融公司的资产受损。

2.3.1.4 操作风险

汽车金融公司的操作风险是指由于人员操作失误、不健全的制度流程和 IT 系统存在问题所造成的有关风险。汽车金融公司操作风险的具体表现为有关工作人员在进行本职工作的有关操作时出现的失误、审核流程不严谨或不规范、业务中断和系统崩溃等有关情况的出现而导致的风险。

汽车金融公司在进行营业活动中，除面临上述风险外，还面临包括声誉风险、战略风险、法律风险等在内的其他风险。虽然这些风险发生的频率不高，但一旦发生就会给汽车金融公司造成巨大的影响，并带来难以量化的损失。

2.3.2 风险控制与监督管理

控制金融市场稳定的核心是风险控制。汽车金融公司作为金融市场的实际操作者，在面对可能出现的风险时需要及时地进行风险控制，应及时采取各种措施和方法，以消灭或减少风险事件发生的各种可能性，避免或减少风险事件发生后造成的损失。

2.3.2.1 风险控制的基本方法

1. 风险回避

风险回避是汽车金融公司有意识地放弃风险的行为。风险回避是一种最消极的风险控制方法，意味着汽车金融公司在放弃风险行为的同时，也放弃了潜在的目标收益。只有在出现汽车金融公司对风险极度厌恶、汽车金融公司无力消除或转移风险、汽车金融公司无法承担该风险或承担该风险后得不到应有的补偿，以及存在可实现同样目标的其他方案，但损失更低或有收益等情况下，汽车金融公司才会采取该方法。

2. 损失控制

损失控制是指汽车金融公司对不愿放弃也不愿转移的风险，采取一系列手段以降低其损失频率、缩小其损失幅度的各种风险控制方法。该方法包括损失预防和损失抑制。损失预防是指汽车金融公司在不愿放弃也不愿转移的风险发生前，为了消除或减少可能引起损失的各项因素所采取的具体措施。损失抑制是指汽车金融公司在不愿放弃也不愿转移的风险发生时或发生后，为了缩小损失幅度所采取的各项措施。

3. 风险转移

汽车金融公司进行风险转移通常是指通过契约，将自身的风险转移给受让人承担的行为。通过风险转移，可大大降低汽车金融公司所面临的风险程度。现阶段风险转移的主要形式如下。

(1) 合同转移。合同转移是指汽车金融公司通过和一个或多个受让人签订合同，转移部分或全部风险的行为。

(2) 保险转移。保险转移是指汽车金融公司或借款人在业务发生前，通过给该业务投保的方式，将有关风险转嫁给保险公司的行为。保险转移是目前汽车金融公司使用最为广泛的风险转移形式。

4. 风险自留

风险自留是指汽车金融公司对发生的风险进行非理性或理性的主动承担风险的行为。对于风险所造成的损失，汽车金融公司将以其所有可利用的资产来进行相关损失支付或由汽车金融公司独自承担该风险所带来的所有后果。

5. 信用评估

汽车金融公司信用评估是指汽车金融公司在进行有关借贷业务时，对借款人信用情况进行评估的行为。借款人的信用是由多种因素构成的，这些因素包括借款人资产负债状况、经营管理水平、产品经济效益及市场发展趋势等。为了对借款人信用状况有一个统一且正确的估价，保障汽车金融公司的资金财产安全，汽车金融公司就必须对借款人信用状况进行评估。

2.3.2.2 风险管理的基本方法

在汽车金融公司日常的经营活动中，风险管理占据着重要地位，决定着汽车金融公司的未来发展。在汽车金融公司日常的经营活动中，汽车金融公司面对的消费主体除单独的消费者个人外，还有汽车经销商及其他企事业单位。汽车金融公司的风险管理的基本方法如下。

1. 实行严格的准入与退出机制

汽车金融公司在进行有关业务合作时，应严格审查合作的汽车经销商，优先选择经营规模较大、当地市场份额较高、管理水平高和信誉良好的汽车经销商；对于投资房地产或其他领域的汽车经销商，在授信时务必谨慎，规避短期信贷资金被长期投资占用的风险；对于代理品牌知名度不高、库存周转速度较慢、总资产较少或单纯依赖金融机构信贷资金周转的汽车经销商，则要避免介入信贷业务或及时退出。

2. 强化尽职调查，加强对资金需求合理性的审核

汽车金融公司在贷前调查环节，要注重对有关消费主体的实际资信情况、担保方式和负债情况等因素进行实际调查，以避免各方勾结或伪造材料骗取汽车金融公司资金，进而给汽车金融公司的财产安全带来隐患。

3. 优化数据模型，建立信用评级体系

汽车金融公司在加强行业数据积累的同时要联合各方平台进行数据共享，并通过设置多个指标对有关消费主体进行数据分析，建立信用评级模型，实现对有关消费主体的分类评价和管理，将信贷政策向资质好、忠诚度高、风险低的消费主体倾斜，并为其确定合理的价格政策。

4. 强化实质性担保措施的落实

汽车金融公司在进行有关借贷业务时，应采取多种担保方式，坚持第一还款来源与第二还款来源并重的原则，采用土地、房产抵押等多种担保方式，同时开拓有关应收账款和票据类资产的抵押担保。

5. 不断丰富贷后管理手段

汽车金融公司在信贷资金发放后，应同商业银行一样，对信贷资金的投向和客户的情况进行持续性跟踪，预防客户在获得资金后出现资金挪用或资信变动等问题。

2.4 汽车金融公司经营案例分析

分析案例

上海通用汽车金融有限责任公司资产证券化

上汽通用汽车金融有限责任公司于2004年在上海成立，是由中国银监会批准成立的中国第一家专业的汽车金融公司。上汽通用汽车金融有限责任公司由上海汽车集团财务有限责任公司、GMAC UK PLC 和上海通用汽车有限公司共同出资15亿元建成。经过多年的建设与发展，上汽通用汽车金融有限责任公司已建成一个覆盖范围广、业务品种丰富、服务水平一流的营销网络，稳居国内汽车金融行业领军位置。在国家采取若干具体有效的实施办法来规范和鼓励资产证券化的情况下，上汽通用汽车金融有限责任公司结合自身发展需要，进行了一系列的资产证券化。

上汽通用汽车金融有限责任公司资产证券化的参与主体主要包括上汽通用汽车金融有限责任公司、中粮信托有限责任公司、中信证券股份有限公司、招商银行股份有限公司、南京银行股份有限公司、中国工商银行股份有限公司上海市分行和中央国债登记结算有限责任公司。以上各个公司在上汽通用汽车金融有限责任公司资产证券化中扮演着各自的角色，协同推进上汽通用汽车金融有限责任公司的资产证券化。

上汽通用汽车金融有限责任公司资产证券化操作流程如图2-3所示。

上汽通用汽车金融有限责任公司资产证券化的实施有助于盘活存量资产、降低融资成本、提高融资额度、推动自身产业向好发展。首先，上汽通用汽车金融有限责任公司的资产多为因汽车信贷而形成的应收账款，这些贷款的期限一般较长且流动性差。若公司的应收账款比例过大则不利于其自身发展，且容易造成资金周转失灵及降低公司利润等不利影响。若将这部分资产用于发行资产支持证券,则可以有效盘活存量资产,化解这部分风险。其次,从发行债券的角度来看,上汽通用汽车金融有限责任公司的融资主要受其组建的资金池影响。如果入池资产整体质量较好,资产池的信用水平甚至可以超过上汽通用汽车金融有限责任公司自身的信用水平,这对降低上汽通用汽车金融有限公司的融资成本有极大帮助。现今的上汽通用汽车金融有限责任公司的信用等级已达到AAA。最后,使用资产支持证券融资,其融资额度主要取决于入池的基础资产的规模。从理论上来讲,如果上汽通用汽车金融有限责任公司能够提供足够多的基础资产,那么就可以募集足够多的资金。

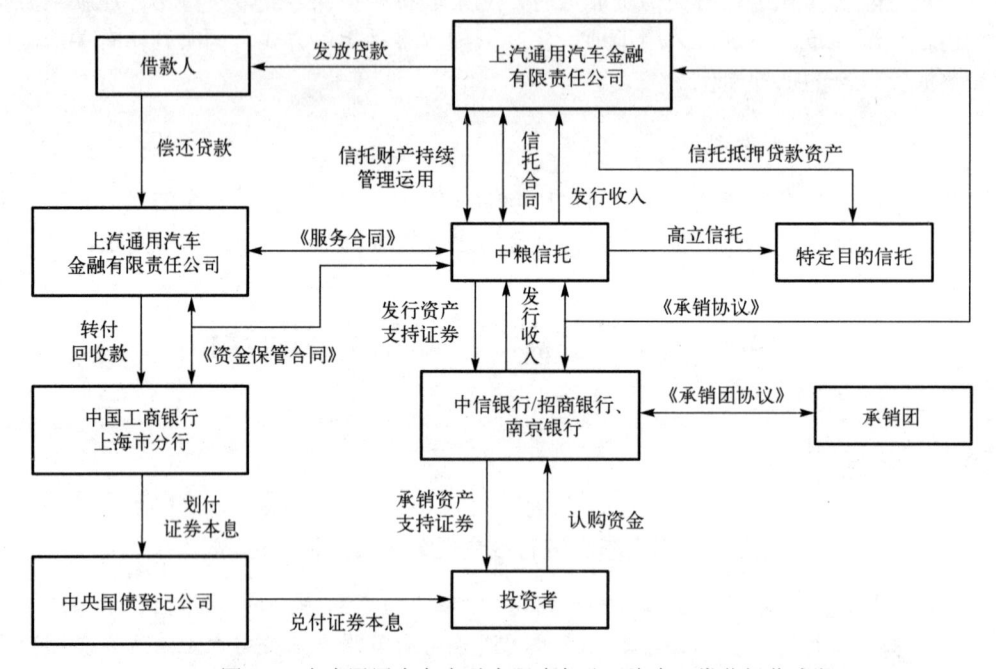

图 2-3 上汽通用汽车金融有限责任公司资产证券化操作流程

本章小结

汽车金融公司作为汽车金融的重要组成部分,在汽车金融行业占据了重要地位。我国的汽车金融公司相较欧美发达国家存在一定的差距,市场规模也相对较小。但就我国汽车金融公司的实际发展情况而言,在汽车金融行业快速发展的同时,我国现有的汽车金融公司也找到了属于自己的发展道路。汽车金融行业的快速发展进一步推动了我国汽车金融公司的发展。

关 键 词

汽车金融公司;汽车金融公司经营模式;汽车金融公司风险管理

思 考 题

1. 简述汽车金融公司的主营业务。
2. 简述汽车金融公司的融资渠道。
3. 简述汽车金融公司的盈利模式。
4. 简述汽车金融公司的竞争策略。
5. 简述汽车金融公司面临的风险有哪些。
6. 查阅相关资料,分析国内外汽车金融公司的异同。

参 考 资 料

[1] 国家金融监督管理总局. 汽车金融公司管理办法(2023).

[2] 纪元. 汽车金融中的信贷资产证券化研究[J]. 时代金融,2012(30):221-222.

[3] 牛大勇. 自主品牌汽车集团构建汽车金融服务专业机构的研究[D]. 哈尔滨:哈尔滨工程大学,2008.

[4] 傅鑫. 中国汽车金融公司个人汽车信贷风险管理研究[D]. 长春:吉林大学,2014.

[5] 程月璋. 大众汽车金融(中国)有限公司发展战略研究[D]. 北京:北方工业大学,2017.

[6] 史青林. F汽车金融公司"互联网+"战略研究[D]. 大连:大连理工大学,2019.

[7] 彭鑫威. 易鑫集团汽车融资租赁风险管理问题探析[D]. 南昌:江西财经大学,2020.

[8] 牟叶桐. 我国汽车金融业的发展问题研究[D]. 长春:东北师范大学,2013.

[9] 张明. 我国汽车金融公司发展问题研究[J]. 统计与管理,2013(4):53-54.

[10] 罗恩泰. 汽车金融公司的优势[J]. 中国金融,2016(11):30-31.

[11] 朱月媛. 上汽通用金融公司的盈利模式与风险研究[D]. 武汉:华中科技大学,2017.

[12] 强添纲,张文会. 汽车金融[M]. 北京:人民交通出版社,2019.

[13] 康桂英. 汽车金融与服务[M]. 北京:人民交通出版社,2017.

[14] 崔波. 汽车经销商库存融资业务信贷风险分析[J]. 现代商业,2017(2):86-87

第 3 章

汽车互联网平台

【教学目标与要求】

1. 了解汽车互联网平台的经营模式；
2. 掌握汽车互联网平台融资结构的基本内涵；
3. 掌握汽车互联网平台的主要融资形式；
4. 了解汽车互联网平台面临的风险；
5. 掌握汽车互联网平台的风险监控。

【思政目标】

1. 根据汽车互联网平台的有关理论实践，树立开拓式思维，学会将理论与实际相结合，培育操作型人才；
2. 结合汽车互联网平台经营理念，树立正确世界观、人生观、价值观，培育相关职业素养。

> **导入案例**
>
> **汽车之家双生态战略启航，用户规模领跑汽车互联网平台**
>
> 2022 年 1 月，有关报告显示，在汽车资讯 App 行业，"汽车之家"以 6771.8 万/月的月活跃用户数量稳居该行业月活跃用户数量第一名，是第二名和第三名用户数量的总和，稳居汽车资讯行业龙头地位。
>
> 受芯片短缺、原材料价格上涨、海外疫情等影响，我国汽车产业减产压力加大，新车供应不足，新车订货等待期延长，影响了终端市场整体销量。但有关数据显示，疫情带来的负面影响已基本消除，汽车服务行业的年收入连创新高，线上渠道快速填补了线下需求"抑制期"的空白。
>
> 值得一提的是，"汽车之家"的"生态化战略"升级中的 C 端"三多"策略正逐步显现成效。2021 年 9 月，"汽车之家"对外公布了战略升级方案——"生态化战略"，即"汽车之家"生态与平安生态深度协同和融合，打造看车、买车、卖车、用车的一体化平台服务矩阵。
>
> 根据此项战略，"汽车之家"在 C 端制定了开拓更多玩法、创建更多场景和覆盖更多人群的"三多"策略，原创视频和直播内容占比大幅提升，各类跨界合作和线下活动等也全面铺开。基于生态流量，"汽车之家"在多场景下拓展大量用户，2021 年 9 月，"汽车之家"全景生态流量规模同比增长 13.1%。
>
> "汽车之家"通过新媒体内容布局，实现了汽车资讯内容 IP 化。从 2020 年 9 月到 2021 年 9 月，"汽车之家官方"KOL 账户去重活跃用户数增长了 40 倍，成效卓著。
>
> 在汽车互联网平台私域上，从 2021 年到 2022 年，"汽车之家"首创了"公路旅行慢直播"等热门直播栏目，并举办了业内首个新能源车主狂欢节，"冬季实验室""事故检察官"等新 IP 也成为热点；在网络平台专业内容领域，"汽车之家"上线了全网首个"摩托车车型库"和行业内最大的用车车型库，3D 改装车工具也逐步上线。此外，"汽车之家"连续三年成功举办"818"全球汽车节，打造"车圈第一 IP"。2021 年的"818"全球汽车节活动覆盖人次超过 5 亿，同比增长翻番，已成为助力产业数字化转型的金牌案例。
>
> 以"汽车之家"为代表的汽车互联网平台早已进入我们的生活。本章将就汽车互联网平台的有关基础理论知识、融资模式、经营模式及相关风险监管进行有关讲解，以期方便读者进一步了解汽车互联网平台。

3.1 汽车互联网平台概述

3.1.1 汽车互联网平台概况

互联网技术的迅猛发展，为各行各业的改革创新提供了技术支持。互联网时代的到来，也为汽车产业的发展带来新的机遇。互联网+汽车的融合，推动了汽车互联网平台的发展。

我国现有的汽车互联网平台众多，提供的服务内容丰富多样。自从 2013 年美国汽车电商 TrueCar 在中国引起广泛关注后，汽车电商在中国的舞台上拉开帷幕。2014 年"易车网"和"汽车之家"纷纷宣布汽车电商战略，"易车网"的股价也因此冲高，接近 100 美元/股。除垂直汽车网站外，综合电商"天猫""京东"也相继发力。汽车制造商和汽车经销商为避免被市场淘汰，也相继成立了"车享网"等以快速跟进。

各汽车电商的进入使得汽车互联网平台一时风光无限。2015 年前后，各路资本纷纷布局汽车互联网平台，开启了"烧钱"模式，为汽车互联网平台一举打开市场、增加平台知名度提供了有力支撑。

在之后的几年时间里，汽车互联网平台的知名度逐渐被打开。但就其盈亏状况而言，大部分汽车互联网平台都出现了"连年亏损，烧钱不止"的问题。以中国二手车在线经销商——优信集团为例，截至 2018 年，每年在销售和营销方面的费用出现了高于总营业收入的问题。有业内人士曾评论"再不上市就没钱花了"。

2020 年，部分汽车互联网平台受市场环境影响，几度濒临破产，集体经历"生死劫难"。在宏观经济下滑的大环境下，汽车互联网平台若能承受住宏观经济环境的不良影响，则将在后续的发展中展现出新的活力。

3.1.2 常见的汽车互联网平台

我国汽车互联网平台众多，在不同平台进行营业活动时所涉及的业务范围也不尽相同。"汽车之家""人人车""易车网""太平洋汽车网""卡爱汽车"和"瓜子二手车"等是日常生活中较为常见且比较有名的汽车互联网平台。就"汽车之家""太平洋汽车网"及"瓜子二手车"而言，三者的定位及业务范围各有不同，虽同为汽车互联网平台，但皆以自身独特的优势在各自的领域占据着重要地位。

3.1.2.1 "汽车之家"

"汽车之家"为汽车消费者提供专业制作和用户生成的内容、全面的汽车数据库和广泛的汽车上市信息，覆盖整个购车周期和车辆拥有周期。"汽车之家"能够接触庞大且活跃的汽车消费者用户群，这使得"汽车之家"成为汽车制造商和汽车经销商开展广告活动的首选平台。此外，"汽车之家"的汽车经销商订阅服务和广告服务允许汽车经销商通过"汽车之家"营销其库存车辆并提供相应服务，将其覆盖范围扩展到数百万潜在互联网用户，同时"汽车之家"还可为汽车经销商提供销售线索。"汽车之家"提供汽车销售线索、有关汽车数据分析和汽车营销服务，以协助汽车制造商和汽车经销商提高生产和经营效率并促进其交易。

"汽车之家"运营着"汽车之家商城"，这是一个提供全方位服务的在线交易平台，旨在促进汽车制造商和汽车经销商的交易。此外，"汽车之家"还通过其网站和移动应用程序提供其他增值服务，包括汽车融资、汽车保险、二手车交易和售后服务等。

3.1.2.2 "太平洋汽车网"

"太平洋汽车网"凭借其雄厚的资金实力、国际化的管理队伍、完备的硬件设施、强大的技术力量，以专业门户为起点，通过专业团队的运营与推广，打造出一个传播平台涵盖 WEB+WAP+App+第三方平台，落地分站涵盖全国 240 多座城市，广告营销方式涵盖线上/线下、传统/创意的全方位、多角度、综合性的汽车互联网专业媒体，形成了强大的品牌影响力。

"太平洋汽车网"下设 PCauto 新车、PCauto 评测中心、PCauto 导购中心、PCauto 新锐 IP 阵列、PCauto 车型库等有关频道，为消费者与汽车用户提供新车资讯、新车评测、新车导购、汽车经销商报价、专业视频、图片参配、用车知识等多方面的优质内容。例如，PCauto 车型库打造国内优秀的汽车产品报价库，以国内外车型为核心，辐射价格、参数配置、车型图片、相关文章、车主点评、购车优惠、汽车经销商等内容，提供全方位的汽车资讯服务，并拥有"VR看车""视觉魅影""车型详解""视频解说"等一系列有关汽车的优秀栏目。

3.1.2.3 "瓜子二手车"

目前，"瓜子二手车"构建了"严选直卖"及"全国购"两大业务体系，为用户提供二手车检测定价、居间服务、汽车金融、跨区域流转、售后保障、维修保养等一站式服务。截至目前，"瓜子二手车"的业务覆盖全国 200 多个主流城市。

"瓜子二手车"的"严选直卖"业务体系构建了线上、线下高度融合的一站式二手车消费场景，为卖家提供实车寄售服务，为买家提供一次多看、一站购车的综合服务，并持续推动服务效率与用户体验的优化升级。"瓜子二手车"的"严选直卖"业务体系已成为二手车的新一代消费服务空间，为用户提供优质的二手车消费服务。

"瓜子二手车"的"严选直卖"及"全国购"两大业务体系高度协同，提供跨区域二手车交易服务，为用户提供个人车源与开放平台第三方车源，为用户购车提供更多选择。"瓜子二手车"的"全国购"业务体系使卖家能以更高效率、更优价格售出车辆，并使买家能够享受全国车源与跨区域比价购车带来的实惠，打破了传统二手车交易的区域价格壁垒，加速了二手车在全国范围内的流通。"瓜子二手车"的"全国购"业务体系提供了开放平台，允许第三方商户接入，不仅扩大了平台的服务范围，而且还可以满足消费者多样化的购车需求，并向行业输出检测、定价、AI 智能应用、金融、保险、物流、交付等技术和服务，引领二手车行业由分散经济向平台经济转型。

3.2　汽车互联网平台的融资模式

3.2.1　汽车互联网平台融资结构的理论基础

融资活动的开展需要相关理论作为指导，本书定义的汽车互联网平台融资结构是指从不同渠道获取资金之间的比重关系，即内源融资和外源融资占融资总额的比例。其中，内源融资是指汽车互联网平台经营企业的留存收益总额，即盈余公积和未分配利润之和；外源融资包括债务融资和股权融资。成熟的汽车互联网平台融资结构应该达到融资成本与收益的平衡，利用银行拆借、吸收存款、发行债权或资产证券化等手段，充分利用市场资源；通过股权融资、吸收股东存款和银行借款等方法，分配内源融资和外源融资的比例。

3.2.1.1 资本结构理论

资本结构指的是企业资产结构中不同资本的具体构成类型及存在的比例。资本结构是企业筹资决策中关注的核心问题，企业应综合考虑影响资本结构的相关因素，借助合适的方法寻找最佳融资方式，并在之后的追加筹资过程中继续保持最佳的融资方式。资本结构理论包括净收益理论、净营业收益理论、MM 理论、代理理论和等级筹资理论。

1. 净收益理论

净收益理论认为，利用债务可以降低企业的综合资金成本。由于债务成本一般较低，所以，企业负债程度越高，则综合资金成本越低，企业价值越大。当负债比率达到 100% 时，企业价值将达到最大。

2. 净营业收益理论

净营业收益理论认为，资本结构与企业的价值无关，决定企业价值高低的关键要素是企业的净营业收益。尽管企业增加了成本较低的债务资金，但同时也加大了企业的风险，导致权益资金成本的提高，但企业的综合资金成本仍保持不变。无论企业的财务杠杆的作用如何，其整体的资金成本不变，企业的价值也不受资本结构的影响，因而不存在最佳资本结构。

3. MM 理论

MM 理论认为，在没有企业和个人所得税的情况下，任何企业无论其有无负债，都等于经营利润除以适用于其风险等级的收益率。风险相同的企业，其价值不受企业有无负债及负债程度的影响。但在考虑企业和个人所得税的情况下，由于存在税额庇护利益，企业价值会随负债程度的提高而增加，股东也因此可获得更多好处。于是，负债越多，企业价值就会越大。

4. 代理理论

代理理论认为，企业资本结构会影响经理人员的工作水平和其他行为选择，从而影响企业未来现金收入和企业市场价值。该理论将债务视为一种担保机制，并认为债权筹资有很强的激励作用。这种担保机制能够促使经理级人员努力工作，减少个人享受，并做出更好的投资决策，从而降低由于两权分离而产生的代理成本。但是，负债筹资可能导致另一种代理成本，即企业接受债权人监督而产生的成本。均衡的企业所有权结构是由股权代理成本和债权代理成本之间的平衡关系来决定的。

5. 等级筹资理论

等级筹资理论认为，首先，外部筹资的成本不仅包括管理和证券承销成本，而且还包括由不对称信息所产生的"投资不足效应"而引起的成本。其次，债务筹资优于股权筹资。基于企业所得税的节税利益，负债筹资可以增加企业的价值，即负债越多，企业价值增加越多，这是负债的第一种效应。但是，财务危机成本期望值的现值和代理成本的现值都会导致企业价值的下降，即负债越多，企业价值减少额越大，这是负债的第二种效应。由于上述两种效应相互抵消，因此企业应适度负债。同时，由于不对称信息的存在,因此企业需要保留一定的负债容量,以便在有利可图的投资机会来临时发行债券,从而避免以太高的成本发行新股。

3.2.1.2 信息不对称理论

信息不对称理论指的是在市场经济活动和生活中,每个人掌握的信息量是不同的,掌握信息量较多的人处在比较有利的位置,而掌握信息量较少的人处于相对劣势的位置。信息量的不对称,使得经济活动出现了多样性和差异性。信息不对称理论认为,市场中的卖家比买家掌握更多的信息,掌握更多信息的卖家可以通过向买家传递可靠信息,或者利用买家存在的信息认知缺失来获取利益;而买家也会努力从外部获取更多的信息,以弥补自身的信息认知缺失。

3.2.1.3 优序融资理论

优序融资理论放宽了 MM 理论完全信息的假定,以不对称信息理论为基础,并考虑交易成本的存在,认为权益融资会传递企业经营的负面消息,而且外部融资要多支付各种成本,因而企业融资通常会遵循内源融资、债务融资、权益融资这样的先后顺序。研究表明,当股票价格被高估时,企业管理者会利用其内部信息发行新股,投资者会意识到信息不对称的问题。因此,当企业宣布发行股票时,投资者会调低对现有股票和新发股票的估价,导致股票价格下降、企业价值降低。内源融资的主要来源是企业内部自然形成的现金流,它等于"净利润+折旧-股利"。由于内源融资不需要与投资者签订契约,也无须支付各种费用,所受限制少,因而是企业首选的融资方式,其次是低风险债券和高风险债券,最后才是在不得已的情况下发行股票。

优序融资理论自提出之日起就备受争议。1989 年,Baskin.J 用一系列实证研究对该理论做出了支持及肯定。优序融资理论对于税收和交易成本做出了理性反映,是一种信号均衡。利用优序融资理论可以准确预测由企业内部资金赤字引起的外部债务融资。虽然优序融资理论未得到学术界的一致认同,但目前已成为金融市场发展中的主流理论。

3.2.2 汽车互联网平台融资结构的基本内涵

融资结构是指企业在取得资金来源时,有机搭配通过不同渠道筹措的资金及各种资金所占的比例。具体地讲,融资结构是指企业所有资金来源之间的比例关系,即自有资金(权益资金)及借入资金(负债)的构成态势。融资结构是资产负债表右侧的基本结构,主要包括短期负债、长期负债和所有者权益等项目之间的比例关系。

企业的融资结构不仅揭示了企业资产的产权归属和债务保证程度,而且反映了企业融资风险的大小,即流动性大的负债所占比重越大,则其偿债风险越大,反之则偿债风险越小。

从本质上讲,融资结构是企业融资行为的结果。企业融资是一个动态的过程,不同的行为必然导致不同的结果,并形成不同的融资结构。企业融资行为的合理与否必然通过融资结构反映出来。合理的融资行为必然形成优化的融资结构,融资行为的扭曲必然导致融资结构的失衡。

由于企业生产经营所处的阶段不同,对资金的数量需求和属性要求也就不同,从而形成了不同的融资组合。可以从不同的角度对融资结构做进一步的划分。

对汽车互联网平台而言，汽车互联网平台的融资结构通常是指汽车互联网平台经营企业的金融体系构成结构。在现代金融制度中，包括以银行为主的媒介间接融资的金融机构体系、服务于直接融资的金融市场体系和对金融业实施监督管理的金融监管机构体系。各种体系各自发挥着其特有功能，为资金融通提供高效便利的金融服务。

3.2.3 汽车互联网平台的融资形式

汽车互联网平台通常以融资的形式筹集生产经营所需资金。银行贷款、股票筹资、债券融资、融资租赁、典当融资及通过国家性基金进行融资等都是汽车互联网平台主要且常见的融资形式。

1. 银行贷款

向商业银行贷款是汽车互联网平台最主要的融资渠道。按资金性质，其贷款可划分为流动资金贷款、固定资产贷款和专项贷款三类。专项贷款通常有其特定的用途，其贷款利率一般比较优惠。专项贷款分为信用贷款、担保贷款和票据贴现三种类型。

2. 股票筹资

股票具有永久性、无到期、无须归还、没有还本付息压力等特点，因而筹资风险较小。股票市场可促进汽车互联网平台转换经营机制，成为真正的自主经营、自负盈亏、自我发展、自我约束的法人实体和市场竞争主体。同时，股票市场为资产重组提供了广阔的舞台，有利于优化汽车互联网平台组织结构，提高汽车互联网平台的整合能力。

3. 债券融资

债券融资通常利用企业债券。企业债券也称公司债券，是汽车互联网平台依照法定程序发行，约定在一定期限内还本付息的有价证券，表示汽车互联网平台和投资人之间是一种债权债务关系。债券持有人不参与汽车互联网平台的经营管理，但有权按期收回约定的本息。在汽车互联网平台破产清算时，债权人优先于股东享有对汽车互联网平台剩余财产的索取权。企业债券与股票一样，同属有价证券，可以自由转让。

4. 融资租赁

融资租赁是指出租人根据承租人对供货商、租赁物的选择，向供货商购买租赁物，并提供给承租人使用，承租人在契约或合同规定的期限内分期支付租金的融资方式。在进行该融资方式时，汽车互联网平台常作为出租人进行有关租赁活动以实现资金"回笼"及资金筹集。

5. 典当融资

典当融资大多是在典当行以实物为抵押，以实物所有权转移的形式取得临时性贷款。与商业银行贷款相比，典当贷款成本高、贷款规模小，但与商业银行对借款人的资信条件近乎苛刻的要求相比，典当行对客户的信用要求几乎为零，典当行只注重客户典当的物品是否货真价实。

就现实情况而言，首先，商业银行只做不动产抵押，而典当行则可以动产抵押与不动产质押二者兼为；其次，与商业银行贷款手续繁杂、审批周期长相比，典当行贷款手续十分简便，大多立等可取，即使是不动产抵押，也比商业银行要便捷许多；最后，向商业银行进行贷款时，贷款的用途不能超越商业银行指定的范围，而典当行则不过问贷款的用途。典当融资在一定程度上提高了资金使用率。

6. 国家性基金

国家性基金的主要来源是中央外贸发展基金。需要注意的是，国家性基金主要支持的内容包括国际市场宣传推介、开拓新兴市场、培训与研讨会、境外投标等及支持的其他有关内容，对面向拉美、非洲、中东、东欧和东南亚等新兴国际市场的拓展活动，优先支持。

安全且快速有效的融资对汽车互联网平台的发展有着积极的推动作用，可以提高资金利用率，促进行业和谐发展。

3.3 汽车互联网平台的经营模式

3.3.1 汽车互联网平台的营销模式

3.3.1.1 汽车互联网平台营销概述

汽车互联网平台营销是指汽车互联网平台发现或发掘准消费者的需求，让消费者了解其旗下产品进而购买该产品的过程。在营销过程中，通常使用 STP 市场定位理论、4P 营销理论及客户关系管理(CRM)进行汽车互联网平台的营销分析。

1. STP 市场定位理论

STP 市场定位理论在现代市场营销理论中的具体表现为市场细分(Market Segmenting)、目标市场(Market Targeting)和市场定位(Market Positioning)，这是构成企业营销战略的核心三要素。汽车互联网平台通过洞察消费者与市场调查，了解消费者的类型，分析该平台针对哪类消费者最有优势，从而确定该平台需要在这类消费者心中占据什么样的地位。

2. 4P 营销理论

4P 营销理论是产品(Product)、价格(Price)、宣传(Promotion)和渠道(Place)这四个基本策略的组合。在汽车互联网平台完成市场定位后，汽车互联网平台以独占消费者心中目标位置为出发点及目标，为消费者筛选目标产品，制定出消费者可以接受的产品价格、宣传产品及品牌价值，并为消费者提供相应的购买渠道。

3. 客户关系管理(CRM)

客户关系管理的简称为 CRM，是指企业为提高核心竞争力，利用相应的信息技术及互联网技术，协调企业与客户之间在销售、营销和服务上的交互，从而提升企业的管理方式，以向客户提供创新式的、个性化的客户交互和服务的过程。汽车互联网平台在进行营销时，只要做好客户关系管理，就可以在产品利润与品牌利润方面持续获得回报。

3.3.1.2 汽车互联网平台营销方式

汽车互联网平台的营销大多以互联网营销为主,还包含服务营销、体验营销、整合营销等营销方式。

1. 互联网营销

互联网营销也称网络营销,是指以国际互联网络为基础,利用数字化的信息和网络媒体的交互性来实现营销目标的一种新型的市场营销方式。随着互联网技术发展的成熟,并借助互联网成本的低廉,互联网好比是一种"万能胶",将企业、团体、组织及个人跨时空地联结在一起,使交易双方的信息交换变得"唾手可得"。在营销中最重要也是最本质的问题就是交易双方之间的信息是否得到有效的传播和交换。互联网营销的出现在一定程度上解决了汽车互联网平台和消费者之间信息壁垒的问题,使消费者的需求可以被及时地了解和满足,这就为汽车互联网平台的发展提供了新的机遇。

2. 服务营销

服务营销是将服务用于出售或连同产品在一起出售的一种市场营销方式。汽车互联网平台的服务营销主要是指消费者在选车、买车、用车、换车过程中的系列活动。在这个系列活动的不同阶段,汽车互联网平台都会指派专业的业务人员为消费者进行详细的讲解,并提供技术及其他方面的支持。

由于汽车互联网平台业务的特殊性,汽车互联网平台还提供代办过户手续、代办分期付款及代办保险等服务。消费者只需按有关负责人要求准备所需材料并进行上传,全程都将由汽车互联网平台指定专人为其办理相关业务,可一站式完成交易。

在交易完成后,汽车互联网平台还提供相应的售后服务,让消费者"买得舒心"的同时"买得放心"。优质的售后服务可使汽车互联网平台在消费者中获得良好的口碑,对消费者的再次购买及推荐购买起着积极的作用,为汽车互联网平台的可持续发展提供重要保障。

3. 体验营销

以关注消费者体验为核心的体验营销方式是汽车互联网平台的必然选择。体验营销以满足消费者的体验需求为工作重点,将"体验"因子纳入营销战略中,为消费者带来新的价值,丰富消费者价值系统的内容,成为体验经济时代汽车互联网平台打破传统汽车销售僵局、赢得竞争优势的重要战略。在汽车互联网平台,体验营销主要应用在汽车的售后环节中,即消费者得到车辆进行切身体验。真实良好的体验感在满足消费者预期的同时,能够迅速拉近汽车互联网平台与消费者的距离,避免退货行为的产生,提升品牌竞争力。

4. 整合营销

整合营销是指通过对各种营销工具和手段进行系统化结合,根据环境进行即时性的动态修正,以使交易双方在交易的过程中实现价值增值的营销理念与方法。从本质上讲,整合营销与其他类型的营销方式具有较大的差别。整合营销本身并没有特定的存在形式,它是各种不同营销手段和形式的结合体,根据结合"配方"的不同,最终的表现形式也会存在差异。

与整合营销伴生而出的一种传播手段是整合传播。整合传播是指将广告、营销、公关等多种传播手段进行整合的一种"多面体"传播形式。整合传播的目的是实现信息传播的速度、广度、深度的最大化。

3.3.1.3 汽车互联网平台营销技巧

1. 提供优质服务，增加销售额

汽车互联网平台的营销主阵地是互联网。互联网营销的信息沟通具有双向互动性和信息阅读可读性。在互联网营销过程中，消费者同时具备产品的选择性与产品购买的便捷性。在互联网营销过程中，汽车互联网平台可有效地针对潜在消费者和目标消费者，提供优质的售前和售后服务，从而建立双方紧密相接的关系，在留住原有消费者的同时吸引新消费者，进而实现增加企业销售额的目的。

2. 更新产品信息，挖掘消费欲望

汽车互联网平台可以利用互联网不断地向消费者提供相关产品的信息，如新产品使用信息，新产品的新功能、新性能及新颖外观等，并且可适时适度地更换产品新信息，以保持发布信息的新鲜感、吸引力与亲和力，挖掘新老消费者的潜在消费欲望，引导其购买汽车互联网平台旗下的产品，从而达到增加新产品销售的目的。

3. 方便消费者购买，降低期间成本

汽车互联网平台实施直复式营销。对于消费者而言，购买汽车时需要重点考虑的一点就是性价比问题。汽车互联网平台的出现有效地为消费者节省了在购车时花费的各种成本，使购车更为方便快捷。对于汽车互联网平台而言，简单化的销售渠道能够有效地降低销售成本、减少运营管理费用。

4. 提升品牌知名度，提高消费者忠诚度

汽车互联网平台可以通过对网页进行个性化设计，突出品牌形象，使品牌形象更加个性化、人性化。消费者忠诚度是汽车互联网平台市场渗透的前提，有助于提高汽车互联网平台在市场的占有率。汽车互联网平台若要尽快提高其市场份额，则其首要任务就是提高消费者忠诚度。

3.3.2 汽车互联网平台的盈利模式

3.3.2.1 基本盈利模式

互联网技术发展的成熟、消费者消费观念的改变及网上购物的兴起，都为人们的生产生活提供了极大的便利。

汽车互联网平台低廉的平台成本避免了中间商的层层加价，为消费者提供了性价比更高的车辆。

汽车互联网平台通过为消费者提供汽车服务业务以获得营利性收入。不同汽车互联网平台的业务侧重点各有不同，但大多数业务都是围绕车辆的交易，主要包括选车、买车、用车和换车等。

3.3.2.3 增值盈利模式

汽车互联网平台在提供车辆交易服务的同时也在积极拓展相关业务，不少平台已经成为集多种服务业务于一体的综合型汽车交易平台。汽车互联网平台可以提供的业务包括汽车金融服务、汽车维修保养、汽车零配件交易、汽车资讯点击流量获利及其他相关服务。车辆交易市场的竞争与饱和，使通过卖车获得的利润逐渐降低，因此汽车互联网平台开始谋求新的出路。

3.3.3 汽车互联网平台的竞争策略

精准的市场定位，是快速提升市场份额的基础。汽车互联网平台在抢占市场份额时，既要面对外部大市场的竞争，又要面对不同模式之间的竞争。因此，无论汽车互联网平台要面对哪一类竞争，都要建立自身的优势位置。例如，以"优信二手车"为代表的 B2C 模式和以"人人车"为代表的 C2C 模式，两种差异化的电商模式直接影响了它们所占据的不同市场份额。

C2C 模式的"人人车"，历经 2015 年的"烧钱混战"发展至今，在打开知名度的同时也让消费者看到了"人人车"的实力，从而成为车辆交易双方都信任的汽车互联网平台，车辆交易双方都愿意相信且愿意使用"人人车"进行车辆交易。B2C 模式的"优信二手车"，为了构建一个二手车全国流通的大市场，通过在产业链延伸、大数据等方面发力，有效地解决了二手车市场的车源碎片化、管理碎片化及跨区域流通不畅等问题，从而成为中国二手车交易综合服务供应商。

汽车互联网平台的相对资金成本可控且期限灵活。资金成本是汽车金融最大的成本，随着银行贷款利率居高不下，ABS 融资票面利率也屡创新高。

3.4 汽车互联网平台面临的风险及风险监控

3.4.1 汽车互联网平台面临的风险

汽车互联网平台在开展相关业务以获得盈利的同时，也需要承担这些业务所带来的风险。

3.4.1.1 技术风险

汽车互联网平台以互联网作为交易场所，进行汽车买卖及相关业务。互联网本身存在技术风险，包括所信赖的信息系统的技术安全和技术容量、黑客攻击、密码泄露、账户资金被盗等。有关报道显示，我国部分汽车互联网平台存在用户信息泄露问题。例如，当消费者在某汽车互联网平台注册并填写相关信息后，虽未在其他汽车互联网平台进行注册操作，但会有其他汽车互联网平台主动与其联系，并进行推广及其他服务宣传。部分汽车互联网平台还存在被病毒入侵，导致消费者资金受损等问题。

3.4.1.2 交易风险

汽车互联网平台无法直观地了解商品，只有通过该平台的专业评估师对车辆进行鉴定并上传有关信息后，才能够获得相应信息。由于存在信息不对称及部分平台的违规操作等问题，导致消费者通过汽车互联网平台进行车辆交易时存在风险。例如，某汽车互联网平台在进行车辆鉴定时，车主已经明确告知评估师该车辆有过户记录，已经是二手车，但在该汽车互联网平台上的公示信息仍是"车主口述过户 0 次，爱车是 4S 店提回来的新车"，隐瞒了车辆过户次数。又例如，某车辆在外观上有明显的剐蹭，评估师在鉴定该车辆时虽然进行了拍照取证，但在该汽车互联网平台上的公示信息仍是"外观无瑕疵"，隐瞒了车辆的损伤问题。

部分汽车互联网平台还存在"背户出售"现象，即汽车互联网平台有关人员与原车主签订协议，有偿出售车辆牌照的使用权。这种做法不仅属于违规操作，而且使车辆交易双方都存在交易风险。

3.4.1.3　欺诈风险

汽车互联网平台提供汽车金融服务，这意味着汽车互联网平台需自行承担相应的金融风险。汽车互联网平台在提供汽车金融服务时容易遇到重复质押的问题。一方面，我国征信制度还不够完善，汽车互联网平台很难对借款人的实际资质进行全面细致的了解，因此加大了汽车互联网平台判断借款人的偿还能力和偿还意愿的难度；另一方面，借款人非法二次抵押乃至进行黑市交易等问题屡见不鲜。在实际交易过程中，一些汽车互联网平台还曾碰到过套牌车、黑车等问题，如果相关业务人员对交易风险把控不严，则将导致出现坏账等问题。

3.4.1.4　竞争风险

竞争风险指同行业中竞争对手的动作。对于汽车互联网平台而言，竞争风险主要是指不同平台间通过促销和宣传等手段抢夺市场份额时所面临的风险。除正常的竞争外，还要防范竞争对手采取一些不光彩的竞争手段，如雇佣差评师或高薪聘任对方重要人才等，都是最常见的恶性竞争手段。

随着越来越多的市场准入主体进入汽车互联网平台市场，原本的市场份额被逐渐分散，在汽车互联网平台品牌影响力和风险管理能力相对较弱的情况下，获取市场份额的难度将会越来越大，汽车互联网平台的生存空间也会受到明显挤压。

3.4.1.5　汽车保养风险

汽车保养风险主要针对汽车互联网平台的汽车保养业务。消费者可根据自身需求在汽车互联网平台为车辆预约保养。但由于汽车保养行业的服务没有规范的标准，会出现养车受骗、忽悠换件、修车被坑、小病大修、只换不修、以次充好等问题。

3.4.1.6　财务风险

在汽车互联网平台的经营过程中，按时合法缴税是不可避免的。汽车互联网平台的规模越大，账目就越要整理清楚。目前，国家出台了相关法律法规，严厉打击偷税漏税行为。企业一旦出现税务问题，就可能会影响其后期经营。

在汽车互联网平台运营过程中，对出差制度、报销制度等涉及财务的制度都应该严格审查，以避免偷税漏税行为的出现。同时，由于汽车互联网平台开展相关的汽车金融业务，这就要求汽车互联网平台提前做好坏账准备以应对有关风险的出现。

3.4.2 汽车互联网平台的风险监控

汽车互联网平台拥有良好的口碑有利于品牌形象的树立，有助于建立忠实的客户群体。口碑是目标，营销是手段，产品是基石。就汽车互联网平台的常规交易而言，严格把控车辆来源、切实确保车辆品质、保证公布信息真实可靠等措施有利于汽车互联网平台对交易品质进行风险监控，从而可以避免不必要的麻烦。

汽车互联网平台树立品牌形象的第一步是做好风险监控，风险监控不仅包括交易产品的品质问题，还包括可能出现的各种风险的解决及掌控问题。风险监控的进行有利于汽车互联网平台真正盈利，并可保证汽车互联网平台持续稳定地发展。

3.4.2.1 风险识别

风险识别是风险监控时最重要的环节。风险识别是指在风险发生前，人们运用各种方法系统且连续地认识所面临的各种风险，并分析风险事故发生的潜在原因。风险识别包含感知风险和分析风险两个环节。

1. 感知风险

感知风险是指了解客观存在的各种风险。感知风险是风险识别的基础。只有通过感知风险，才能进一步在此基础上进行分析，寻找导致风险发生的条件和因素，为拟定风险监控方案提供风险管理决策服务。

2. 分析风险

分析风险是指分析引起风险的各种条件和因素。分析风险是风险识别的关键。

汽车互联网平台所面临的风险众多，如何有效规避已面临或有可能面临的风险对汽车互联网平台的发展起着决定性的作用。汽车互联网平台经常聘请专业的风险管理师，为平台在战略、操作、财务、声誉等层面进行风险管理，从而对汽车互联网平台进行综合、系统、整体化的风险管理。

3.4.2.2 风险评估

风险评估是指在风险识别后，量化和测评所识别风险带来的影响或损失程度。就汽车互联网平台而言，风险评估是对汽车互联网平台所面临的威胁、存在的弱点、造成的影响，以及三者综合作用所带来风险的可能性的评估。作为风险管理的基础，进行风险评估有利于进行风险决策、规避风险所带来的不良影响或降低这些不良影响。

3.4.2.3 风险应对计划

为规避已知和潜在的风险，要及时地制订规避计划和应急计划。风险管理师应选择最有效的策略或策略组合，充分利用风险分析的工具选择最适当的应对方法，并为汽车互联网平台提供多套备选方案。

1. 消极风险或危害的应对策略

(1) 回避。对于汽车互联网平台而言,回避风险主要应用于针对汽车互联网平台出现的舆情类风险。在舆情类风险发生时,汽车互联网平台无须过度紧张应对,可通过自身平台或借助有关媒体工具澄清,也可进行改善沟通或通过专门的技术避免。

(2) 转移。转移风险实际上只是把风险管理的责任转移给了另一方,而并非将其消除。但在现实中,汽车互联网平台很少出现,甚至不会出现转移风险的可能性。

(3) 减轻。减轻风险是指把发生风险的概率和风险的影响单独或一起降低到可以接受的限度。为了把发生风险的概率和风险的影响单独或一起降低而尽早采取行动,其效果往往比在风险发生后亡羊补牢更好。汽车互联网平台最常见的减轻风险的方式是在自身发现产品有问题时及时进行召回,以避免风险的发生。

2. 积极风险或机会的应对策略

积极风险或机会的应对策略是指面对风险的发生采取积极的应对策略,通过有关策略的使用产生积极影响。

(1) 利用风险策略。在汽车互联网平台希望确保某个机会得以实现的情况下,可以为那些有积极影响的风险选择利用风险策略。通过利用风险策略使机会出现,从而降低某个特定风险的不确定性。

(2) 分享风险策略。分享风险策略是指将风险的所有权分配或移交给最有能力为项目提供有利机会的第三方。在汽车互联网平台中,融资就是一种分享风险的策略。多数汽车互联网平台面临着资金不足等问题,因此这些汽车互联网平台都会选择融资的方式以达到产业规模扩张的目的。

(3) 增加风险策略。增加风险策略是指通过增加积极风险的概率和机会,并通过识别那些促成积极风险的关键因素,使风险的效益最大化。

3. 同时应对风险和机会的策略

同时应对风险和机会的策略是接受风险。采取这种策略的原因是所面对的风险无法消除。在汽车互联网平台日常经营活动中,采取这种策略的条件是其在应对危机时已经束手无策,需要通过改变自身的某些方面才能解决问题。这种策略既可以是被动的,也可以是主动的。部分汽车互联网平台的转型就是实施这种策略的具体体现。受目前市场经济大环境的影响,销售汽车所获得的利润急剧压缩,汽车互联网平台在销售汽车方面的生存空间急剧缩小,某些汽车互联网平台在这一时期被迫退出市场。汽车互联网平台早已不是单纯的汽车交易平台。

4. 应急应对策略

风险监控最重要的策略就是制定应急应对策略。风险监控需要对各类风险进行综合分析和关注,但部分潜在风险或未知风险是无法利用算法及经验常识预料的,为了解决这类问题,应急应对策略的制定就显得尤为重要。常见的应急应对策略是对已有风险进行分析归纳后给出的一个"万能"方案。

在汽车互联网平台进行经营活动期间,有可能面对各种各样的突发情况,特别是竞争对手的恶性竞争行为导致的违规事件。突发情况的不可预料性使汽车互联网平台无法为其提前做出准备,因此会导致事件造成的不良影响持续扩大,并对有关汽车互联网平台的后续发展产生不良影响。应急应对策略的作用是在突发情况发生时将该突发情况造成的影响降至最低，或者将该突发情况造成的消极影响转变为积极影响，这对汽车互联网平台的公关团队及有关决策人的能力是一个极大的考验。

3.4.2.2.4 风险应对计划的实施

风险应对计划的实施是指在发生风险事件时，风险应对计划的应对行动都落实到人。只有把风险应对计划落实到一个有资源、有权力的负责人和一个有干劲、有能力的实际执行团队上，风险应对计划才有可能落地。但就具体情况而言，负责人和实际执行团队需要进行有效沟通，制订有效沟通计划，建立及时、有效的沟通机制。

风险监控对汽车互联网平台而言是一个长期且持久的过程，需要有关团队全员参与，而有关负责人则更需要有足够的风险意识，及时关注所有可能出现的问题，提前做好风险应对计划，为汽车互联网平台留出反应和解决问题的时间。

3.5 汽车互联网平台经营案例

分析案例

揭秘"瓜子二手车"成功逆袭背后的战略推手

2019年2月，"瓜子二手车"和"毛豆新车"的母公司车好多集团宣布，已完成D轮15亿美元的融资，投资方为软银愿景基金（SoftBank Vision Fund）。随着该轮融资的完成，车好多集团的估值超90亿美元。

近年来，汽车互联网平台逐渐兴起，二手车交易平台成为其中的一大热点。除"车易拍""车来车往"等部分汽车互联网平台逐渐被淘汰出局外，"优信二手车""人人车""瓜子二手车""车置宝""易鑫二手车""天天拍车"等诸多汽车互联网平台，在各自的领域持续稳定地发展着，且商业模式从C2B、B2C、B2B到C2C、C2B2C等应有尽有。

截至2019年3月，在美股上市的优信集团市值约为13.6亿美元，在港股上市的易鑫集团市值约为17.7亿美元。2019年，在投资人的眼中，车好多集团的市场价值是其主要竞争对手的六七倍以上。

推动"瓜子二手车"成功的战略推手是特劳特伙伴公司。

特劳特伙伴公司致力于协助企业家看清已有业务的定位机会、设立业务愿景、正确定位。"瓜子二手车"本轮融资用途中的第一条就是"持续抢占用户心智，在资本寒冬中抢占更大市场份额"。这句话带着明显的"定位"色彩和烙印，为"瓜子二手车"的发展提供了准确的定位。

本 章 小 结

汽车互联网平台作为汽车金融的新兴行业，以灵活及个性化定制产品为卖点，并通过各种营销方式和营销渠道进行宣传推广。同时，汽车互联网平台又利用多样化的融资渠道不断扩大经营规模。但是，汽车互联网平台在日常的经营活动中仍面临着较大的风险、复杂的市场环境、多变的消费需求及其他可能导致风险出现的因素等，这都需要汽车互联网平台更加注重风险的管控，更需要聘请专业人员进行风险管理。

关 键 词

汽车互联网平台；汽车互联网平台融资；汽车互联网平台经营模式；汽车互联网平台风险监控

思 考 题

1. 简述常见的汽车互联网平台有哪些。
2. 简述汽车互联网平台融资结构的理论。
3. 简述汽车互联网平台的融资形式。
4. 简述汽车互联网平台的营销模式。
5. 简述汽车互联网平台的营销技巧。
6. 简述如何防范汽车互联网平台的风险。

参 考 资 料

[1] 张丽. 互联网汽车金融风险及法律规制[D]. 上海：华东政法大学，2018.
[2] 许华. 互联网汽车金融风险控制研究[D]. 南京：南京邮电大学，2017.
[3] 徐诚辉. "互联网+"时代下汽车金融行业的发展趋势[J]. 现代工业经济和信息化，2016，6(10)：24-25.
[4] 付文娟. X公司汽车金融业务竞争战略研究[D]. 广州：华南理工大学，2020.
[5] 史青林. F汽车金融公司"互联网+"战略研究[D]. 大连：大连理工大学，2019.
[6] 赵冬雪. 互联网汽车金融业务风险的影响因素研究[D]. 南昌：华东交通大学，2020.
[7] 刁瑞. 我国互联网汽车融资租赁发展研究[D]. 北京：商务部国际贸易经济合作研究院，2019.
[8] 汪晨. 中国互联网汽车金融信用风险管理研究[D]. 合肥：安徽大学，2016.

第 4 章

汽车消费信贷

【教学目标与要求】

1. 了解汽车消费信贷基本概况；
2. 了解汽车消费信贷业务特点；
3. 熟悉汽车消费信贷各参与单位及其职责；
4. 掌握汽车消费信贷业务流程；
5. 掌握汽车消费信贷风险预防措施。

【思政目标】

1. 树立消费信贷风险意识，防止陷入消费和网络贷款陷阱；
2. 树立符合法律和社会道德的信用认知，依法进行相关的社会经济活动。

导入案例

当事人谢某想通过贷款形式购买一辆汽车，便申请了当地 A 商业银行的贷款。根据 A 商业银行的要求，谢某要想获得贷款，就必须通过该银行的审查，同时还要出具保险机构的有关保险凭单。于是，谢某为获得购车贷款便购买了当地一家保险机构的有关保险，并将 A 商业银行作为该保险的受益人。A 商业银行和谢某最终成功签订了购车贷款合约，并在该合约中约定：A 商业银行为谢某提供贷款 155 000 元以用于购买汽车，自贷款发放之日的次月开始谢某按月偿还贷款本息，实行固定日还款，共计还款 36 个月。

合约生效之后，A 商业银行为谢某发放贷款。在第一个月，谢某按时将 4679.67 元偿还给 A 商业银行后便消失不见，其贷款也没有再继续偿还。因此，A 商业银行就将谢某及谢某投保的保险机构一起告上了法庭，以寻求通过法律途径来解决问题。

法庭在调查取证之后，给出的结论是，谢某和谢某所购保险的保险机构在双方签订该保险合约时未经公证或见证，在一定程度上其所签订的合约可以看作一种无效合约。合约没有生效，谢某就必须要将本金和利息一起偿还给 A 商业银行。同样，谢某所购买的保险也因合约无效而不被法律承认，保险机构在此次案件中无须承担任何责任，最终法庭判决谢某偿还 A 商业银行本金加利息共计 150 320.33 元。

在本案件中，导致此结果最主要的原因是 A 商业银行。首先，A 商业银行在事前并未对申请人谢某的资信情况进行调查，工作怠慢是造成此次案件的最主要的原因。A 商业银行仅通过保险机构出具的保单就批准贷款申请，忽视了对申请人谢某的信用记录、经济来源的相关调查。并且，A 商业银行在发放贷款后并未对此次贷款的具体用途进行后续的持续追踪，未确定贷款后续流向，保险机构在这种情况下自然可以不承担该事故的不必要责任。其次，该保险合约并不符合我国的法律规定，缺少第三方见证或公证。缺少这一步骤，该保险合约就可以视为无效合约，因此保险机构无须承担赔偿责任。

消费信贷对于汽车产业的渗透在一定程度上推动了汽车产业的良性发展，但我国的汽车消费信贷仍存在着许多的问题，导致其相关主体发展受阻。本章将就汽车消费信贷的有关基础知识和相关参与单位、操作流程进行大致讲解，以期帮助读者防范现实生活中可能出现的汽车消费信贷风险及有关消费陷阱。

4.1　汽车消费信贷概述

4.1.1　汽车消费信贷的定义

消费信贷是零售商、金融机构等贷款提供者向消费者发放的用于购买最终商品和服务的贷款，是一种以刺激消费、扩大商品销售、加速商品周转为目的，用未来收入作为担保，以特定商品为对象的信贷行为。汽车消费信贷是购买汽车的消费信贷。在我国，汽车消费信贷是指购买汽车的消费者作为金融机构的借款人去申请的用于购买汽车的人民币担保贷款。汽车消费信贷是市场经济条件下利用信贷手段来促进汽车销售的有效手段。在我国，支持该业务的金融机构包括在中华人民共和国境内依法设立的、经国家金融监督管理总局及其派出机构批准经营人民币贷款业务的商业银行、农村合作银行、农村信用社，以及获准经营汽车贷款业务的非银行金融机构。

汽车作为一种有着较高价值的消费品，占用资金很大，而传统的汽车消费大多都是全款支付，给消费者的资金周转带来一定的影响。汽车消费信贷作为一个全新的消费理念，以预期的提前消费为特征，为消费者提供良好的融资方式，在减轻消费者资金周转压力的同时，扩大了汽车的消费群体，使更多的人具备购车条件。

4.1.2 汽车消费信贷的发展历程

汽车消费信贷作为汽车金融的分支模块，其发展历程和汽车金融的发展历程大致相同。

20世纪初期，为了促进汽车销售，汽车制造商们提出分期付款的新型购车方式，吸引了许多不同收入阶层的消费者前来购车。需求带动供给，汽车的销量逐渐提高。但是因为分期付款的资金大部分由汽车制造商进行垫付，极大地限制了汽车制造商的资金周转，给汽车制造商的产业发展带来了阻碍。为缓解汽车制造商压力，汽车消费信贷应运而生。汽车消费信贷的出现在缓解汽车制造商压力的同时，也引起了汽车消费方式的重大变革，实现了消费者支付方式由最初的全款支付向分期付款方式的转变。

在后续的发展过程中，随着汽车生产规模的扩张、汽车消费市场的扩大和有关金融服务及信用制度的建立与完善，汽车制造商开始通过汽车金融服务这一全新的金融渠道，利用汽车金融公司来解决在分期付款中可能出现的资金不足问题。汽车金融服务由此形成了一个完整的"融资—信贷—信用管理"的运行过程。

1919年，美国通用汽车公司设立的通用汽车票据承兑公司是世界上最早的汽车消费信贷服务机构，其业务主要是面向汽车消费者提供金融信贷服务。1930年，德国大众汽车公司推出了针对本公司生产的"甲壳虫"轿车的未来消费者募集资金的业务，此举首开了汽车金融服务向社会融资的先河。德国大众公司的这种新业务，将此前由美国通用汽车公司创立的商业性放款业务与汽车个人消费贷款的汽车金融服务业务相组合，形成了一个初具雏形的汽车消费信贷服务体系。

在之后的很长一段时间里，汽车消费信贷得到了广泛的传播和发展。当汽车消费信贷进入我国时，已经形成了一定的规模与秩序。与国外发达国家相比，我国汽车消费信贷起步较晚且过程曲折，与汽车产业并未实现同步发展，还有很大的可进步空间。就我国汽车消费信贷而言，主要经历以下阶段。

(1) 1995—1998年，汽车消费信贷起步阶段。

1995年，我国刚刚开展汽车消费信贷在理论方面的探讨和业务方面的初步实践，国内汽车消费处于一个相对低迷的时期。为了刺激汽车消费需求的有效增长，一些汽车制造商联合部分国有商业银行，在一定范围和规模内，尝试性地开展了汽车消费信贷业务。

我国汽车消费信贷的初次尝试由于有关经验不足、社会征信体系缺失面临着重大风险。随后，国家宏观政策进行调整，中国人民银行于1996年9月叫停了各地的汽车消费信贷业务。停滞状态一直延续到1998年9月，中国人民银行出台《汽车消费贷款管理办法》以后，汽车消费信贷才得以继续开展。

(2) 1998—2002年，汽车消费信贷发展阶段。

为了更好地规范汽车消费信贷，中国人民银行颁布《汽车消费贷款管理办法》后，又于1999年4月颁布了《关于开展个人消费信贷的指导意见》，允许四家国有银行率先在全国经济比较发达、金融服务好的地区开办汽车消费信贷试点，为汽车消费信贷的顺利开展奠定了良好的政策基础。

21世纪初，我国经济高速发展，私人汽车的购买量急剧增长，而汽车消费信贷也借此机会抢占了大量市场。面对日益增长的汽车消费信贷市场需求，保险公司出于扩大自身市场份额的考虑，适时推出了汽车消费贷款信用（保证）保险。商业银行、保险公司、汽车经销商三方合作的模式，成为推动汽车消费信贷高速发展的主流模式。

(3) 2002—2004年，汽车消费信贷竞争阶段。

2002年年末，汽车消费信贷市场进入竞争阶段，汽车消费信贷市场中各竞争主体之间的竞争已经从汽车经销商之间和汽车保险公司之间上升至相关商业银行之间。各大商业银行纷纷出手，开始重新划分汽车消费信贷市场的市场份额，其经营理念也从最初的片面强调资金的绝对安全转变为追求基于总体规模效应下的相对资金安全。

彼时，商业银行不断地降低贷款条件、放宽贷款范围，使得整个行业的利润水平不断下降，风险控制环节趋于弱化，潜在风险不断积聚。2004年，大量汽车消费信贷坏账出现，保监会叫停了车贷险业务，商业银行及保险公司、汽车经销商三方合作的汽车金融模式难以为继，我国汽车消费信贷再一次陷入停滞状态。在这种情况下，保险公司为了保障自身利益也相继退出汽车消费信贷市场。

(4) 2004年年末至今，汽车消费信贷相对成熟阶段。

2004年年末至今，专业汽车消费信贷服务企业相继出现，我国汽车消费信贷开始向专业化、规模化发展。2004年9月，中国人民银行和银监会修正并完善了《汽车贷款管理办法》，并于2004年10月1日起正式实施。同年，上海通用汽车金融公司成立。随后，一批汽车金融公司进入我国市场。多元化的参与主体使汽车消费信贷得到进一步发展。

2008年，美国次贷危机爆发，我国在汽车消费信贷方面更加谨慎，政府也出台了相应的政策和措施以刺激消费，这些政策和措施包括《关于促进汽车消费的意见》《汽车金融公司管理办法》等。这些政策和措施的颁布起到了一定效果，令汽车的产销量逐渐回调，汽车消费信贷也缓慢回温。

随着互联网金融的兴起，汽车消费信贷的概念逐渐深入人心，互联网汽车金融公司受到资本的青睐，在短时间内得以迅速发展壮大，汽车消费信贷行业内多个参与主体共存，在相互竞争的同时也扩大了行业的规模，汽车消费信贷开始稳步发展。汽车消费信贷余额从2008年的1583亿元上涨到2020年的7820.2亿元。

4.1.3 汽车消费信贷的现状

4.1.3.1 汽车消费信贷现状分析

从当前国内外汽车消费信贷情况来看，美国仍然是汽车消费信贷最发达的国家，其汽车消费信贷的渗透率已超过80%。此外，欧洲汽车消费信贷的发展势头也较为强劲，以汽车产业作为支柱的德国，其汽车消费信贷渗透率已达到64%。

汽车消费信贷早已在多年的市场发展中成熟，发达国家的汽车金融行业平均年增长率为2%至3%。目前，全球主要汽车集团多组建了属于自己的汽车金融公司，其融资渠道和业务范围也十分成熟和多元化。汽车金融产品和服务在发达国家已经成为促进汽车流通和消费的重要载体,对促进汽车产业的发展有着不可替代的作用。

随着人们消费观念的不断改变,汽车消费信贷经营主体在不断完善自身的同时也在对汽车消费信贷产品不断创新。可以预见,汽车消费信贷在汽车金融行业中所占的比例必将继续升高。

近年来,我国汽车消费信贷规模保持较高增速,具体表现为我国汽车消费信贷渗透率呈几何倍数增长。同时,我国汽车消费主体和消费观念的变化、国家政策的推动和帮扶及社会发展的需求,都加速推动着我国汽车消费信贷业务快速发展。

首先,我国的汽车消费主体呈年轻化趋势,消费观念也在不断改变。我国人口结构的不断变化促使"80后"和"90后"消费者逐渐成为主要消费力量。由于这些消费者的消费观念相对开放,对汽车消费信贷的接受程度高,从而使汽车消费信贷在我国得以快速发展。

其次,从政策和措施角度来看,密集出台的政策和措施不断推动着汽车消费信贷的发展。汽车消费信贷发展至今,我国出台了一系列政策和措施支持汽车金融行业的发展,这些政策和措施的内容涵盖了汽车销售的各个层面,极大地促进了各金融机构汽车消费信贷业务的进行。

最后,从社会发展角度来看,自2000年以来的这20多年的时间里,中国以跨越式的发展完成了汽车销量从百万量级到千万量级的飞跃。根据中国汽车工业协会公布的统计数据,2021年全年,汽车产销量分别为2608.2万辆和2627.5万辆,同比增长3.4%和3.8%,结束了自2018年开始的连续下降趋势。社会人均可支配收入的提升使人们对汽车的需求不断增大。需求决定供给,汽车的单一制造成本逐步降低,最终由几方合力推动了汽车消费信贷市场爆发式的增长。

4.1.3.2 我国汽车消费信贷现存问题

我国汽车消费信贷在近期内虽然取得了较大的进步,但无论是与国外相比,还是从适应我国汽车产业发展的要求来看,发展状况都不是特别的理想。虽然我国针对《汽车贷款管理办法》中涉及的我国汽车消费信贷中的种种问题做了法律上的规定,但我国汽车消费信贷在多个方面都存在问题。以商业银行为例,汽车消费信贷现存问题如下。

1. 汽车消费信贷的担保和保险制度问题

汽车消费信贷可通过保险公司提供履约保证保险,通过专业担保公司提供连带责任保证,通过借款人提供房地产抵押担保,以及通过借款人提供本外币定期存单、国债、人民币理财产品质押等方式办理汽车贷款。通常,大部分借款人都选择用自有房产进行抵押或购买保险等方式办理汽车贷款。由于房产价值的评估需要聘请专业机构并支付高额的评估费,因此在给借款人带来负担的同时还有可能出现评估报告作假的风险。保险公司开办的履约保证保险是商业银行控制汽车消费信贷风险的主要手段,但许多保险公司没有开展此类业务。在保险方面,《保险法》规定,所有违法行为均属于保险免除责任。由此,保险公司成功地将汽车消费信贷业务中最难把控的道德风险转移给了商业银行,而其提供的相关保险并未真正地给商业银行提供有关汽车消费信贷的担保。

2. 个人消费信用制度不健全

在我国，由于个人信用制度不健全，个人信息难以完全评估，导致各家商业银行的汽车消费信贷业务踟蹰不前。商业银行在进行汽车消费信贷时，如果无法通过个人信用体系高效准确地获得个人信用报告，就只能进行严格的信用审查。对信誉良好的借款人进行信用审查，就不可避免地造成资源的浪费和降低工作效率，商业银行获得信息所需的高成本就被转移到该汽车消费信贷借款人身上，使汽车消费信贷资金价格偏高，从而制约了汽车消费信贷的发展。同时，严格的信用审查使贷款流程变得更加烦琐，需要汽车消费信贷借款人提供身份证、户口本、收入证明、住房证明、第三方担保证明等诸多材料用于审查。即便如此，商业银行也不一定能真实地评估汽车消费信贷借款人的信用等级。建立完善的个人信用体系是发展汽车消费信贷的当务之急。

3. 缺乏完善的保障机制

完善的汽车消费信贷保障机制是促进汽车消费信贷发展的保障性措施，也是汽车消费信贷的根本内容。就目前状况而言，我国出台的有关法律条款更多的是侧重汽车金融领域。虽然汽车消费信贷属于汽车金融类目，但具体业务的侧重点大不相同。如果没有全面的法律条款保障汽车消费信贷，就会影响汽车消费信贷的发展。

4. 存在诚信与道德缺失的问题

由于我国现有个人信用体系还不够健全和完善，社会消费信用环境尚未完全成熟，商业银行对汽车消费信贷许多借款人的个人诚信很难有全面细致的掌握，容易出现诚信与道德缺失的问题，因此商业银行在进行汽车消费信贷时存在一定的风险。随着经济的发展和社会的进步，汽车产业整体呈现出逐渐扩张的趋势。在汽车产业发展趋于成熟的今天，各大汽车制造商为了提高自身的竞争力，大多都从价格这一关键的消费因素下手。例如，在价格下降的同时，容易让汽车消费者认为自己"高价"购买的车在不断贬值，也使得消费者对汽车消费信贷的热情下降，从而影响汽车消费信贷的正常发展。

4.2 汽车消费信贷业务的特点及种类

4.2.1 汽车消费信贷业务的特点

我国汽车消费信贷以商业银行为经营主体。同时，由于市场准入的放开，汽车金融公司、汽车经销商及其他金融机构逐渐进入我国汽车消费信贷市场。

目前，我国汽车消费信贷仍处于复苏阶段，虽然我国的汽车消费信贷余额逐年提升，渗透率较从前也有一定幅度的增长，但是和国外发达国家相比，我国的汽车消费信贷仍有很大的进步空间。在实际发展过程中，我国汽车消费信贷表现出鲜明的特点。

1. 汽车消费信贷的资金来源渠道多样

目前，我国政府规定，国内提供汽车消费信贷业务的机构不能吸收社会公众的存款。因此，汽车消费信贷的资金来源除资本金和正常利润留存外，主要依靠资本市场和商业银行信贷。但是"内部附属"型汽车消费信贷机构服务公司有可能从其母公司获得资金的融通与支持。

2. 汽车消费信贷经营主体的政策和监管规范

为了避免同其他金融机构的业务发生矛盾和冲突，我国政府在政策和法规中明确规定了汽车消费信贷经营主体的职能，规定其主要提供汽车流通销售、消费及使用阶段的融资服务。为保证汽车消费信贷经营主体良好运作，政府竭力为其提供良好的市场环境及配套的支持系统；通过建立国家信用体系，使汽车消费信贷经营主体能够在社会信用状况较好的条件下运行，从而控制坏账风险；逐步向汽车消费信贷经营主体开放资本市场，使汽车消费信贷经营主体可以直接进入资本市场融资，从而拓展筹资渠道；通过健全科学的资信评级体系，为汽车消费信贷经营主体提供完善的中介服务体系。虽然有关市场环境和配套支持系统尚未完全成熟，但随着我国市场经济的不断发展，现存问题必将迎刃而解。

3. 汽车消费信贷经营主体的收益稳定增长

汽车消费信贷经营主体的利润主要来自资金成本与放款利息的利差。近年来，汽车消费信贷经营主体开发了一系列高收益、高风险、高利润、高回报的业务，如针对信用缺损和有信用污点的借款人提供次级汽车消费信贷等。

4. 汽车消费信贷渗透率低，但发展潜力大

我国作为全球汽车的产销大国，汽车消费信贷发展态势良好。但有关数据显示，截至2021年年底，我国汽车消费信贷的渗透率仅为53%左右，和全球汽车消费信贷渗透率平均水平（70%）相比仍有一定的差距。随着我国汽车产销量的持续增长和汽车消费群体的年轻化，汽车消费信贷将有广阔的发展空间。

5. 汽车消费信贷经营主体加大调整变革力度，表现出新的发展趋势

根据不同区域消费者对汽车消费信贷的需求，相关汽车消费信贷经营主体开展汽车消费信贷产品的个性化设计与开发，使消费者在汽车消费信贷产品的选择方面可以得到差异化的支持。随着现代科学技术的发展，汽车消费信贷开始向"虚拟服务"方向发展，互联网金融出现在人们视野中，汽车消费信贷利用互联网向消费者提供网上看车、网上订购、网上支付、网上信息收集与反馈及部分汽车售后服务等业务，在丰富汽车消费信贷交易方式的同时，也促使汽车消费信贷向多元化发展。

4.2.2 汽车消费信贷业务的种类

我国汽车消费信贷业务分为汽车消费信贷担保贷款和汽车消费信贷分期贷款两种类型。

4.2.2.1 汽车消费信贷担保贷款

我国现行的汽车消费信贷担保贷款主要是由汽车经销商、汽车金融机构或商业银行等金融机构向借款人发放的用于支付购车款的人民币担保贷款。同时，有关汽车消费信贷经营主体还需要由保险公司、公证机构等为借款人提供保险和公证。当借款人无法按时偿还借款时，由作为担保的第三方偿还贷款，或者将处理抵押、质押物品的所得价款优先用于偿还贷款。我国常见的汽车消费信贷担保贷款主要分为以下几类。

1. 质押贷款

以商业银行为例，汽车质押贷款是指商业银行允许购买汽车的借款人以其本人或第三人的动产作为质押物发放的贷款。动产质押是指购买汽车的借款人将其本人的动产移交商业银行，暂时归该商业银行占有，以该移交的动产作为汽车消费信贷的债权担保。当借款人不履行债务时，商业银行有权依法以抵押动产折价、拍卖或变卖所得价款优先用于偿还贷款。可作为汽车质押贷款的动产有银行存票、国库券、金融债券、国家重点建设债券、汇票、本票、支票、提单股份、股票、商标权、专利权等。

2. 抵押贷款

汽车抵押贷款是购买汽车的借款人以其所有抵押物（一般限定于房产）作为获得贷款的条件，从而进行的汽车消费信贷担保贷款。当借贷双方签订抵押合同后，必须依照有关法律规定办理抵押物登记。抵押合同自抵押物登记之日起生效，到借款人还清全部汽车贷款本息时（合同终止前），借款人不得转移对抵押物的财产占有。抵押权设定后，所有能够证明抵押物权限的证明文件（原件）及抵押物的保险单证（正本）等，均由进行汽车消费信贷的放款方保管并承担保管责任。当借款人不履行债务时，进行汽车消费信贷的放款方有权按照法律规定，以抵押物折价、拍卖或变卖的价款优先用于偿还贷款。

3. 按揭贷款

我国常见的汽车按揭贷款主要以商业银行作为经营主体。当购买汽车的借款人被允许用所购汽车作为抵押时，以这种方式作为担保而进行的购买汽车的贷款就是汽车消费信贷的按揭贷款。借款人在购买汽车时，按规定支付不少于20%的首付款后，商业银行将借款人所购汽车的产权转移给商业银行自身，以作为还款的保证，而后再由该商业银行为借款人垫付其余的购车款项。在还清所贷车款前，该汽车的所有权作为债务担保抵押给该商业银行。在还清全部按揭的本息后，商业银行会将该汽车的所有权转回给借款人。以所购汽车作为抵押申请贷款对有需求的借款人来说是最方便的贷款方式。使用这种方式时，不需要另找抵押物，相关手续也相对简单。

4. 第三方担保贷款

汽车消费信贷的第三方担保贷款是指汽车经销商以自身较高的商业信誉，为合格的汽车消费贷款借款人提供第三方全程担保。对于恶性拖欠还款或无力还款的借款人，汽车经销商将承担第三方担保责任。同时，依据双方签订的相关协议，汽车经销商将对借款人进行车辆回收。

4.2.2.2 汽车消费信贷分期贷款

汽车消费信贷分期贷款是指购车的借款人在支付了一定比例的首付后，由汽车经销商为其垫付余款，借款人按月向汽车经销商分期偿还汽车经销商所垫付余款的本金和利息。这种方式大多采用担保的方式来保证资金的安全。分期贷款在信贷契约中的三个重要内容分别是首期支付款、签约期限、利息和费用。分期偿还汽车消费信贷的期限通常是二到五年。我国汽车销售市场推出的汽车消费信贷分期贷款的实质是一种销售方式，它是由汽车制造商或汽车经销商提供给借款人的一种变相的融资方式。对于汽车经销商来说，这也是一种促销手段。

在我国，汽车消费信贷分期贷款的信用方式有两种：一种是汽车制造商或汽车经销商以自己的资产直接向购车的借款人提供分期贷款的方式，这种方式的风险由汽车制造商或汽车经销商独自承担；另一种是由商业银行通过向汽车经销商提供贷款，使汽车经销商间接地向购车的借款人提供分期贷款，这种方式的风险由商业银行和该汽车经销商双方共同承担。我国现行的汽车消费信贷分期贷款主要采取第二种方式，随着这种分期贷款方式的开展，出现了介于商业银行和汽车经销商之间专门从事购车融资的相关机构。

4.3 汽车消费信贷参与单位及业务流程

4.3.1 汽车消费信贷参与单位及其职责

在我国，汽车消费信贷业务发展势头强盛，涉及汽车经销商、商业银行、保险公司、公证部门、汽车制造商、公安部门和咨询点等多个单位。各单位之间虽相互协作但又相互独立，在汽车消费信贷业务中充分发挥着各自的职责。

4.3.1.1 汽车经销商的职责

(1) 负责组织协调汽车消费信贷所关联的各个环节。
(2) 负责车辆资源的组织、调配、保管和销售。
(3) 负责对借款人进行前期的资格审查和贷款担保。
(4) 负责汽车消费信贷的宣传、建立咨询网点及组织客源。
(5) 负责售后跟踪服务及对违规借款人进行处理。

4.3.1.2 商业银行的职责

(1) 负责提供汽车消费信贷所需资金。
(2) 负责对借款人进行资格终审。
(3) 负责进行贷款购车本息的核算。
(4) 负责监督、催促借款人按期还款。
(5) 负责汽车消费信贷的宣传工作。

4.3.1.3 保险公司的职责

(1) 为借款人所购车辆办理各类保险。
(2) 为借款人按期还款做信用保险或保证保险。
(3) 及时处理保险责任范围内的各项理赔。

4.3.1.4 公证部门的职责

(1) 对借款人提供的各种文件资料的合法性及真伪进行鉴证。
(2) 对运作过程中所有新起草的合同、协议从法律角度进行把关和认证。
(3) 对借贷双方签订的购车合同提供法律公证，并向借款人讲明利害关系。

4.3.1.5　汽车制造商的职责

(1) 不间断地提供汽车分期贷款相关资源。
(2) 向汽车经销商提供展示车辆、周转车辆。
(3) 为经销其产品的汽车经销商提供广告。
(4) 给汽车销售达到一定数量的汽车经销商提供返利。
(5) 负责车辆的质量问题检测及售后维修服务。

4.3.1.6　公安部门的职责

(1) 为借款人提供有效的证明文件。
(2) 对骗购事件进行侦破。
(3) 快速办理完成车辆过户相关手续。
(4) 确保在车款未付清前车辆不能过户。

4.3.1.7　咨询点的职责

(1) 发放宣传资料，扩大汽车消费信贷业务覆盖面。
(2) 解答消费者提出的与购车相关的问题。
(3) 整理相关汽车消费信贷业务资料。
(4) 对欲购车的消费者进行初审和复审。

4.3.2　汽车消费信贷业务流程

汽车消费信贷的业务流程和消费信贷的业务流程基本相同，可划分为贷款申请、贷前调查及信用分析、贷款审查与发放、贷后检查及贷款收回等环节。其中心环节是贷前调查、贷款审查和贷后检查这三个部分，也就是通常所说的贷款"三查"。把好"三查"关是保证汽车消费信贷贷款顺利发放、贷款安全收回的关键所在，对保证汽车消费信贷的经济效益具有重要意义。以商业银行进行汽车消费信贷为例，该业务需要经历以下流程。

4.3.2.1　贷款申请

贷款申请是借款人与商业银行发生贷款关系的第一步。对汽车消费信贷而言，贷款对象是指消费者个人，而不是企业。商业银行对借款人所提供的材料都需要进行严格的审查，但因为其资产信用状况复杂，所需提供的材料较工商企业也更为繁杂。

借款人在提出贷款申请时，应提供《个人汽车消费贷款申请表》、有效身份证件、目前居住地址证明、职业及收入证明、有效联系方式、在银行存有不低于规定比例的首付款凭证、与银行认可的汽车经销商签订的购车合同、担保贷款证明资料、在银行开立的个人结算账户凭证及扣款授权书、按银行要求提供有关信用状况的其他合法资料等。

4.3.2.2　贷前调查及信用分析

贷前调查及信用分析是决定借贷关系能否发生的关键。贷前调查及信用分析是对借款人的申请做出的反应，通过对借款人的调查和信用分析，以判别该借款人是否有资格取得贷款。同时，贷前调查及信用分析还需要对该贷款中存在的各种风险进行评估。商业银行进行贷款评估时，通常要对借款人的品质、资本金、还款能力和抵押担保物等几个方面进行信用分析和调查，其中最重要且最难评估的是借款人的品质。

(1) 对借款人的品质的调查。

在对借款人的品质进行调查时，首先必须掌握借款人的还款意愿。商业银行在进行个人汽车消费贷款业务流程中，调查取证的工作可以划分为两个要点：一是对汽车经销商进行调查；二是对借款人进行调查。其中，对借款人进行调查的内容包括调查借款人身份、住址、单位及联系方式的真实性，核实借款人购车行为与购车价格，调查借款人收入、信用状况及商业银行认为需要了解的其他内容。

对已支付的首付款超过贷款额 50%(含) 或以房产抵押申请该贷款且房产抵押成数高于贷款额 50% 的借款人，可进入该商业银行的个人汽车消费贷款"绿色通道"，并适当减少其所需提供的贷款资料，以提高审贷效率。

(2) 对借款人资本金的信用分析。

对借款人资本金的信用分析是商业银行在调查核实借款人所提供的相关贷款资料的基础上，结合收集到的其他相关信息进行的分析。信用分析的内容包括：借款人资格和条件是否符合有关规定；借款人的贷款用途是否符合有关规定；借款人的职业、收入的稳定性及资产状况，并认定第一还款来源及第二还款来源；借款人有关信誉状况、市场经营情况、担保能力、风险收益及偿债能力(偿债率)等。

(3) 对借款人还款能力的分析。

在商业银行进行贷款审批流程中，除调查借款人的征信状况外，还款能力也是其中很重要的一项因素。商业银行为了控制汽车消费信贷风险，都会事先对借款人的还款能力进行评估，判断借款人是否有能力按时还款。当汽车消费信贷的主体是企业或公司时，还款能力分析的内容主要包括企业经营能力、资产负债表、利润表、现金流量表及其他相关企业经营情况。当汽车消费信贷的主体是个人时，还款能力分析的主要内容包括工资信息、银行流水，以及借款人与其家庭名下拥有的房产、汽车、大额存单、有价证券等资产。

(4) 对借款人抵押担保物的调查。

抵押是指借款人为了保证主合同的履行而以其所有的财产作为履行合同的担保，当其不履行或不能履行合同时，放贷机构有权依照有关法律或合同约定处分该抵押担保物，并从中优先受偿。担保是指保证人与借贷合同当事人之间协商达成的关于被保证的当事人不履行或不能履行合同时，保证人代为履行或连带承担赔偿损失责任的协议。

在进行汽车消费信贷时，要求借款人提供一定数量的抵押担保物以作为其还款的第二来源。抵押担保物必须与贷款额度具有相当的价值，且价值必须稳定，并具有一定的流通性。为确保商业银行利益，该商业银行会对抵押担保物进行双人调查核实。当借款人以房产、汽车作为抵押担保物时，需实地核查抵押担保物权属、抵押担保物价值的真实性。按照抵押担保物充足性的基本原则，商业银行应依据评估机构出具的评估报告，调查抵押担保物实际价值是否足额，首付款金额加贷款金额是否小于或等于汽车市场价，并确认贷款最高额不超过抵押担保物价值和购车款的规定比例。

4.3.2.3 贷款审查与发放

商业银行对借款人的资信状况已有足够的了解后，便可做出是否予以发放该笔贷款的决定。如果商业银行认为可以发放该笔贷款，就可与借款人签订相关借贷合同，并发放贷款。

在商业银行中，有权签批人是指经分行转授权的一级支行(营业部)行长(总经理)或业务主管行长(主管副总经理)。有权签批人负责审阅有关材料，根据贷款审核人员的综合评价意见，在授权权限内对符合贷款条件的材料签署审批意见，并对签批意见负责。有权签批人的工作要点主要包括：负责审阅贷款资料、调查报告、贷款审核人员的综合评价意见；根据贷款审核人员综合评价意见，做出贷款审批结论；在授权权限内签批贷款；对于超越其权限的贷款，应在贷款审批表上签署审批意见，并报送分行信贷部审批。

4.3.2.4 贷后检查及贷款收回

在发放贷款后，商业银行为了保证贷款能够及时偿还，通常要对贷款进行贷后检查及贷款收回。商业银行有必要加强对贷款的管理，以确保这些贷款的本息能够如期、全额收回。

贷后检查及贷款收回由商业银行消费信贷业务部门(个人金融业务部)综合管理人员负责，其工作要点包括对发放贷款的流程进行检查、对借款人的信息变动情况和贷款的使用及还本付息情况进行监督检查、督促借款人偿还贷款、对违约贷款进行催收及对相关不良贷款进行处置。

其中，对违约贷款进行催收的主要工作要点包括：对于违约1个月以内的贷款，进行电话、信函催收；对于违约1个月以上的非质押类贷款，实施上门催收；对于违约2个月以上或确认可进入司法诉讼程序的违约贷款，移送商业银行贷款催收部门或进入不良贷款处置程序。对不良贷款进行处置的主要工作要点包括：对于各支行报送的违约3个月(含)以上的不良贷款进行集中清收、转化和呆账核销；对逾期3个月(含)以上的不良贷款，进行逐户分析认定以决定催收方案。

汽车消费信贷贷款呆账核销工作应坚持"逐级审查、集体审核、严格规范、实事求是"的管理原则，严格按照相关标准和条件进行，确保贷款呆账资料的真实性、完整性、规范性。

4.4 汽车消费信贷的风险管理

由于风险存在多样性，所以国内外对于风险的定义也不尽相同。从广义上讲，高风险可以带来高收益，但同时，风险同样也会给企业带来相应的经济损失。从狭义上讲，风险一定会给企业带来损失。对于汽车消费信贷而言，汽车消费信贷的风险通常是指借款人不能如期归还贷款的违约行为给汽车金融机构带来的损失。

4.4.1 汽车消费信贷的风险种类

结合我国汽车消费信贷的实际情况，汽车消费信贷的风险可以划分为以下几种类型。

4.4.1.1 信用风险

信用风险是金融风险的一个非常重要的分支，也是金融机构需要面临的主要风险。

我国汽车消费信贷的经营主体是金融机构，这意味着我国的汽车消费信贷同样要面临信用风险。当借款人没有按照贷款前签订的相关借贷合同按期归还贷款时，就会导致该笔贷款不能按时回收，容易引发不良贷款，因此会对汽车消费信贷的经营主体造成损失。

4.4.1.2　操作风险

在《巴塞尔新资本协议》中，操作风险的广泛定义是指由于工作人员的操作不规范、公司的管理不到位、公司内部的流程及制度不规范等导致的损失。对于金融机构而言，其操作风险是指由于金融机构的工作人员的操作流程不熟练、不规范，内部监管制度不到位等所造成的损失。汽车消费信贷的操作风险的具体表现为由于金融机构和汽车经销商之间存在委托代理关系，如果金融机构过分依赖汽车经销商，则会丧失自我控制风险的能力；与此同时，对借款人进行审核时，审核的工作人员在发放贷款前工作不认真或存在违规操作，都会导致操作风险的发生。

4.4.1.3　市场风险

市场风险是从事汽车消费贷款业务过程中不可避免的。例如，在贷款期间出现汽车价格下调和利率上涨，就会导致风险和收益呈现不对称性，从而导致市场风险。

4.4.1.4　担保风险

担保风险是指在进行汽车消费信贷业务时，由于相关担保措施不到位、担保人不能履行担保义务及担保物贬值或损毁等原因，使担保措施不能对该贷款提供足够的保证能力从而造成的风险。

(1)合作汽车经销商风险。在由汽车经销商提供担保，借款人以所购车辆作为抵押的个人汽车消费信贷操作模式下，绝大部分个人汽车消费信贷借款人均由汽车经销商或运输公司代其向经办行推荐并办理贷款手续。有关商业银行受制于汽车经销商或运输公司，因此不利于从源头上防范风险。

(2)保险风险。借款人所购车辆以反担保的形式抵押给保险人，一旦借款人出现信用危机，就会拒绝偿还该贷款。

(3)抵押物风险。汽车消费信贷以车辆作为抵押物时，随着车辆贬值严重和车辆的流动性，一旦借款人无力还贷、故意以车辆抵顶贷款或恶意逃债，有关资金的追索将十分困难。同时，汽车消费信贷还存在抵押权与法定优先权相冲突的风险。

4.4.1.5　自然灾害和意外事故的风险

汽车消费信贷所面临的自然灾害和意外事故的风险是指自然灾害和意外事故等不可抗力事件的发生导致车辆价值的损失，如车祸、火灾等。

以上谈及的风险都会影响汽车消费信贷的进行，特别是信用风险和操作风险都会导致不良贷款的产生。汽车消费信贷的发展过程就是不断地对有关风险进行管理、控制和化解的过程。

4.4.2　汽车消费信贷的风险特性

汽车消费信贷风险本身有其独特的特性，具体包括客观性、潜伏性、有序性、不确定性和不可控性等。

4.4.2.1 客观性

汽车消费信贷风险的客观性是指只要存在汽车消费信贷活动，对于现有汽车消费信贷风险而言，无论风险控制做得如何好，都无法避免风险的发生。当与商业银行有关的风险出现时，商业银行仅拥有折旧后的车辆价款，如果车辆本身的价值折旧得过快，则一定会使商业银行的自身权益受损。

4.4.2.2 潜伏性

汽车消费信贷风险的潜伏性是指汽车消费信贷的风险依赖于汽车消费信贷风险所带来的不确定损失，通常在汽车消费信贷进行的早期无法体现。对于商业银行而言，商业银行需要通过借款人的工资、银行流水或有关资金状况去了解借款人的信贷状况。汽车销售人员为了能够获得更多的销售业绩，往往会通过手段隐藏借款人的某些潜在风险。

4.4.2.3 有序性

汽车消费信贷风险的有序性是指汽车消费信贷的风险都是能够得到有效控制的。在一个合理的区间内，汽车消费信贷的风险是可以控制的，通过一系列手段、控制策略和措施的应用，可以最大限度地降低风险所造成的损害。

4.4.2.4 不确定性

对于汽车消费信贷而言，在业务的进行过程中会面对很多不同类型的借款人，他们的还款能力、信用状况等都不尽相同。受制于各方面的影响，汽车消费信贷的进行无法实行"一刀切"的统一管理模式。另外，汽车消费信贷的风险源自很多方面，小至金融机构内部的管理结构、人员素质及汽车厂商提供的汽车零件售价，大到国家宏观政策、全球经济形势的影响。由于影响汽车消费信贷风险的原因十分复杂，汽车消费信贷风险具有高度的不确定性。

4.4.2.5 不可控性

一旦放贷机构向借款人发放贷款，那么借款人就可以将所购买的车辆作为抵押物。相较于传统的房贷或其他投资性贷款而言，车辆的流动性非常大，借款人可以随意对其进行转移，极大地增加了汽车消费信贷风险的不可控性。如果借款人恶意跑贷，放贷机构就会蒙受损失。为保障放贷机构的自身利益，我国相关部门规定购买一手车的贷款年限不得超过 5 年，购买二手车的贷款年限不得超过 3 年。

4.4.3 汽车消费信贷风险的成因分析

一般情况下，需要从多个维度对风险的成因进行分析，以下对汽车消费信贷风险的个人因素、政策因素、汽车经销商因素和内部管理因素等进行分析。

4.4.3.1 个人因素

我国汽车消费信贷的主要风险为贷款难以回收或不能回收。借款人的个人信用问题是我国汽车消费信贷风险产生的主要原因。

首先，借款人可能由于失业、投资失败、工作变动或其他意外事件的发生造成财务状况恶化，导致借款人无力偿还贷款或难以按期偿还贷款，从而出现还贷违约情况。其次，由于借款人理财观念的问题，使其对自身预期收入能力估计不充分、贷款额度把握不合适、还款期限设置不恰当及缺乏对自身承担债务风险和偿还能力的判断，因此导致借款人难以按期偿还贷款。再次，某些借款人的履约意愿不强。某些借款人宁愿把已有资金用来再投资以获取更大的利润，或者用来改善个人生活也不愿用来还贷，甚至恶意拖欠贷款或以种种理由拒绝还贷，将本应由自己承担的风险转嫁给放贷机构或担保人。特别是在汽车价格下跌至低于所需还贷金额时，某些借款人会做出将车辆用于抵债的行为，甚至可能出现串通各方机构出具虚假证明等情况，导致汽车消费信贷风险不断加剧。

4.4.3.2 政策因素

我国对汽车消费信贷违约情况尚未出台明确的法律以对其进行约束，加之国家政策对有关行业的影响导致借款人收入情况不断变化，致使还贷违约的情况时有发生。

目前，我国针对汽车消费信贷的主要法律依据是2004年中国人民银行发布的《汽车贷款管理办法》。对于汽车消费信贷合同等问题的处理通常基于《民法典》《保险法》《消费者权益保障法》等。

虽然，近年来我国出台了许多相关政策以推动汽车产业的高效发展，但在政策实施时仍然十分受限。我国大力推动智能车、新能源车的发展，出台了《推进互联网便捷交通促进智能交通发展的实施方案》《节能与新能源汽车技术路线图》《国家车联网产业标准体系建设指南》（智能网联汽车）、《智能汽车创新发展战略》等政策方案，以及一系列补贴措施，但受其他政策及大环境影响，部分借款人收入下滑，出现无力偿还贷款或难以偿还贷款等问题。

4.4.3.3 汽车经销商因素

在汽车消费信贷中，汽车经销商通常向有关汽车消费信贷经营主体推荐借款人，并为借款人办理资信审查等相关手续。然而，汽车经销商往往从自身的经济利益角度进行考虑，以实现销售利润最大化为首要目标，对有关汽车消费信贷经营主体的资金安全并不过多考虑。某些汽车经销商对借款人提供的虚假材料置若罔闻，对借款人的资料和个人信息不详细审核，把不具备还贷能力的借款人推荐给有关汽车消费信贷经营主体，甚至某些汽车经销商伙同借款人伪造购车资料和首期付款证明、捏造虚假身份、出具虚假收入证明及联系地址等资料信息，以套取有关汽车消费信贷经营主体的资金，导致出现大量的不良贷款。

4.4.3.4 内部管理因素

汽车消费信贷业务风险的出现相当一部分源于汽车消费信贷经营主体内部管理不到位。首先，为了能够抢占汽车消费信贷的市场份额，一些汽车消费信贷经营主体会不计后果地进行一些违规操作，如对借款人降低贷款门槛、放松对借款人信用的调查力度、随意地把借款人首付比例降低的同时增加还贷年限等。这些不符合规定的操作都会加大汽车消费信贷风险。其次，某些汽车消费信贷经营主体的经理人一味地追求业绩，时常忽视对汽车消费信贷风险的把控。

4.4.4 汽车消费信贷的风险防范

4.4.4.1 "贷款申请"环节的风险防范

我国的汽车消费信贷申请的运行模式主要以"间客式"的信贷模式为主。在此过程中，借款人将自己的个人贷款资料交给汽车经销商，再由汽车经销商将资料转交给汽车消费信贷经营主体(以汽车金融公司为例)以进行贷款的受理与审批。在此过程中需要进行的汽车消费信贷风险防范如下。

1. 加强对汽车经销商的监督管理

对于汽车经销商提交的贷款申请，汽车金融公司需要统一整理、归集，并针对汽车经销商所提交的资料的真实性进行严格审查。同时，对该汽车经销商推荐贷款的审核通过率及不良贷款率等指标进行系统分析，并结合本地区的实际情况制订相应的监督防范措施。汽车金融公司还可以定期对旗下所有合作的汽车经销商进行有关指标的实时排名，以激励汽车经销商之间的竞争意识，从而有利于保障资金财产安全，实现双方共同协调发展的目标。

2. 贷款申请手续的简化

相较于我国的商业银行，汽车金融公司在汽车消费信贷业务方面的优势就在于它服务的专业性及高效率。烦琐的汽车消费信贷申请手续往往会让借款人望而却步。汽车金融公司及汽车经销商在确保一系列的贷款流程规范合法实施的同时简化了办理流程，在节约自身人力物力成本的同时，也吸引了更多的消费者前来办理相关业务，在消费者心中树立了更加良好的企业形象。

3. 借款人对汽车消费信贷认知的强化

我国的汽车消费信贷的主流模式是"间客式"，这就意味着与借款人直接沟通的是汽车经销商而非汽车金融公司。如果借款人及汽车经销商缺乏消费信贷知识，则不仅会导致借款人和汽车经销商产生错误的认知导向，而且还会对汽车金融公司产生不利影响，更容易对汽车金融公司造成声誉风险和信用风险。如果借款人对汽车消费信贷有关问题不了解或了解不完全，则应寻找专业机构的工作人员进行有关问题的咨询，以加强对汽车消费信贷的认知。

4.4.4.2 "贷前调查及信用分析"环节的风险防范

汽车金融公司一旦接受了借款人的贷款申请，就必将在代理商或第三方的协助下，对借款人进行个人资信情况调查。如果借款人资信情况符合汽车消费信贷贷款要求，则可由专业的工作人员对贷款进行审批，并发放贷款。在此过程中，需要通过以下措施防范风险。

1. 明确有关工作人员的职责范畴

在汽车金融公司，一笔贷款从申请到发放，需要经过调查、审查、审批及明确贷款方案等环节。调查、审查和审批环节是控制汽车消费信贷风险的关键，这些环节要求明确汽车金融公司的汽车消费信贷管理部门工作人员的职责范畴。

汽车金融公司的汽车消费信贷管理部门工作人员所收集的借款人基本信息，对后续发放贷款和管理工作的顺利开展尤为重要。工作人员在与借款人进行面谈时，所提的问题需要全面且具有针对性，能够覆盖所有可能隐藏的风险点。同时，面谈时使用的语言技巧也十分重要，这直接影响借款人答复问题时的真实性和可靠性。面谈结束后，工作人员需要将借款人对所有问题的答复和借款人自己所提交的贷款申请材料进行交叉比对，以评定借款人的信用等级，并反馈审批结果。

2. 增强有关工作人员风险控制能力

目前，我国信用体系及相关法律法规尚不完善，因此需要汽车金融公司加强自身的内部监控管理来规避风险。在汽车消费信贷风险管理的各项策略中，规避风险是其中最消极的应对策略。许多汽车金融公司对于贷款方案的实施采用"一刀切"的方式，这不仅降低了优质借款人的满意度，而且在向信用评级比较低的借款人发放贷款时难以避免道德风险。

采用弹性的风险管理措施对于汽车金融公司的风险管理会起到非常积极的作用。实施弹性的风险管理措施，对于汽车金融公司汽车消费信贷管理部门工作人员的自身风险控制能力要求甚高，需要工作人员通过借款人提供的有限的贷款申请材料来对借款人进行信用等级评估，并根据其信用等级量身定制贷款方案。所以，汽车金融公司汽车消费信贷管理部门不仅要加强内部工作人员之间的相互交流沟通和学习，还需要提高他们的专业技能知识，使其提高全面控制风险的能力，从而可以更好地进行风险控制。

3. 建立上下游之间互相监督评分机制

汽车金融公司为保证资金的安全，就需要为贷款的审查和审批设置多重环节。但环节过多，就会出现某些环节的工作人员工作懈怠或过分地依赖下一环节的工作人员所提供的信息的情况，从而导致相关人员工作量增加。为保障相关环节的顺利进行，汽车金融公司应对每一环节的上下游工作人员实行监督评分机制，通过评分结果对相关工作人员给予相应的奖励和惩罚，从而使各环节之间的联系更加紧密，最终加强对汽车消费信贷风险的防范。

4.4.4.3 "贷后检查及贷款回收"环节的风险防范

在我国，汽车金融公司在贷款时一般以车辆作为贷款抵押物。因此，密切关注车辆的使用情况对于后期贷款的顺利收回有着重要的意义。与此同时，还要密切关注借款人在贷款后的个人财务状况、生活状况等，这直接关乎借款人是否能够如期偿还贷款。对于资信情况有变动的借款人，汽车金融公司需要提前做出相应的措施安排，以对风险进行防范。

1. 风险信号的及时识别

对于汽车金融公司而言，贷款发放完毕后对借款人的监督管理及对不良贷款的收回工作尤为重要。在进行贷后风险的防范过程中,汽车金融公司通常只针对已出现风险采取相应的措施来进行风险控制,但这样就容易导致无法进行风险管控,造成相关财产的损失。在进行贷后风险的防范过程中,如果能够及早地识别产生风险的信号,提前给予关注和进行预防,并及时有效地进行管理,就可以在保障汽车金融公司资金安全的同时保证相关业务的有序进行。

2. 借款人信息校对结果的及时反馈

在审批贷款前,汽车金融公司会根据借款人所提交的有关材料来评判其信用等级,但对其所提交的材料的真实性和可靠性并不能完全甄别。在贷后的还款环节中,借款人的还款情况能够直观地反映出借款人所提交的材料的真假。负责贷后管理工作的工作人员应密切关注借款人的还款情况,并对比其之前提交的资信材料,及时与负责贷前审核工作的人员进行沟通。如果借款人实际还款情况与其所提交的材料差别过大,则应及时将该借款人所提交的材料转交至汽车金融公司有关部门,以进行更加严格的监督和防范。

3. 抵押车辆实时跟踪的加强

汽车金融公司对用作抵押物的车辆需要进行有效的监控和实时的追踪。车辆的具体状况会直接影响借款人之后的信用情况,也会影响汽车金融公司贷款的回收状况。贷后的催收工作主要是进行电话催收、信函催收、上门催收、发律师函及司法催收等。由于汽车金融公司的合作代理商在各个地区并不是特别的普遍,这就导致催收难度的不断加大,实时跟踪开展困难。就以上催收方式而言,上门催收可以对车辆及借款人的实际情况有更加直观的了解,对于实现抵押车辆的监控及实时跟踪有着相当大的帮助,在一定程度上可以实现对汽车消费信贷风险的控制。

4.5 汽车消费信贷案例分析

分析案例

中国农业银行四川某支行"直客式"个人汽车消费信贷操作流程

为提高办贷效率,增强同业竞争力,促进个人汽车消费信贷业务快速、健康发展,根据中国人民银行《汽车消费贷款管理办法》《中国农业银行汽车消费贷款实施细则》制定本操作规程。

"直客式"个人汽车消费信贷模式是指借款人直接向贷款银行申请购车贷款,贷款银行在对借款人进行信用调查后,若符合条件则与该借款人签订贷款协议,且在该协议中为借款人确定贷款额度,并允许借款人使用所贷款项到汽车市场上选购自己满意产品的贷款业务。推广"直客式"个人汽车消费信贷模式的目的是培养客户在有消费融资需求时"首先找农行"的观念。

"直客式"个人汽车消费信贷操作流程如下。

(1) 借款人到汽车消费信贷经办网点咨询有关情况,客户经理根据借款人拟购车辆的价位初步测算借款人债务承受能力,借款人以书面形式提出贷款申请。

(2)经办网点调查岗位工作人员负责受理贷款申请,并对借款人的基本情况进行初步调查,认定是否具备发放贷款的基本条件(参照《中国农业银行汽车消费贷款实施细则》,下同)。

(3)对符合发放贷款条件的贷款申请,由贷款调查岗位工作人员通知借款人填写统一制式的《中国农业银行汽车贷款申请表》,并要求借款人提供有关资料的原件或复印件。对借款人填制的申请表、贷款书面申请及其提交的相关资料进行登记后,调查岗位工作人员对借款人进行贷款调查。对以履约保证保险方式申请贷款的借款人,要求其出具与保险公司签订的《个人分期付款履约保险承保通知书》。调查结束后,调查岗位工作人员负责填制贷款调查表,做出调查结论。如果借款人符合发放贷款条件,调查岗位工作人员负责填制贷款资料交接清单,连同全部贷款资料移交贷款审查岗位工作人员,并办理资料交接登记手续。贷款审查岗位工作人员收到有关贷款资料后,再次进行贷款审查,审查后填写信贷业务审查表,撰写审查报告,并提出审查意见。如果同意发放贷款,则连同有关资料报送审批。对审批负责人批准发放的贷款,贷款审查岗位工作人员负责向借款人出具个人汽车贷款通知书。

(4)借款人与汽车经销商达成购车意向后,借款人交纳定金,与汽车经销商签订购车合同。

(5)借款人凭据与汽车经销商签订的购车合同和定金收据,到贷款经办网点办理贷款手续。贷款经办网点调查责任人审查购车合同和定金收据的真实性,并为借款人开立活期存款账户,借款人在该账户中存入足额首付款。贷款经办网点调查责任人与借款人签订贷款合同,填制借款凭证,办理贷款账务处理手续后,将贷款转入借款人活期存款账户,也可直接由贷款经办网点调查责任人为借款人开具本票。

(6)贷款经办网点调查责任人携带汇票(本票)陪同借款人到汽车经销商处办理提车手续。如果汽车经销商在贷款经办网点已开立结算账户,则可通过转账方式把款项划拨至汽车经销商的账户。车辆相关证件等购车资料,由贷款经办网点调查责任人负责保管。

(7)贷款经办网点调查责任人与借款人凭购车手续资料,一同在农业银行合作保险公司办理车辆保险手续。

防范"直客式"个人汽车消费信贷模式的风险要点是"直客式"个人汽车消费信贷业务没有合作经销商这一环节,所以对贷款的风险控制提出了更高要求。在办理这一贷款业务时,需加强借款人的信用调查,把好借款人准入关;严格贷款担保手续,除少数符合贷款条件的借款人外,均要设定抵押或第三方保证担保,同时要严格审查担保人担保能力和资格;严格执行贷款经办网点调查责任人陪同借款人付款提车的有关规定,以确保贷款专款专用;保证贷款经办网点调查责任人的人员配置,严格执行每300位借款人配置一名贷款经办网点调查责任人的原则。

本 章 小 结

在如今的大环境下,全款购车对于大部分消费者来说仍略显吃力,而汽车消费信贷的诞生正好满足了消费者对于车辆的购买需求。利用汽车消费信贷购车已经成为如今购车的主流模式。如何做好汽车消费信贷、解决消费者需求和购买力之间的矛盾仍是汽车消费信贷的重点问题。随着汽车消费的增长，汽车消费信贷也必将迎来新的发展。

关 键 词

汽车消费信贷；汽车消费信贷操作流程；汽车消费信贷风险管理

思 考 题

1．简述我国主要有哪些有关汽车消费信贷的法律法规。
2．简述汽车消费信贷业务的种类。
3．简述汽车消费信贷经销商业务程序(以商业银行为例)。
4．简述汽车消费信贷业务的特点。
5．简述当前我国汽车消费信贷市场存在哪些主要风险。
6．简述如何解决或防范汽车消费信贷风险。

参 考 资 料

[1] 中国人民银行，中国银行业监督管理委员会. 汽车贷款管理办法，2017.
[2] 顾洪建，贾广宏，刘文慧. 2015年中国汽车消费信贷专项调研报告[J]. 汽车工业研究，2015(8)：4-9.
[3] 眭立. 个人汽车消费信贷发展与违约因素[J]. 企业管理，2020(9)：122-123.
[4] 张永强. 中国商业银行汽车消费信贷发展研究[D]. 武汉：武汉大学，2013.
[5] 傅鑫. 中国汽车金融公司个人汽车信贷风险管理研究[D]. 长春：吉林大学，2014.
[6] 程月璋. 大众汽车金融(中国)有限公司发展战略研究[D]. 北京：北方工业大学，2017.
[7] 范红忠，魏铃洁. 第三方互联网金融对中国居民汽车消费的影响研究——基于ARDL模型的实证分析[J]. 工业技术经济，2020，39(3)：82-87.
[8] 杨双会. 国内外汽车金融服务盈利模式[J]. 汽车工业研究，2010(8).
[9] 谢鸣. 我国汽车金融信贷风险研究[D]. 长春：吉林大学，2015.
[10] 汪晨. 中国互联网汽车金融信用风险管理研究[D]. 合肥：安徽大学，2016.

第 5 章

汽车保险

【教学目标与要求】

1. 了解汽车保险的基本概念；
2. 了解我国汽车保险现状及汽车保险改革；
3. 区分机动车交通事故责任强制保险和商业保险；
4. 掌握汽车保险承保、理赔流程；
5. 了解汽车保险反欺诈的措施与意义。

【思政目标】

1. 理论与实践相结合，有效拓展国际视野，培养综合分析能力与实践创新能力；
2. 通过相关学习，树立科学与创新思维，适应社会主义事业的需要。

> **导入案例**
>
> 疫情导致车检延期，保险拒赔能否支持
>
> 在张某需要进行车辆年检时，正值新冠疫情期间，车管部门暂停对外服务，因此张某未能进行车辆年检。2020年3月，张某驾驶未经年检的车辆不慎与王某发生交通事故，王某将张某及其车辆投保的保险公司一并起诉至法院，要求其赔偿损失。在庭审中，保险公司提出：事故发生时张某的车辆未经年检，因此主张拒绝赔付第三者责任险。
>
> 法院经审理后认为，该肇事车辆未经年检的行为属于不可抗力，被告保险公司不应以该车辆未经年检为由拒绝赔付第三者责任险。交通运输部及公安部也曾发布通知表示，在疫情期间年检到期而无法办理年检的车辆上路行驶不被认定为违反行政法律法规的行为。
>
> 保险条款中约定未经年检的车辆发生交通事故时，第三者责任险不予赔付，一方面是因为该行为属于违反行政法律法规的行为，应给予负面评价；另一方面是因为未经年检的车辆可能存在安全隐患，其上路的危险性及事故发生率、保险理赔率也相应提高，故保险公司多以该免责条款来规避过高的商业风险。
>
> 本案中肇事车辆事发时虽未经年检，但经司法鉴定机构认定该车辆不存在安全隐患，该车辆未经年检与交通事故的发生并无因果关系，在实质意义上也未增加保险理赔风险。因此，法院对保险公司拒绝赔付的意见未予以采纳，并判令其对王某的合理损失进行赔偿。
>
> 在经济快速发展的今天，汽车保险与我们早已产生密切联系。本章将介绍有关汽车保险的基本理论和有关常识性问题，以便读者加深对汽车保险的认识和了解。

5.1 汽车保险概述

5.1.1 汽车保险的定义

随着经济的快速发展，我国人民生活水平日益提升。汽车作为重要的生产运输工具和代步工具，已成为社会经济和人民生活不可缺少的重要组成部分，并在人民的生产生活中发挥着越来越重要的作用。

汽车保险也称车辆保险，是指对机动车辆由于自然灾害或意外事故所造成的人身伤亡或财产损失承担赔偿责任的一种商业保险。汽车保险是财产保险的一种，具有保险范围广、保险标的种类丰富，以及流动性大、出险率高等特点。汽车保险行业的发展对于促进汽车产业发展、扩大汽车需求、稳定社会公共秩序及促进汽车安全性能的提高有着积极的推动作用。汽车保险在财产保险行业中占据着重要的地位。

有关资料显示，随着我国实施积极的财政政策、道路交通建设投入日益增多，汽车保有量逐年递增，汽车保险的业务得以快速增长。在过去的20年里，汽车保险业务的保费收入每年以一定的比例快速增长。在国内各保险公司中，汽车保险业务保费收入占其财产保险业务总保费收入的50%以上，部分保险公司的汽车保险业务保费收入占其财产保险业务总保费收入的60%以上。汽车保险业务的盈亏已直接影响了整个财产保险行业的经济效益。汽车保险业务的效益已成为财产保险公司效益的"晴雨表"。

5.1.2 汽车保险的发展历程

伴随着汽车产业的发展，汽车保险业务逐渐走入人们的视野。20世纪初期，汽车保险业在欧美国家得到了快速发展。1903年，英国成立"汽车通用保险公司"；1906年，汽车联盟成立"汽车联盟保险公司"；1913年，汽车保险业扩大至20多个国家。

自20世纪50年代以来，随着欧、美、日等国家汽车产业的迅速扩张，汽车保险也进一步得到了发展，成为各国财产保险中最重要的险种。20世纪70年代末期，汽车保险的营收总额已达财产保险营收总额的50%以上。

以我国汽车保险的业务发展为例，汽车保险可大致分为三个阶段。

(1) 萌芽阶段。我国汽车保险业务的发展经历了一个曲折的历程。汽车保险进入我国是在鸦片战争以后，但尚处萌芽阶段，其作用与地位十分有限。

(2) 试办阶段。1950年，中国人民财产保险有限公司开办了汽车保险业务。但是不久后就出现了对此项保险的争议，有人认为汽车保险及第三者责任险对于肇事者予以经济补偿会导致交通事故的增加，对社会产生负面影响。于是，该公司于1955年停止了汽车保险业务。

20世纪70年代中期，为满足各国驻华使领馆等来华人员的汽车保险的需要，中国人民财产保险有限公司开设了以涉外业务为主的汽车保险业务。

(3) 发展阶段。随着汽车的迅速普及和发展，汽车保险业务得到了迅速发展。1983年，汽车保险被更名为机动车保险，使其具有更广泛的适应性，在财产保险市场中开始发挥重要作用。截至1988年，汽车保险的保费收入超过了20亿元，占财产保险份额的37.6%，第一次超过了企业财产险(35.99%)。从此以后，汽车保险一直占据财产保险的第一大险种地位，并保持高速增长，我国的汽车保险业务进入了高速发展的阶段。

5.1.3 汽车保险的现状

随着汽车产业的快速发展及人们生活水平的不断提高，截至2022年8月，我国汽车保有量已达3.12亿辆。为保障道路交通安全，我国政府出台了相关法律细则。人们为保障自身权益安全，开始将目光投向汽车保险行业，汽车保险购买者的数量不断上升。中国巨大的汽车保险市场空缺使各大投资商看到商机，纷纷开始进军汽车保险行业。汽车保险行业竞争压力不断加大。

5.1.3.1 我国现阶段的汽车保险改革

为贯彻以人民为中心的发展思想，深化供给侧结构性改革，更好地维护消费者权益，让市场在资源配置中起决定性作用，推动汽车保险高质量发展，2020年9月2日中国银行保险监督管理委员会研究制定了《关于实施车险综合改革的指导意见》(以下简称《指导意见》)。该《指导意见》于2020年9月19日起开始施行。

该《指导意见》共九个部分：一、总体要求，内容包括指导思想、基本原则和主要目标；二、提升交强险保障水平，内容包括提高交强险责任限额、优化交强险道路交通事故费率浮动系数；三、拓展和优化商车险保障服务，内容包括理顺商车险主险和附加险责任、优化商车险保障服务、提升商车险责任限额、丰富商车险产品;四、健全商车险条款费率市场化形成机制,内容包括完善行业纯风险保费测算机制、合理下调附加费用率、逐步放开自主定价系数浮动范围、优化无赔款优待系数、科学设定手续费比例上限;五、改革车险产品准入和管理方式,内容包括发布新的统一的交强险产品、发布新的商车险示范产品、商车险示范产品的准入方式由审批制改为备案制、支持中小财险公司优先开发差异化的创新产品;六、推进配套基础建设改革,内容包括全面推行车险实名缴费制度、积极推广电子保单制度、加强新技术研究应用;七、全面加强和改进车险监管,内容包括完善费率回溯和产品纠偏机制、提高准备金监管有效性、强化偿付能力监管刚性约束、强化中介监管、防范垄断行为和不正当竞争;八、明确重点任务职责分工,内容包括监管部门要发挥统筹推进作用、财险公司要履行市场主体职责、相关单位要做好配套技术支持;九、强化保障落实,内容包括加强组织领导、及时跟进督促、做好宣传引导。

5.1.3.2 汽车保险保费新政策

1. 按车辆实际价值计算保费,同价不同款的车辆保费不同

在2022年汽车保险改革前,消费者购买汽车保险时需按照新车购置价格确定保险费用。而汽车保险改革后,消费者购买汽车保险时需按照车辆实际价值确定保费。与汽车保险改革前相比,消费者需要支付的费用得到了降低。

汽车保险改革后,投保时如果车辆价格相同但车型不同,则所交保费也各不相同。权威评测安全系数较高且修理便捷(零部件较为便宜)的车辆,其保费将会更低。

2. 出险越少,驾驶习惯越好,则保费越低

汽车保险改革后,保险公司给出的保费价格不仅取决于该车车主上一年度的出险率,还要参照该车车主的驾驶行为习惯和驾驶风险。

3. 增加"保险代位求偿"权

保险代位求偿权是《保险法》中的一项基本制度,其宗旨是为被保险人提供双重保障,以确保被保险人的损失获得充分补偿。同时,保险代位求偿权的存在又使得在保险赔付中,保险受益人不会更过分受益。

4. 新政策扩大了保险责任范围

汽车保险改革后,保险责任的范围变得更广,如冰雹、台风、暴雪等自然灾害所导致的车辆损失,也被增加到保险责任中,各险种均删除了多项责任免除约定。

5.1.3.3 汽车保险现存的主要问题

我国保险业务身处行业快速成长、市场竞争激烈的发展大潮中。面对不断变化的市场形势、更加复杂的经营环境和日趋激烈的竞争局面,汽车保险业务也面临着更加艰巨的挑战,曾经被忽视的不少问题也逐渐显现。

1. 车主的投保意识淡薄

随着我国经济的发展,汽车保有量呈现井喷式增长,伴随而来的是汽车保险业的高

速发展,车主的保险意识不断增强。但就总体而言,车主的投保意识相对淡薄,许多车主并没有意识到汽车保险的重要性。

2. 汽车保险业务渠道复杂

汽车保险改革后,我国汽车保险产业链主要由财产类的保险公司、汽车保险的用户、上游渠道的汽车制造商及其金融公司、下游渠道专业/兼业代理人及其他服务提供商组成。汽车保险的购买可通过直销渠道、产寿交叉渠道、经代渠道、车商渠道及互联网销渠道进行。但就不同渠道的购买方式而言,汽车保险业务办理中存在着许多不规范行为。

3. 汽车保险理赔漏洞大

汽车保险改革后,保险公司的汽车保险条款中的大部分都延续了旧的汽车保险条款,仅在措辞方面进行了改进,但仍然存在一些模糊、不合理的地方。例如,一些汽车保险条款前后表述存在矛盾、保险责任不够细化,这些都给保险理赔带来了一定的困难。如果有不法分子针对保险漏洞购买保险后进行理赔,则导致市场秩序紊乱,影响汽车保险行业的整体利益,进而危害消费者利益。

4. 共享经济背景下汽车保险存在的问题

共享汽车具有随用随还的特点,容易导致在发生事故后无法确定责任人的问题。一旦无法确定责任人,则维修共享汽车的费用就需要由共享汽车平台自己承担或通过申请保险理赔的途径解决。这样就导致共享汽车平台的运营成本被提高,同时也会影响共享汽车平台下一年的车辆保费。此外,虽然共享汽车的保险还是按照传统汽车保险进行理赔,但是共享汽车比传统汽车的事故发生率要高很多。如要解决这一问题,就需要各大保险公司在共享经济背景下创新汽车保险思路,出台相关的汽车保险产品。

5.2 汽车保险的种类

我国现有汽车保险种类大致分为机动车交通事故责任强制保险和商业保险两种。其中,商业保险又包含多个险种,如第三者责任险、机动车损失险、车上人员责任险等。

5.2.1 机动车交通事故责任强制保险

机动车交通事故责任强制保险,简称交强险,是指由保险公司对被保险机动车发生道路交通事故造成本车人员、被保险人以外的受害人的人身伤亡、财产损失,在责任限额内予以赔偿的强制性责任保险。机动车交通事故责任强制保险是我国首个由国家法律规定实行的强制保险制度,由国家实行统一的保险条款和基础保险费率。机动车交通事故责任强制保险的赔偿与其他保险业务分开管理,单独核算。

5.2.1.1 机动车交通事故责任强制保险责任限额

机动车交通事故责任强制保险责任限额是指被保险机动车发生道路交通事故,保险公司对每次保险事故所有受害人的人身伤亡和财产损失所承担的最高赔偿金额。

1. 机动车交通事故责任强制保险责任限额相关规定

机动车交通事故责任强制保险责任限额具体包括以下三种限额。

(1)死亡伤残责任限额。死亡伤残责任限额是指被保险机动车发生交通事故,保险人对每次保险事故所有受害人的死亡伤残费用所承担的最高赔偿金额。

死亡伤残费用包括丧葬费、死亡补偿费、受害人亲属办理丧葬事宜支出的交通费用、残疾赔偿金、残疾辅助器具费、护理费、康复费、交通费、被抚养人生活费、住宿费、误工费,以及被保险人依照法院判决或调解承担的精神损害抚慰金。

(2)医疗费用责任限额。医疗费用责任限额是指被保险机动车发生交通事故,保险人对每次保险事故所有受害人的医疗费用所承担的最高赔偿金额。

医疗费用包括医药费、诊疗费、住院费、住院伙食补助费及必要且合理的后续治疗费、整容费、营养费。

(3)财产损失责任限额。财产损失责任限额是指被保险机动车发生交通事故,保险人对每次保险事故所有受害人的财产损失所承担的最高赔偿金额。

交通事故发生时投保人所负责任的多少,也同时影响着机动车交通事故责任强制保险责任限额。机动车交通事故责任强制保险责任限额如表5-1所示。

表5-1 机动车交通事故责任强制保险责任限额　　　　　单位:元

分类	机动车在道路交通事故中有责任的责任限额	机动车在道路交通事故中无责任的责任限额
死亡伤残责任限额	180 000	18 000
医疗费用责任限额	18 000	1800
财产损失责任限额	2000	100

2. 机动车交通事故责任强制保险赔偿规定

根据机动车交通事故责任强制保险赔偿规定,被保险机动车发生道路交通事故造成本车人员、被保险人以外的受害人人身伤亡、财产损失的,由保险公司依法在机动车交通事故责任强制保险责任限额范围内予以赔偿。道路交通事故的损失是由受害人故意造成的,保险公司不予赔偿。

因驾驶人未取得驾驶资格或者醉酒、被保险机动车被盗抢期间肇事及被保险人故意制造道路交通事故的,发生道路交通事故时,保险公司在机动车交通事故责任强制保险责任限额范围内垫付抢救费用,并有权向致害人追偿。

5.2.1.2　二手车交易中的机动车交通事故责任强制保险

在二手车交易过程中,机动车交通事故责任强制保险遵从"随车"原则,除保险条款约定的特殊情况外,不得解除保险合同。

机动车交通事故责任强制保险与其他保险业务分开管理。二手车在买卖交易完成后,机动车交通事故责任强制保险自动转到新车主名下,新车主应查看二手车是否带有机动车交通事故责任强制保险,而其他汽车保险都需要新车主到车辆原来的投保公司进行过户。

5.2.1.3 机动车交通事故责任强制保险案例分析

刘某驾驶的小型普通客车与吴某驾驶的小型轿车相撞,造成吴某受伤、车辆受损的道路交通事故。经交警部门认定,刘某承担事故全部责任。吴某要求保险公司在机动车交通事故责任强制保险责任限额内赔偿其人身损失及财产损失。

法院一审认为,保险公司作为事故车辆机动车交通事故责任强制保险承保单位,应依照法律规定,在机动车交通事故责任强制保险责任限额内承担赔偿责任,因此判决保险公司在机动车交通事故责任强制保险责任限额内赔偿吴某医疗费 10 000 元、误工费 879 元、护理费 720 元、车辆损失 2000 元。该院二审认为,刘某是醉酒驾驶机动车,对于吴某的人身损害,保险公司应在机动车交通事故责任强制保险责任限额内赔偿,对于吴某的财产损失保险公司不应予以赔偿,因此对案件予以改判。

基于受害人生命健康权益维护的紧迫性和必要性,在驾驶人存在严重过错的情况下,保险公司可在机动车交通事故责任强制保险责任限额内垫付抢救费用,而对于财产损失的赔偿,保险公司不承担赔偿责任。机动车交通事故责任强制保险的保障水平与国家的经济社会发展水平密切相关,将驾驶人严重过错情况下的机动车交通事故责任强制保险责任限额限定在人身损害范围内,符合目前我国经济社会的实际状况和需求。

5.2.2 第三者责任险

第三者责任险是指被保险人或其允许的驾驶人在使用被保险车辆过程中发生意外事故,致使第三者遭受人身伤亡或财产直接损毁,依法应当由被保险人承担的经济责任、保险公司负责赔偿的一种商业保险。若经保险公司书面同意,被保险人因此产生仲裁或诉讼费用的,保险公司在责任限额以外额外赔偿,但最高不超过赔偿限额的 30%。

5.2.2.1 第三者责任险赔付责任

保险公司依据被保险机动车一方在事故中所负的事故责任比例,承担相应的赔偿责任。被保险机动车一方负主要事故责任的,事故责任比例为 70%;被保险机动车一方负同等事故责任的,事故责任比例为 50%;被保险机动车一方负次要事故责任的,事故责任比例为 30%。

如果发生如下除外情形,保险公司不承担相应的赔付责任:
(1) 事故发生后,被保险人或其允许的驾驶人故意破坏、伪造现场、毁灭证据的;
(2) 事故发生后,在未依法采取措施的情况下,被保险人或其允许的驾驶人驾驶被保险机动车或遗弃被保险机动车离开事故现场的;
(3) 被保险人或其允许的驾驶人处于无驾驶证或驾驶证被依法扣留、暂扣、吊销、注销期间的;
(4) 发生保险事故时被保险机动车行驶证、牌照号被注销的,或者未按规定检验和检验不合格的。

5.2.2.2 第三者责任险案例分析

沈某在驾驶证实习期内驾驶大型客车与张某驾驶的电动自行车发生道路交通事故,造成两车部分损坏,并导致张某受伤。交警部门给出道路交通事故认定书,认定沈某承担事故的全部责任，张某不承担事故的责任。沈某是公交公司的职工，发生事故时从事的是职务行为。

法院一审认为，沈某承担事故的全部责任，肇事车辆在保险公司投保机动车交通事故责任强制保险及第三者责任险，因此应由保险公司在机动车交通事故责任强制保险责任限额范围内和商业保险范围内，根据保险合同予以赔偿，不足部分由事故责任人予以赔偿。沈某是公交公司的职工，发生事故时从事的是职务行为，公交公司应承担赔偿责任。该院二审认为，商业保险条款约定驾驶人在驾驶实习期内驾驶公共汽车免除保险公司保险责任，保险公司就免责条款尽到了提示和明确说明义务，该免责条款具有法律效力，因此改判保险公司不应承担赔偿责任。

在诸多车辆保险纠纷案件中，对于保险合同中约定的免责条款是否存在法律效力往往是投保人与保险公司争议的焦点。只有保险公司履行了提示和明确说明的义务，免责条款才发生法律效力。这就要求保险公司订立保险合同时，保险人员必须详细介绍保险产品的特点，对免责条款进行提示和充分明确说明，手续必须规范、完备。投保人对合同中的责任免除条款、免赔额、免赔率、比例赔付等免除或减轻保险人责任的条款，应当要求保险公司予以说明，以便可以合理投保，避免产生不必要的损失和理赔争议。

5.2.3 机动车损失险

机动车损失险又称车损险，是指被保险人或其允许的驾驶人在驾驶保险车辆时发生保险事故而造成保险车辆受损，保险公司在合理范围内予以赔偿的一种商业保险，是商业保险主险中的一种。该险负责赔偿由于自然灾害和意外事故造成的车辆自身损失。

5.2.3.1 机动车损失险的附加险种

在2020年汽车保险改革后，机动车损失险的内涵得以不断丰富，增加了不少附加险种。车主只需要购买机动车损失险，就能获得多种附加险种的保障，可以在一定程度上减少理赔争议。所有附加险种都只能在购买主险后购买。常见机动车损失险的附加险有以下几种。

1. 机动车全车盗抢险

机动车全车盗抢险是指为全车被盗窃、被抢劫、被抢夺造成的车辆损失，以及在被盗窃、被抢劫、被抢夺期间受到损坏或车上零部件、附属设备丢失等提供合理的赔偿费用的一种商业保险。

根据各保险公司的保险条款，若经县级以上公安刑侦部门立案侦查证实满三个月，所保险车辆被盗抢在三个月之内没有被找回，由保险公司在保险金额内予以赔偿。若所保险车辆被盗抢在三个月内被找回，对于在此期间车辆被损坏或车辆的零部件损坏丢失等，保险公司有赔偿责任。机动车全车盗抢险承保范围是车辆本身，现金、珠宝等其他物品不属于承保范围。

2. 玻璃单独破碎险

玻璃单独破碎险是指保险公司针对被保险车辆在使用过程中，该车的挡风玻璃或车窗玻璃单独破碎损坏而进行赔付的一种商业保险。玻璃单独破碎险的赔付不包括车灯玻璃、车镜玻璃的损坏和车辆维修过程中造成的玻璃破碎。

3. 自燃险

自燃险也称自燃损失险，是指在保险期间内，被保险车辆在使用过程中，由于本车电路、线路、油路、供油系统、货物等自身发生问题，以及机动车运转摩擦引起火灾，造成保险车辆的损失而进行理赔的一种商业保险。外界火灾对被保险车辆造成的损坏不包含在自燃险的赔付范围内。

4. 不计免赔特约险

不计免赔特约险是指经特别约定，保险事故发生后，按照对应投保的主险条款规定的免赔率计算的、应当由被保险人自行承担的免赔额部分，保险公司负责赔偿剩余部分的一种商业保险。根据有关保险条款规定，保险事故和赔偿计算履行按责免赔的原则。车主按照事故责任大小承担一定的责任，也就是车主自身承担一定比例的损失。

5. 无法找到第三方特约险

无法找到第三方特约险是指当被保车辆所受损失应由第三方负责赔偿，但因为无法找到第三方，导致被保险人需要自行承担一部分金额时，将自己需要承担的那部分金额转给保险公司来赔偿的一种商业保险。该险种适用于在保险期间被保险车辆发生剐蹭且找不到造成该事故的第三方或在驾驶时发生事故但是第三方逃逸等情况。

5.2.3.2 机动车损失险案例分析

吴某为自己的车辆在某保险公司投保了机动车损失险，保险金额为 5.8 万元，保险期限为一年。在保险期间内，吴某驾驶被保险车辆正常行驶时，被徐某驾驶的车辆追尾相撞，导致两车损坏。经交警部门认定，徐某负交通事故的全部责任，吴某对该事故无责任。经评估，吴某的车辆损失为 2.6 万元，吴某向保险公司申请理赔，保险公司以吴某对该事故无责任，保险公司不承担赔偿责任为由拒绝赔偿，吴某将保险公司诉至法院。

本案中，投保人吴某的车辆因交通事故造成的 2.6 万元损失属于保险赔偿范围，保险公司提供的格式条款中关于无责免赔的约定，排除了投保人从保险公司处获得赔偿的权利，该条款无效。保险公司应先行向投保人吴某赔偿，并在赔偿金额范围内依法取得吴某对第三者徐某请求赔偿的权利。

5.2.4 车上人员责任险

车上人员责任险俗称座位险，是指保险公司负责赔偿被保险车辆因交通事故造成的车内人员伤亡的一种商业保险。该保险中所指的车内人员主要包括驾驶人和乘客。车上人员责任险跟随车辆，乘坐投保车辆的人员都算作被保险人。

目前，车上人员责任险分为驾驶人单独投保和按座位总数投保两种类型。例如，普通五座家用车可以投保驾驶人单人和全车五人，但不能投保两人或三人，也不能超出车辆的座位数。同时，该险种虽是商业保险的主险之一，但需先投保第三者责任险后才可投保车上人员责任险，无法单独投保该险种。

5.2.4.1 车上人员责任险责任免除

车上人员责任险赔付责任划分和第三者责任险赔付责任划分一致，按所担负的事故责任比例承担相应的赔偿责任。但就如果出现以下情况，则可进行责任免除。

(1) 车上人员因疾病、分娩、自残、斗殴、自杀、犯罪行为造成伤亡。
(2) 车上人员在下车时伤亡。
(3) 违法、违章搭乘的人员伤亡。
(4) 从事违法活动，饮酒、吸毒或注射毒品、被药物麻醉。
(5) 肇事逃逸或故意破坏、伪造现场、毁灭证据。
(6) 无驾驶资格或实习期内驾驶特殊车辆。
(7) 车辆无行驶证，车辆牌照号未按照规定进行检验或检验不合格。
(8) 被保险人、驾驶人或其他车上人员故意行为。

5.2.4.2 车上人员责任险案例分析

案例一：乘客于车外死亡不予赔偿

被保险车辆在行驶的过程中突然失控，此时乘客 A 跳车逃亡，随后车辆发生侧翻，导致乘客 A 死亡。此时，保险公司不予以赔偿的原因是乘客 A 此时已经跳下车，不属于车上乘客。

案例二：乘客于车外死亡但仍然予以赔偿

被保险车辆在行驶过程中发生意外，坐在座位上的一位乘客被惯性甩出车外，跌落在路面上，被来往车辆碾压致死，保险公司对该乘客进行了赔偿。虽然该乘客是在车外死亡，但是因为该事故是一个连贯的过程，所以也属于车上人员责任险赔偿范围。

案例三：投保座位外人员 不赔偿

被保险车辆在行驶过程中发生车祸，车上 3 个人受伤，保险公司只对其中 1 个人进行了赔偿。这是因为车上人员责任险在投保时，必须指明投保座位数，且不超过车辆核定的座位数。在出现保险事故时，保险公司仅承担投保座位数以内的责任。如果只投保了 1 个座位，则无论出事时几人受伤，保险公司只赔偿 1 个人的损失。

5.3 汽车保险承保

5.3.1 汽车保险承保概述

承保是指保险人在投保人提出投保请求时，经审核其投保内容后，同意接受其投保申请，并负责按照有关保险条款承担保险责任的过程。因此，承保是保险双方订立合同的过程，是保险经营的重要环节。汽车保险的承保是指保险公司通过与投保人及被保险人接触、交流，根据其投保意向，结合相应条款，就保险合同内容经过协商达成一致意见，并签订保险合同的过程。

承保过程中最主要的环节是核保。汽车保险的核保主要是在掌握和核实投保人投保标的的基础上对可保风险进行判断，进而决定是否承保及承保所需的条件。

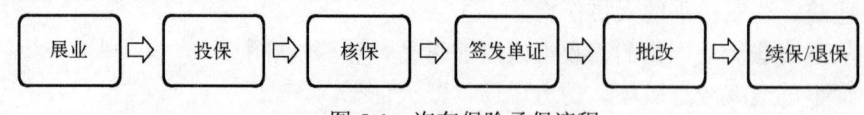

5.3.2 汽车保险承保流程

汽车保险承保流程大致可概括为如图 5-1 所示的 6 个环节。

展业 ⇨ 投保 ⇨ 核保 ⇨ 签发单证 ⇨ 批改 ⇨ 续保/退保

图 5-1 汽车保险承保流程

5.3.2.1 展业

汽车保险的展业是指保险公司向客户宣传保险、介绍保险产品的过程，是保险承保的第一个环节。展业的效果直接影响保险产品的销售量，且直接影响用于事故赔偿的保险基金的积累。

5.3.2.2 投保

汽车保险的投保通常是指投保人向保险公司表达缔结合同的意愿，并且投保人需要按照所制定的保险合同支付保险费用。汽车保险合同的投保需要填写投保单。

1. 投保人

投保人也称要保人，是指与保险人订立保险合同，并按照保险合同负有支付保险费义务的人。投保人是任何保险合同不可或缺的当事人之一，它既可以是自然人，也可以是法人。

投保人应当具备三个条件：一是投保人必须具有相应的权利能力和行为能力，否则所订立的保险合同不具备法律效力；二是投保人对保险标的必须具有保险利益，即对保险标的具有法律上承认的利益，否则投保人不能与保险人订立保险合同，若保险人在不知情的情况下与不具有保险利益的投保人签订了保险合同，则该保险合同无效；三是投保人应承担支付保险费的义务，无论投保人为自己的利益还是为他人的利益订立保险合同，均应承担支付保险费的义务。

2. 投保单

投保单也称要保单或投保申请书，一般是由保险公司提供、投保人填写，表示同意与保险公司达成保险合同的书面申请。投保单作为投保的书面凭证，是保障双方利益的凭证。

在汽车保险中，投保人在投保单上要填写的内容一般包括被保险车辆的资料、车辆的使用状况、驾驶员情况、投保的险种、投保的期限、投保人签章等。被保险车辆的基本情况包括车辆的厂牌型号、发动机号、车架号、车辆种类、车辆牌照号、所属性质、行驶范围、车辆颜色、座位数、购买车辆时的付款方式、车辆初次登记的时间、机动车行驶证上所列明的车主等。

3. 保险公司的选择

投保人在投保的过程中通常会进行保险公司的选择。各保险公司所推出的汽车保险种类不一，投保人可以通过了解各保险公司汽车保险的内容来选择适合自己的保险，进而合理地选择保险公司。

5.3.2.3 核保

汽车保险核保是指保险公司在承保前，对保险标的的各种风险情况加以审核与评估，从而决定是否承保、承保条件与保险费率的过程。

核保工作依照核保手册进行。核保手册将在进行汽车保险业务过程中可能涉及的所有文件、条款、保险费率、规定、程序、权限等全部包含其中，可能遇到的各种问题及其处理方法大多都用书面文件的形式予以说明。

汽车保险核保的程序一般包括审核投保单、查验车辆、核定保险费率、计算保险费、最终审核等步骤。

(1) 审核投保单。相关工作人员在收到投保单后，根据保险公司内部制订的承保办法决定是否接受此业务。如果不属于拒保业务，则应立即加盖公章，载明收件日期，并且审核投保人在投保单上所填写的各项内容是否完整、清楚、准确。审核投保单时应审核的项目包括投保人资格、投保人或被保险人的信誉和基本情况、保险金额、保险费及附加条款等。

(2) 查验车辆。根据投保人提供的有关证件，如车辆行驶证、介绍信等，对车辆进行详细审核。首先，确定投保人的称谓与其签章是否一致，如果投保人的称谓与被投保车辆的行驶证不相符，则要求投保人提供其对被投保车辆拥有可保利益的书面证明。其次，检验被投保车辆的行驶证与保险车辆是否吻合，被投保车辆是否年检合格。同时，务必核实被投保车辆的合法性，确定其使用性质，包括检验车辆的牌照号、发动机号是否与行驶证上标明的一致等。根据查验结果，确定整车的新旧成数。对于私有车辆一般要填写验车单，并将该验车单附于保险单副本上。

(3) 核定保险费率。根据投保单上所列车辆情况和保险公司的机动车辆保险费率规章制度，确定被投保车辆应适用的保险费率。

(4) 计算保险费。各个险种的保险费需根据各险种的公式具体计算，各个保险公司提供的保险费核算结果根据车型、车况及优惠活动会存在差异。

(5) 最终审核。最终审核可通过计算机智能审核和人工审核、集中审核和远程审核、事先审核和事后审核等形式进行。

核保人员分为三级，三级核保人员主要负责汽车保险业务的核保，即按照核保手册的有关规定对保险单中的各个要素进行形式上的审核。但是，在核保过程中还可能会遇到一些核保手册没有明确规定的问题，以及下级核保人员无法核保的业务。这些都应由二级核保人员和一级核保人员运用保险的基本原理、相关的法律法规和经验，通过研究分析来解决，必要时还应请示上级核保部门。

5.3.2.4 签发单证

汽车保险合同实行一车一单(保险单)和一车一证(保险证)制度。投保人交纳保险费后，相关工作人员必须在保险单上注明保险公司的名称、详细地址、邮政编码及联系电话，并加盖保险公司业务专用章。根据保险单填写汽车保险证并加盖保险公司业务专用章时，汽车保险证上所填内容应与保险单有关内容一致。单证上险种一栏应填写总险种代码，电话应填写保险公司报案电话，所填内容不得涂改。

签发单证时，应交由投保人收执保存的单证包括保险单证正本、保险费收据(投保人留存联)、汽车保险证。对已经同时投保机动车损失险、第三者责任险、车上人员责任险、不计免赔特约险的投保人，还应签发相应凭证，并做好登记。

留存的单证应交由专业人员保管，在规定的时间内移交档案管理部门负责归档：财务部门负责留存保险费收据、保险单副本；相关业务部门负责留存保险单副本、投保单及其附表、保险费收据。

5.3.2.5 批改

汽车保险的批改是指在保险期限内，保险合同当事人依照法律规定的条件和程序，在协商一致的基础上，对保险合同的某些条款进行的修改、补充或删除的行为。通常需要批改的情况发生在保险车辆转卖、转让、赠送他人，变更车辆用途及增加危险程度等情况下。汽车保险的批改并不影响保险责任效力。

5.3.2.6 续保/退保

在汽车保险期满后，投保人可以有两个选择：一是依据上一年度的保险条款进行续保。如有需要更改的保险条款，投保人和保险公司可进行协商更改；二是投保人以书面的形式要求解除保险合同。在保险公司接受该退保申请后，保险责任终止。退保时应提供退保申请书、保险单、保险费发票、投保人的身份证明(如果车主是个人则需要提供身份证，如果车主是企业则需要提供该企业的营业执照)。

退保时，按如下公式计算应退保险费。

应退保险费=实际缴纳保险费−应收取保险费(保险每生效一个月就收取保费的10%，不足一个月的按照一个月计算)

5.4 汽车保险理赔

随着社会经济的不断发展，我国汽车保有量不断上升。不断变化的交通状况导致交通事故频发，汽车保险理赔争论不断。

5.4.1 汽车保险理赔概述

5.4.1.1 汽车保险理赔的定义

汽车保险理赔是指保险标的在发生保险事故导致损失后，保险公司应依照车辆保险的合同约定，对被保险人提出的给付赔偿金请求进行处理的行为和过程。汽车保险理赔工作是汽车保险政策与汽车保险功能的重要体现，是保险公司执行保险合同、履行保险义务、承担损失补偿责任的实现形式。做好汽车保险的理赔工作，对于维护被保险人的利益、加强车辆的经营与管理及提高保险公司的信誉与效益，具有十分重要的意义。

5.4.1.2 汽车保险理赔工作的基本原则

在汽车发生事故后，保险公司需要根据保险合同做出相应的赔偿。由于实际生活中影响汽车保险理赔的因素复杂多变，汽车保险理赔工作涉及面广，情况比较复杂。在赔偿处理过程中，特别是在对汽车事故进行查勘工作过程中，必须提出应有的要求并应坚持一定的原则。

1. 树立服务思想，坚持实事求是

当发生汽车保险事故后，保险公司要考虑被保险人利益，避免扩大损失，尽量减轻因灾害事故造成的影响，及时安排事故车辆修复，并保证基本恢复车辆的原有技术性能，使其尽快投入生产运营。在现场查勘事故车辆，确定修复、定损及赔偿方案等方面，要坚持实事求是的原则，在尊重客观事实的基础上，对具体问题进行具体分析，严格按保险条款办事，并结合实际情况适当灵活处理。

2. 依法办事，诚信经营

保险公司在处理理赔案件时，必须加强法治观念，严格按照保险条款办事，诚信经营。对于属于该汽车保险责任范围内的损失，应该理赔时一定要理赔，而且要按照赔偿标准和有关规定足额理赔；对于不属于该汽车保险责任范围内的损失，不理赔的同时还要向被保险人说明原因，与被保险人论证据、讲事实。

3. 坚持贯彻"八字"理赔原则

"主动、迅速、准确、合理"是保险理赔人员在长期的工作实践中总结出的"八字"理赔原则，是保险理赔工作优质服务的最基本要求，对汽车保险的理赔具有积极的促进作用。

(1) 主动。在汽车保险理赔过程中，主动就是要求保险理赔工作人员对出险的案件，要积极、主动地进行调查、了解和查勘，掌握出险情况，进行事故分析，以确定保险责任。

(2) 迅速。在汽车保险理赔过程中，迅速就是要求保险理赔工作人员查勘定损工作迅速、不拖沓，尽快进行理赔案件处理，对理赔案件要核得准，赔款计算案卷要缮制快，尽快复核、审批，使被保险人及时得到赔款。

(3) 准确。在汽车保险理赔过程中，准确就是要求查勘定损及赔款计算等工作，都要做到准确无误，不错赔、不滥赔、不惜赔。

(4) 合理。在汽车保险理赔过程中，合理就是要求保险理赔工作人员在理赔工作过程中，要本着实事求是的精神，坚持按照保险条款办事。在许多情况下，要结合具体案情准确定性，尤其是在对事故车辆进行定损过程中，要合理确定事故车辆维修方案。

"八字"理赔原则是辩证的统一体，不可偏颇，要求有关汽车保险理赔工作人员全面落实，从实际出发，为被保险人员着想，在保证速度的同时也要保证质量。

5.4.1.3 汽车保险理赔的特点

汽车保险理赔较之其他保险理赔具有显著的特点。汽车保险理赔工作人员清晰地认知、了解和掌握这些特点，对后续理赔工作的顺利开展具有实际意义。

1. 被保险人的公众性

随着我国个人拥有汽车数量的增加，被保险人中单一车主的比例也逐步上升。这与之前我国的被保险人大多数为单位和企业有所不同，这些车主在购买汽车保险时会受到较大的影响，具有被动色彩。一方面，车主对于车辆保险、车辆修理、交通事故的处理方面的知识储备较少；另一方面，由于利益的驱动，车辆检验和保费核算人员在理赔过程中与车主的交流存在着较大的障碍。

2. 损失幅度较小且损失率高

据不完全统计，我国近年来道路交通事故频发，发生的交通事故频率为每年20多万起。虽然大部分汽车保险理赔的金额都不大，但积少成多，使得保险公司理赔损失率不断提升，有可能会对保险公司的经营产生重要影响。

3. 标的流动性大

车辆的行驶特性使其具有相当大的流动性，也导致车辆发生事故的地点和时间不确定。做好汽车保险理赔工作的首要任务就是使保险公司拥有一个运作良好的服务体系来支持汽车保险理赔服务，该服务体系的主体是全天候的报案受理机制和庞大而高效的检验网络。

4. 受制于汽车修理厂的程度较大

在汽车保险的理赔过程中，汽车修理厂扮演着重要角色。汽车修理厂的修理价格、工期和质量都会直接影响汽车保险的服务。大多数被保险人在发生事故之后，均认为由于已经购买了保险，保险公司就必须负责将车辆修复，在将车辆交给汽车修理厂之后就很少过问。一旦因车辆修理质量或工期，甚至修理价格等出现问题后，被保险人很容易指责保险公司和汽车修理厂。但事实上，保险公司在保险合同中所承担的责任仅是经济补偿，对车辆的修理及其他相关事务并没有义务。

5. 道德风险普遍

在财产保险业务中，汽车保险是道德风险的"重灾区"。道德风险大多出现在信息不对称的情况下，由于汽车保险存在相关保险条款不完善、法律环境不健全、户籍管理存在缺陷等问题，因此汽车保险欺诈案件时有发生。

5.4.2 汽车保险的理赔流程

汽车保险的理赔流程主要由出险报案、查勘定损、递交索赔单证、汽车修理厂修车、领取理赔款等环节构成。

5.4.2.1 出险报案

只要是让保险公司出资为事故承担损失的都可以叫作"出险"，事故类型包括单方事故、双方事故、多方事故。停在路边的车辆被划伤也可以叫作出险。

出险发生交通事故时，先需要车主拨打112事故报警电话，由交通警察判定责任方，有责任的一方负责联系自己投保的保险公司进行报案。单方事故或轻微事故，车主可以与保险公司确定事故责任，并自行拍照后将车辆开走。

5.4.2.2 查勘定损

保险公司接到报案后，会对车辆进行查勘定损，并根据车辆的受损情况确定理赔金额。如果理赔金额超出承保上限，则需要车主或有责任的一方自补差价。

发生轻微事故时，车主可拍照后将车辆开到定损中心进行定损。目前一些理赔便捷的保险公司在无人伤亡、单车损失较小的情况下，可以通过互联网平台自助完成出险报案、拍照定损、赔付到账等全流程操作。如果损失较大的，保险公司会派事故查勘人员到事故现场进行查勘，然后再把车辆开到维修单位去确定损失。

5.4.2.3 递交索赔单证

由于事故类型的不同，索赔单证的种类和形式也会有很大不同。汽车保险的保险单、发票、损失鉴定书、损失清单、检验报告、有关部门的事故证明材料等，都可以作为索赔单证。不同事故类型所提交的材料也有所差异。

(1) 涉及单方事故时，需提交的索赔单证包括索赔申请书、赔款收据单及转账支付单(需盖有公章)、驾驶证、行驶证(正本、副本)、事故证明、修车发票、被保险人身份原件及出险前存折复印件等。如果车辆所有人为单位，则还需要额外提供组织机构代码证复印件(需盖有公章)。

(2) 涉及双方事故时，需提交的索赔单证包括索赔申请书、驾驶证、行驶证(正本、副本)、交强险保单原件、事故证明(一般指交通事故认定书)、修车发票、被保险人身份原件及出险前存折复印件等。

(3) 涉及第三者人身伤亡案件时，需提交的索赔单证包括索赔申请书、驾驶证、行驶证(正本、副本)、被保险人身份证原件及出险前存折复印件、交通事故责任认定书、损害赔偿调解书、赔偿凭证、门诊病历、疾病诊断证明书、出院小结、医疗费用明细清单、医疗发票、护理证明、被抚养人及家庭关系户籍证明、供养证明(被抚养人为老人的，需提供老人所生育子女人数及户籍证明)、受伤者及护理人员工资有效收入证明、完税证明(收入超过个人所得税起征点需提交)、交通事故伤残证明、残疾用具购置证明及发票、死亡证明、销户证明、火化证明、尸检报告、户口本。

(4) 涉及第三者财产损失案件时，需提交的索赔单证包括索赔申请书、驾驶证、行驶证(正本、副本)、被保险人身份证原件及出险前存折复印件、交通事故责任认定书、损害赔偿调解书、财产损失清单及赔偿凭证、事故现场照片、财产品损失照片。

(5) 涉及盗抢案件时，需提交的索赔单证包括索赔申请书、保单正本原件、报警回执、公安机关受理报案证明、未破获证明(立破案表)、车船税及养路费报停手续、机动车登记证书、行驶证(正本、副本)、购车发票等机动车来历证明、购置税完税证明或免税凭证、登报声明(要求刊登在地方一级报纸，同时需提供的内容包括报头及日期)、权益转让书、车辆寻回协议、被保险人身份证原件(车辆所有人为单位时，需提供营业执照或机构代码证)、赔款收据(需被保险人签章)。

5.4.2.4 汽车修理厂修车

汽车修理厂根据出险车辆的事故情况进行车辆维修及零件更换，修理完成后，汽车修理厂向被保险人出具维修发票及维修清单。如果车辆已达到报废级别，则需要汽车修理厂向被保险人出具相关证明。

5.4.2.5 领取理赔款

车辆维修完成后，被保险人需要携带定损单、维修发票、维修清单及银行卡到保险公司定损大厅办理领取理赔款的手续。保险公司财务人员根据理赔人员核算后的金额，向被保险人指定账户划拨最终理赔款。通常，理赔款会在 7 个工作日内打入被保险人的账户内。

5.5　中国汽车保险反欺诈

1992 年，国际保险学术会议在加拿大蒙特利尔召开。该会议定义了保险欺诈是一种故意利用保险合约谋取利益的行为，这种行为基于被保险方的不正当的目的。就国内外实际情况而言，保险欺诈不仅局限于被保险方，保险公司和第三方也开始有所涉及。

随着国内保险业的发展，保险欺诈也随之而来，并逐渐向严重态势发展。在我国，保险欺诈主要出现在汽车保险和健康险。据不完全数据统计，2021 年我国汽车保险欺诈涉案金额为 200 亿元。随着保险欺诈的形式越来越隐蔽，保险线上化程度越来越高，传统的以人工核查为主的反欺诈方法似已黔驴技穷，不仅对保险欺诈行为的辨别率较低，且运营成本高、流程长、客户体验差。汽车保险欺诈的方式已开始向团伙化、专业化、职业化发展。如何有效实施汽车保险的反诈骗已经成为保险行业亟须解决的问题。

5.5.1　汽车保险欺诈的现状

5.5.1.1　汽车保险欺诈现状问题分析

1. 风险识别

在汽车保险的欺诈风险识别方面，汽车保险欺诈的现状问题包括人工对单证实质内容审核不足、针对个案无法识别关联风险、查勘队伍整体技能待提升、缺乏黑名单数据库、套票问题较难识别等。

2. 风险管控

在汽车保险的风险管控方面，汽车保险欺诈的现状问题包括相关工作人员参与造假、保险条款执行不到位、受害人信息收集不足、配件拆解过程监督力度不够、调查力度及深度不足、行驶证年检信息未做到每案必查、缺少伤情伤残复查制度、缺少配件拆解过程监控、发票查询量大且效率低、自行调查证据制度难落实、外部鉴定环境不利、案件调查较难获得外部支持等。

3. 汽车保险反欺诈风控

针对汽车保险欺诈问题，如何进行有效的汽车保险反欺诈风控是保险公司有效解决汽车保险欺诈问题的重点。针对目前保险公司现状，应该围绕队伍管理、科技应用和外联建设三个方面开展汽车保险反欺诈风控工作。

（1）队伍管理。

首先需要进行队伍建设。保险公司应该组建内部调查队伍，健全调查网络，排查、落实疑似的欺诈风险，并根据风控需要及要求，组织专家团队进行风控预警。同时，保险公司需要开展常规和专项审计,评估汽车保险理赔全流程中各个环节的风险渗漏水平,进行有针对性的防范。

其次需要建立制度规范。建立反欺诈管理制度,有助于推动保险公司内部各分支机构反欺诈工作的全面开展。规范风险排查标准作业程序(SOP),整合风险排查 SOP,填写风险排查问卷,在内嵌系统中完成风险排查固化。

再次需要搭建培训体系。保险公司应根据地区差异、分支机构特点,定期开展个性化、多样性的反欺诈培训。根据岗位性质及重要程度构建专项培训体系,根据分支机构作业人员的工作时间,合理安排全覆盖的培训计划,以确保提高全体员工的反欺诈技能。

最后需要建立荣誉体系。保险公司应该建立专属荣誉体系,以体现全体员工的专业价值,提升队伍归属感,提升全体员工工作的主动性、能动性。同时,保险公司应建立职业发展阶梯,激励全体员工不断进取,进而提升公司的核心竞争力。

(2) 科技应用。

在科技迅猛发展的今天,保险公司应自己投入或引入外部第三方科技公司合作,搭建融合规则引擎、风险模型、网络关联分析、辅助识别平台为一体的智能化风险识别系统,以提升反欺诈的智能化程度,提效降赔。例如,保险公司应搭建查勘风险地图模型,基于大数据分析,寻找高风险出险地点;借助地图标识,植入高风险出险地点及特定风险场所;实现出险地点风险值筛查,优化现场查勘派工工作及人力成本。

(3) 外联建设。

反欺诈工作离不开调查取证,无法避免地需要外部第三方机构辅助。保险公司应建立多元化、可监控、信息共享的外联网络体系以完成外联建设。例如,保险公司应搭建车辆损伤鉴定网络、配件检测网络、公安部信息查询网络、中保信信息对接平台、医疗诊断对接平台等。外联建设的进行对于反欺诈至关重要,能够起到事半功倍的效果。

5.5.1.2 汽车保险欺诈的主要手段

汽车保险的诈骗手段越来越隐蔽,团伙欺诈活动也越来越频繁。目前已发现的汽车保险欺诈手段主要包括以下几种。

(1) 多头投保,重复获赔。一些诈骗分子在不同保险公司投保,当发生交通事故后,向多个保险公司重复索赔。

(2) 出险在先,投保在后。当车辆发生交通事故时尚未投保,投保人在发生事故后才办理投保手续,通过将出险时间伪造变更到合同期内,以获取汽车保险赔款。

(3) 无中生有,谎报出险。某些诈骗分子通过制造虚假事故、伪造车损情况骗取保险理赔。

(4) 伪造、编造相关理赔资料进行诈骗。某些诈骗分子通过私刻公章及民警名章,伪造交通事故认定书等相关理赔资料,骗取保险理赔。

(5) 伪造虚假交通事故责任认定书,或者向交警隐瞒事实真相,骗取警方的事故证明,从而达到欺诈的目的。

(6) 内外勾结,骗取保费。保险公司内部的相关工作人员与汽车修理厂相互勾结,利用轻微交通事故造成轻伤的车辆通过再次碰撞的方式扩大损失,或者勾结已投保机动车损失险的车主,将其例行保养的车辆进行故意碰撞,以此骗取保险公司的高额赔偿。

(7)肇事逃逸，事后索赔。一些车主为了向保险公司索赔，可能出现肇事逃逸、事后追索赔偿的行为。

5.5.2 汽车保险反欺诈的主要举措

为了解决汽车保险中的多头投保等欺诈行为，监管机构或行业自律组织采取多种措施，联合公安打击保险诈骗。

与此同时，保险公司纷纷成立科技公司，通过科技手段改变目前理赔效率低和反欺诈识别率低的现状，如搭建保险信息共享平台。此外，一些保险公司与人工智能公司合作，利用人工智能技术开展汽车保险反欺诈业务。

5.5.2.1 中国保监会关于汽车保险反欺诈的主要举措

2013年5月，中国保监会印发《中国保监会关于进一步做好车险反欺诈工作的通知》。该通知对中国汽车保险反欺诈工作做出了重要指示，为汽车保险反欺诈提供了措施指引。该通知的主要内容总结如下。

(1)高度重视，充分认识车险反欺诈工作的重要意义。

当前车险业务已占保险公司业务的70%，但车险领域的违法犯罪活动日益频繁，且呈现团伙化、专业化和职业化等特征，已成为保险犯罪的高发区。开展汽车保险反欺诈工作，对于保护保险消费者的合法权益、严厉打击保险欺诈犯罪、规范车险市场秩序、促进车险市场健康发展具有十分重要的意义。各保险公司要高度重视，充分利用专项工作的契机，加强领导，周密部署，深入推进车险反欺诈工作。

(2)突出重点，严厉打击车险领域欺诈行为。

汽车保险欺诈行为形式多样，各保险公司面临的欺诈风险各不相同，应结合实际、突出重点地打击欺诈行为。治理机会型欺诈要以预防为主，健全体制机制，加强宣传教育；治理职业型欺诈要以打击为主，集中惩治团伙欺诈和职业欺诈。各保险公司应对汽车保险领域涉嫌保险欺诈的疑难案件进行筛查，摸清风险底数，对发现确凿证据的应及时移送公安机关。各保监局、各保险公司应严格按照《关于建立保险司法案件报告制度的通知》的要求，做好欺诈案件报送和管理工作。

(3)健全机制，加强反欺诈的行业协作。

各保险公司要全面查找制度漏洞，不断健全风险管控体系，不断深化与公安司法部门的沟通合作，巩固执法协作机制。各地行业协会应积极搭建反欺诈工作平台，及时发布案情通报和风险提示，在涉及多家保险公司的案件侦办中，充分发挥牵头作用，组织开展联合调查和风险排查。

(4)提升技术，推动车险欺诈信息共享。

各保险公司应充分运用信息技术手段提升反欺诈工作效能。各地行业协会应利用车险信息平台建立并完善车险欺诈信息数据库，强化平台反欺诈功能，探索推动行业内欺诈信息共享。

(5)积极探索，认真总结车险反欺诈的经验和做法。

各保险公司应加大创新力度，深入开展理论研究和调查分析，摸索、总结车险反欺诈工作的规律和经验，积极研究应对新型欺诈。探索推行车险投保、索赔的反欺诈提示制度，研究建立举报奖励制度，探索建立行业内黑名单共享制度，营造全社会共同防范打击欺诈犯罪的良好氛围。

5.5.2.2 利用大数据、智能科技进行汽车保险反欺诈的主要举措

(1) 建立保险共享信息平台，识别多头投保客户。

保险信息共享平台在打击多头投保等方面发挥着重大作用。利用保险共享信息平台，保险公司可以了解投保人在哪些机构购买了哪些保险，以及购买保险的时间、险种等基本信息，从而可以在一定程度上判断其是否涉嫌保险欺诈行为。对于一些异常情况，保险公司可与公安部门合作，有效提高欺诈行为的甄别率。

(2) 尝试 UBI 车险。

UBI 车险是一种通过车联网、车载诊断系统(OBD)和智能手机等联网设备采集驾驶者的驾驶习惯、驾驶技术、车辆信息和行驶环境等信息，从而从驾驶人、车辆、道路等多个维度进行精准定价，提供更多元化和精准服务的保险产品。可以简单理解为，UBI 车险是一种基于驾驶行为的保险。

UBI 车险以其独有的反欺诈、防盗车、减损失的优势，在国内外广泛流行。2019 年，该 UBI 车险在美国的渗透率已达到 16%；2021 年上半年，我国广东省开始实行 UBI 车险。

(3) 通过深度学习等技术判断理赔照片是否被修改，从而识别欺诈行为。

目前，保险公司为了控制人力成本，更多的是让投保人通过拍照上传理赔资料，因此难以避免伪造事故照片或就医照片等情况的出现，而这些照片一般通过肉眼难以分辨。

为此，一些保险公司与科技公司、人工智能公司合作，利用图像识别、深度学习等技术判断理赔照片是否被修改。例如，平安科技开发基于理赔照片深度学习技术，以实现保险理赔反欺诈。

(4) 利用运营商数据判断是否存在酒驾顶包骗保行为。

一些保险公司与运营商合作，基于运营商数据，建立汽车保险理赔反欺诈系统。在汽车保险理赔案件核查过程中，基于车主的通话记录、通话位置等行为数据，从不同的角度进行挖掘分析，有针对性地对保险报案进行合理评分，以杜绝酒驾顶包骗保行为。

5.5.3 汽车保险反欺诈的意义

汽车保险的影响范围广泛，通过规范汽车保险市场及打击汽车保险欺诈行为，可以有效推动保险行业的健康发展。

5.5.3.1 减少保险公司的经营风险

汽车保险出险率高、赔付率高。如果汽车保险欺诈导致赔付的金额增多，就会导致保险公司的盈利状态艰难，影响保险公司整体发展。

在交通事故发生后，保险公司都会派出专业的人员进行调查取证。如果该交通事故是虚假伪造的，就会导致保险公司大量人力、物力、财力的浪费。同时，在调查取证时，涉及多方面的相关部门，调查难度只增不减，在一定程度上造成了社会资源的浪费。一旦诈骗分子达到目的，保险公司在遭受经济损失的同时，还损坏了保险公司声誉，不利于保险公司在行业内的长久发展。

汽车保险反欺诈工作的成功，有利于减少保险公司的经营风险，推动保险公司的健康发展，并可减少社会资源的浪费。

5.5.3.2 维护投保人的合法权益

在我国，由于机动车交通事故责任强制保险是强制性保险，汽车保险投保人对于该险种的价格变化并不清楚，且对于其价格变化的敏感度不高。正是因为如此，保险公司就很有可能将因汽车保险欺诈导致的损失，通过提高汽车保险产品费率的方式转嫁给投保人，这就导致一旦发生保险事故时，投保人无法得到赔偿。为了维护投保人的利益，更好地保障投保人的合法权益，就要严格执行汽车保险反欺诈工作。

5.5.3.3 有利于树立良好的保险行业形象

由于汽车保险欺诈事件频发，因此需要保险公司更加严格地审核投保案件和理赔案件。严格审核投保案件将导致保险公司花费更多的时间，还会拖慢审核进度。同时，虚假保单泛滥，将造成投保人无法维护自身的合法权益。进行汽车保险反欺诈工作，有利于保险公司在行业内树立良好的行业形象。

5.5.3.4 有利于构建社会主义和谐社会

汽车保险欺诈的存在是对保险市场秩序的冲击，同时也是对社会信任体系的践踏。进行汽车保险反欺诈工作有利于打击通过诈骗获利的风气，有利于保险发挥经济助推器的作用，从而有利于构建社会主义和谐社会。

5.6 汽车保险案例分析

分析案例

骗取车保害人害己　法律红线不可触碰

2019年11月6日，喝完酒的程某驾车上路，行驶至昌平区沙河镇某小区门口时发生单方交通事故，造成车辆受损。交通事故发生后，为骗取保险理赔款，程某联系朋友宋某来到事故现场。两人商议后，未饮酒的宋某向保险公司报案，谎称是其驾驶涉案车辆造成事故。程某随后收到保险理赔款13万元。

法院经审理认为，被告人程某作为车辆的被保险人，伙同被告人宋某以非法占有为目的，对发生的保险事故编造虚假原因，骗取保险金，数额巨大，两人的行为均构成保险诈骗罪。宋某明知程某酒后驾车发生单方交通事故，不属于保险理赔范围，仍配合、协助程某骗取保险理赔款，并数额巨大，且经查其并非偶犯，该行为具有一定的社会危害性。最终，法院结合两人的犯罪事实、性质、情节和社会危害程度，依法判处被告人程某犯保险诈骗罪，判处有期徒刑4年，罚金4万元；判处被告人宋某犯保险诈骗罪，判处有期徒刑1年6个月，罚金2万元。

机动车保险诈骗高发的原因之一是犯罪的直接成本低。事故发生后，一般只需向保险公司申报材料即可进行理赔，无任何经济支出，且机动车在购买商业保险后，无论出险与否、出几次险，不仅当年的保险费用不会发生变化，而且下一年度保险费用的上涨幅度相较于骗取保险理赔款的金额也有限。此外，部分保险公司为了抢占市场份额，销售保险时追求业务量而放松对车辆状况的核查，注重"快速理赔"和"在线理赔"，从而简化理赔程序，忽略风险管理，使得犯罪分子有空可钻。交通事故发生后，保险公司不及时进行现场查勘，对于索赔方提供的材料也未进行细致审查，过分依赖汽车修理厂等第三方出具的证明材料，这些都为保险诈骗提供了机会。

本 章 小 结

随着人们对汽车需求的变化，汽车产业不断发展，人们开始逐渐重视汽车保险问题。汽车保险现已在各国保险公司占据重要地位。本章通过对汽车保险的基础理念、相应环节及面临的问题进行介绍，帮助读者更好地了解和学习有关汽车保险的相关问题。

关 键 词

汽车保险；汽车保险种类；汽车保险承保；汽车保险理赔；汽车保险反欺诈

思 考 题

1．简述什么是汽车保险。
2．简述汽车保险在实际生活中的作用。
3．阐述汽车保险的承保流程。
4．阐述汽车保险的理赔流程。
5．简述如何开展汽车保险反欺诈工作。

参 考 资 料

[1] 郑丽娟. 浅析汽车保险现状与发展分析[J]. 中外企业家，2020(1)：8.
[2] 石启军，姜小勇. 从汽车保险侧谈中国汽车工业发展[J]. 时代汽车，2020(23)：159-160.
[3] 王冬梅. 我国汽车保险的发展与改善探析[J]. 汽车实用技术，2019(15)：245-246.
[4] 李亦宸. 我国汽车保险的发展与改善探析[J]. 西部皮革，2019，41(6)：80.
[5] 王馨婕. 我国汽车保险发展现状、存在问题及对策研究[J]. 现代商贸工业，2018，39(29)：135-136.
[6] 翟恩婷，程杰. 共享经济背景下汽车保险的发展趋势[J]. 内蒙古科技与经济，2018(24)：36-38.
[7] 朱润彤，段海艳. 汽车保险风险管理相关问题及其探究[J]. 企业改革与管理，2018(17)：18-19，12.
[8] 张雨桐. 汽车保险理赔难题及解决对策[J]. 花炮科技与市场，2020(2)：279.
[9] 张驰. 汽车保险理赔中查勘定损的模式简析[J]. 中外企业家，2020(13)：236.
[10] 王冬梅. 对汽车保险理赔中查勘定损的模式分析[J]. 内燃机与配件，2018(17)：191-192.
[11] 郗宏伟，汪爱丽. 对汽车保险理赔中查勘定损的模式分析[J]. 中国市场，2018(6)：129-130.
[12] 强添纲，张文会. 汽车金融[M]. 北京：人民交通出版社，2019.
[13] 康桂英. 汽车金融与服务[M]. 北京：人民交通出版社，2017.

第6章 汽车租赁

【教学目标与要求】

1. 了解汽车租赁的发展、分类及我国汽车租赁行业现状；
2. 了解汽车租赁的现实功能；
3. 掌握经营性汽车租赁与汽车融资租赁的具体内容；
4. 了解汽车租赁相关服务及有关办理流程；
5. 区分经营性汽车租赁和汽车融资租赁；
6. 了解汽车融资租赁 ABS 相关内容。

【思政目标】

1. 深刻认识党的二十大精神，通过汽车租赁的发展了解我国现行经济模式及相关产业发展变化，加速构建我国经济新常态；
2. 结合我国实际情况，将理论与实际相结合，锻炼学生的思维能力。

> **导入案例**
>
> **神 州 租 车**
>
> 很多人认为,汽车租赁是出租车行业的附属产业,特别是在 2007 年 7 月以前,租车企业还被要求必须使用出租车牌照。汽车租赁和中国许多行业一样,拥有一个很大的市场。但因该行业过度分散且没有很好的商业模式,所以难以形成全国经营网络系统。此外,租车行为大部分是基于大量消费者(主要是个人)随机性的用车行为,因此只有达到一定的规模,通过降低单车运营成本才能获利。而若要维持足够的车队规模,则需要投入几千万元甚至上亿元。
>
> 2007 年 7 月,根据国家有关政策调整,汽车租赁企业不必再使用出租车牌照,使中国汽车租赁业迎来了发展的新契机。一夜之间,汽车租赁企业遍及大江南北,神州租车应时而生。
>
> 2010 年 9 月 15 日,联想控股作为战略投资人,以"股权+债权"的形式向神州租车注资超过 12 亿元人民币,将神州租车纳入核心资产运营中的"消费与现代服务"板块,为神州租车更为长远的发展注入了强劲动力。"以陆总为首的核心团队具有较强的经营能力和远大的愿景。"联想控股曾经这样评价神州租车的创始人陆正耀。
>
> 神州租车的上市公告资料显示,神州租车作为中国最大的汽车租车企业,在车队规模、收入、运营网络覆盖面和品牌知名度方面都是市场的绝对领先者。截至 2013 年年底,神州租车拥有的车队规模大于紧随其后的 9 大汽车租赁企业车队规模的总和,且是第二大汽车租赁企业的车队规模的 4 倍以上。截至 2014 年 6 月底,不包括特许加盟商拥有的车辆,神州租车的车队总规模达到了 52 498 辆。
>
> 随着中国经济的发展及人口流动性不断增强,汽车租赁这个附属于出租车的产业已经被成功地切割出来,成为一个新兴行业。本章将就汽车租赁的有关概念及相关流程进行讲解,同时针对汽车租赁时可能出现的风险问题进行具体分析。

6.1 汽车租赁概述

6.1.1 汽车租赁的定义

汽车租赁是我国租赁行业的一个重要分支。要想了解汽车租赁的真正含义,先要了解租赁的实质。我国的租赁通常是指交易双方按照达成的契约协定,由出租人把其拥有的特定财产(包括动产和不动产)在一定期间内的使用权转让给承租人,承租人需要支付一定的费用或代价。我国最初的租赁主要以土地作为租赁物进行交易。随着人们消费需求的不断改变,汽车租赁逐渐走入人们视野。

在不同的汽车租赁发展时期,我国对于汽车租赁的定义也各不相同。现阶段,我国的汽车租赁主要是指交易双方根据合同约定,在约定时间内,承租人通过支付一定的费用,从汽车租赁经营者手中获得租赁汽车的使用权。在汽车租赁期间,汽车租赁经营者不得为承租人提供驾驶劳务,同时,汽车租赁经营者除将汽车实物交付给承租人外,还应向承租人交付保证该车辆正常、合法上路行驶的所有手续与相关价值。在汽车租赁活动中，承租人应自行承担有关驾驶责任。

特别需要注意的是，不仅汽车租赁企业可以从事汽车租赁业务，私人也以可进行汽车租赁业务。本书后文中的汽车租赁经营者主要是指汽车租赁企业。

6.1.2 汽车租赁的分类

6.1.2.1 按照经营目的分类

汽车租赁依照经营目的分类，可划分为汽车融资租赁和经营性汽车租赁。在汽车融资租赁中，承租人以取得汽车的所有权为目的进行车辆租赁，而汽车租赁企业以租赁的形式实现汽车所有权的转移。汽车融资租赁的实质是一种带有销售性质的长期租赁业务。在经营性汽车租赁中，承租人以取得汽车的使用权为目的进行车辆租赁，而汽车租赁企业通过提供车辆、税费、保险、维修、配件等服务来实现投资收益。

6.1.2.2 按照租赁车型分类

根据被租赁车辆的车型不同，汽车租赁可以分为客车租赁和货车租赁，其中，客车租赁又可分为大型客车租赁和小型客车租赁。在我国，小型客车租赁主要提供9座以下的小型客运车辆或商务车辆对承租人进行租赁，且在现阶段已经发展出一种较为成熟的运营操作模式。由于我国大型客车车辆和货车车辆对于驾驶人员的驾驶要求比较严格，所以大型客车租赁和货车租赁在我国还处于探索发展阶段。

6.1.2.3 按照车辆档次分类

近年来，为满足承租人租赁车辆的不同需求，汽车租赁依照所租赁的车辆价值分为高端汽车租赁、中端汽车租赁和低端汽车租赁三种。不同价格的汽车租赁在满足了承租人不同情况下的使用需求外，也使相关汽车租赁企业具有一定的规模与竞争力。

6.1.2.4 按照租赁期限分类

我国传统的汽车租赁主要是指经营性汽车租赁，可以将经营性汽车租赁按照租赁时间的长短划分为长期租赁、短期租赁和分时租赁三种。

（1）长期租赁。

在通常的汽车租赁业务中，长期租赁的承租人主要是企业，这些企业一般将所租车辆用于商务活动。汽车租赁双方签订的长期汽车租赁合同通常以年为计算单位。在汽车租赁企业按合同规定将手续齐全的租赁车辆交付承租人使用并提供相应的税费、保险等服务的同时，承租人也保障了汽车租赁企业稳定的出租率及稳定的现金收益，因此降低了汽车租赁企业的经营风险。

（2）短期租赁。

在通常的汽车租赁业务中，短期租赁的承租人主要是个人，短期租赁一般用于满足人们短期的用车需求。汽车租赁双方签订的短期汽车租赁合同通常以小时、日或月为计算单位。同时，短期租赁还可以满足有突发性用车需求的企业。在实际的汽车租赁经营活动中，短期租赁风险较高，无法保持稳定的出租率。但由于短期租赁具有较高的投资回报率，可以有效地提高汽车租赁企业的经营利润，这就使得汽车租赁企业需要在实际的经营活动中对长、短期的汽车租赁进行有效配置。

（3）分时租赁。

在通常的汽车租赁业务中，汽车分时租赁的承租人可以是企业，也可以是个人。

分时租赁主要用于人们暂时性的用车需求，其租赁期限与短期租赁类似，双方签订的合同主要是以小时为计算单位。汽车分时租赁具有灵活性强、租赁成本相对较低等优点。同时，由于该租赁方式主要使用的车型为新能源汽车，不仅节约资源、减少环境污染，还在一定程度上推动了我国新能源汽车产业的发展。但由于汽车分时租赁的充电和维护成本较高，在一定程度上制约了其发展。在大数据时代的信息安全方面，新能源汽车分时租赁的数据管理和隐私保护仍是一大亟须解决的问题。

6.1.2.5 按照承租人的使用目的分类

按照承租人的使用目的划分，可以将汽车租赁划分为商务租赁与私人租赁。商务租赁主要是指企事业单位租赁车辆以满足其商务用车需求，私人租赁一般指个人租赁车辆以满足其工作和生活需求。

6.1.3 汽车租赁的功能

经营性汽车租赁为人们的出行提供了便利，满足了人们日常生活中的出行需求。汽车融资租赁与金融业、汽车制造商紧密合作，带动了相关行业的经济增长。经营性汽车租赁和汽车融资租赁作为目前我国汽车租赁行业的主要内容，在功能上呈现着多样性。

6.1.3.1 交通运输服务功能

汽车租赁企业通过向承租人出租车辆获取收益，承租人通过支付租金购买被出租车辆的使用权来满足自己的出行需求，因此汽车租赁具备道路交通运输服务的功能。汽车租赁的交通运输服务功能表现在如下几个方面。

(1)汽车租赁企业可以根据有关承租人的不同需求制订专属租赁方案，以提供便捷、高效、灵活的汽车租赁服务。

(2)汽车租赁企业具有专业的车辆管理团队及特殊的车辆购买渠道，可以为有用车需求的承租人提供更为专业的汽车资产管理服务。同时，汽车租赁企业凭借其独特的优势，能够为承租人提供更具竞争力的租赁方案，以减少承租人在购买公务用车方面的费用。

6.1.3.2 融资功能

汽车租赁的融资功能主要是针对汽车融资租赁而言。汽车融资租赁是为有用车需求但一时无力购买车辆的个人消费者或资金不足的企业提供融资服务。汽车融资租赁的进行，使得作为承租人的个人或企业不必一次性投入大量的资金，而是可以用支付租金的方式提前满足用车需求。

汽车租赁的融资功能一方面表现在对于承租人用车成本的节约上，另一方面表现在为汽车租赁企业开辟了一种新的服务类型。汽车租赁的融资功能在增加消费者黏性的同时，也提高了汽车租赁企业的效益。

6.1.3.3 渠道功能

汽车租赁作为汽车产业链的中间环节，可以起到中间渠道的作用。汽车租赁企业在与上游的汽车制造商密切合作的同时，又和下游的二手车交易市场紧密联系。汽车租赁作为汽车制造商销售新车的重要渠道，既提高了汽车制造商在汽车市场的占有率，又提高了相关汽车产品的竞争力。同时，汽车租赁企业定时的车辆更新换代将部分车辆推向二手车交易市场，既保障了二手车交易市场的车辆来源，又推动了二手车交易市场的繁荣发展。

6.1.3.4 资源配置功能

随着相关制造技术的发展,汽车更新换代的速度逐渐加快。随着消费水平的稳步提升,人们对汽车的消费需求逐渐加大。

一般情况下,人们会因为一时的需求或冲动而购买车辆。当热度过去后或购买过程完成后,对已购买车辆的使用率会大大降低,导致车辆资源浪费。同时,机动车保有量的急剧增加,不仅加剧了交通堵塞,影响了出行效果,还透支了大量社会资源,造成了资源浪费。

汽车租赁行业的兴起,在一定程度上满足了人们对于自由出行的需求,有效地解决了人们的用车之需。同时,汽车租赁在一定程度上减少了消费者冲动消费的可能,提高了车辆使用率,实现了车辆资源和社会资源的合理配置。

6.1.4 汽车租赁的发展概述

早期的汽车租赁缘于 20 世纪的美国。1918 年,美国人沃尔特在芝加哥开始经营一个由 12 辆福特汽车组成的车队,汽车租赁行业由此诞生,沃尔特也成为汽车租赁行业的创始人。

由于当时汽车工业的发展及人们生活水平的提高,使得汽车在美国迅速普及,越来越多的人转向自驾车出行。而汽车租赁行业以方便、快捷、人性化的服务满足了人们的用车需求。此外,随着汽车制造商、金融资本的介入及信息技术的发展,汽车租赁行业进入了快速发展时期,一些国际知名的汽车租赁企业也相继成立。特别是到了 20 世纪 90 年代后期,全球汽车租赁行业的经营规模迅速扩大。与发达国家趋于成熟的汽车租赁行业相比,目前我国的汽车租赁行业仍处于起步发展阶段。

1908 年,由于进入商品化的汽车价格较高、销售困难,我国最早的汽车经销商之一——上海美商环球供应公司在率先卖车的同时,开展了配备驾驶人员的汽车租赁业务。这不仅是我国汽车租赁的开端,也被公认为是我国出租汽车产业的开端。这一历史事件说明,汽车租赁行业既是对汽车销售行业的延展,同时也是对交通运输业的创新和发展。汽车租赁与这两个有较大差异的行业有密不可分的关联。

1984 年,汽车融资租赁的出现,标志着我国现代汽车租赁的开始。这一年,中国国际信托投资公司、中国东方租赁有限公司、中国环球租赁有限公司等以融资租赁方式向北京、哈尔滨等城市的出租汽车企业提供日本制造的小客车,累计 2 万多辆。而后,为了保证西藏、云南、甘肃等道路条件恶劣地区的运输,道路运输企业以融资租赁方式引进五十铃等高性能日产车辆。在此时期,汽车主要作为生产资料,按照计划经济模式进行分配,融资租赁仅作为引进外资的一种手段。汽车租赁促进潜在消费的作用在非市场经济的大环境下并未产生应有的效用。

1989 年,北京市政府为筹备第十一届亚洲运动会,指示北京市出租汽车公司成立我国第一家汽车租赁公司,为亚运会期间来京外籍人士提供服务。亚运会期间的服务工作完成后,该汽车租赁公司的经营对象开始面向国内的外资企业及其他内资企业,这一年被视为我国短期汽车租赁或汽车租赁服务的元年。

随着我国经济体制改革步伐的推进,社会消费结构逐步改变,消费形式由满足吃、穿、用的基本需求转向新的消费热点——住与行,汽车租赁市场很快就出现租赁车辆供不应求的局面。除北京、上海、广州等大城市外,全国各省会城市及经济发达的中等城市,如杭州、西安等都出现了汽车租赁企业。有关统计数据显示,在 2000 年时,我国汽车租赁企业数量达到峰值。

由于汽车租赁企业的大量出现，整个汽车租赁市场进入无序的竞争状态。同时，由于相关法律法规、信用体系不健全，市场环境趋于恶化。汽车租赁企业的生存及发展开始面临来自各方的考验，经营状况开始出现分化，企业数量有所减少。在这一阶段，原国内贸易部、交通部和国家计委分别颁布有关汽车租赁管理政策，对汽车租赁行业的发展予以规范和指导。

在 2000 年后的将近六年的时间里，我国汽车租赁行业进入了一个较长的调整期。在这一时期，我国汽车市场发展提速。特别是在 2002 年，汽车销售市场出现井喷，汽车价格不断下降，私有轿车大幅增加，这激发了许多人购车的欲望。同时，拥有驾驶执照的人数也逐年大幅递增，使得汽车租赁市场的需求结构发生了很大变化。以个人为主的短租市场开始起步并逐步扩大。

但汽车价格的不断下降，也给汽车租赁行业带来了一定的冲击，加之二手车交易市场价格的剧烈震荡及相关行业竞争的加剧，使得汽车租赁企业的利润被不断蚕食。汽车租赁行业的利润率逐年下降，相关市场风险不断加大。同时，恶意骗租事件接二连三地在多个汽车租赁企业发生，不少汽车租赁企业在这一阶段受到打击，使得其运营难以为继，有的甚至淡出市场。这一现象不只在汽车租赁市场规模最大的北京存在，在上海、广州、西安等汽车租赁市场发展较好的城市也普遍存在。在此阶段，因《中华人民共和国行政许可法》的实施，以行政许可为基础的汽车租赁行业管理体制基本瓦解。

在 2006 年以后，汽车租赁逐步成为介于自驾与乘用公共交通工具出行之间的第三类交通模式。在这一阶段，汽车租赁以短期租赁、网络服务、租赁手续便捷为卖点，使得汽车租赁不仅满足了相关承租人对个性化交通的需求，还丰富了交通模式。一嗨租车、至尊用车、神州租车等于 2006 年陆续成立的新型汽车租赁企业代表了这个阶段的开始。这些新型汽车租赁企业在全国主要城市都建立了营业网点，并提供异地租还车业务。

到了 2009 年以后，随着我国汽车产业的日趋成熟，汽车产能过剩逐渐显现，整车制造的利润率呈现逐渐下降的态势。同时，汽车整车的利润逐渐向汽车产业链的下游产业链转移。作为汽车产业链下游中最重要的一环，汽车租赁与汽车产业的关联度进一步加强。汽车金融及汽车销售的行业巨头也陆续向我国汽车租赁企业、运输企业及其他企业渗透，汽车租赁产业得以快速发展。

到了 2012 年以后，汽车租赁头部企业凭借其运营能力优势不断扩大市场份额，加之我国有关汽车租赁企业积极探索移动互联、自动驾驶、新能源等前沿技术，这些都对汽车租赁行业产生了积极的影响，新科技、新消费、新平台等推动汽车租赁行业不断转型。

2014 年，随着共享经济的兴起，Uber 和 Getaround 等共享汽车租赁平台出现，传统的汽车租赁模式被打破。而后到了 2015 年，我国居民环保意识增强，加之我国政府同期出台相关购车补贴政策，电动汽车和混合动力汽车成为汽车租赁公司的新选择。这一发展促使汽车租赁行业朝着更绿色和可持续的方向发展。

2017 年，部分汽车租赁公司加大了对车型多样性和创新服务模式的关注，开始提供更多样化的车型选择，以满足消费者不同的出行需求。同时，也开始探索如小时租赁和长期租赁等的创新服务模式，以期为消费者提供更灵活和个性化的租赁方案。

有关数据显示，截至 2022 年，我国汽车租赁市场规模达 1065 亿元。有业内专家分析预计，到 2025 年，我国汽车租赁市场规模将达到 1585 亿元左右，年复合增长率约为 13%。未来，随着我国汽车需求和实际消费环境的矛盾激化，将进一步促进我国汽车租赁行业蓬勃发展。

6.2 经营性汽车租赁

汽车租赁作为中国新兴的交通运输服务业，是满足人民群众个性化出行、商务活动需求和保障重大社会活动的重要交通方式，是综合运输体系的重要组成部分。同时，汽车租赁行业对于传统运输业、旅游业及汽车工业、汽车流通业等相关行业起到十分显著的带动作用。

经营性汽车租赁又称营运性汽车租赁，是指汽车租赁经营者依据与承租人签订的相关协议或合同，将车辆使用权出租从而获取租金收益的交易活动。经营性汽车租赁作为我国汽车租赁行业的一个重要组成部分，占据着我国汽车租赁行业的大半江山。同时，经营性汽车租赁作为我国传统的汽车租赁方式，推动着我国汽车租赁行业的发展。现行的汽车租赁主要分为汽车长期租赁、汽车短期租赁和汽车分时租赁三种。

6.2.1 汽车长期租赁

6.2.1.1 汽车长期租赁的定义

在汽车租赁业务中，汽车长期租赁是指汽车租赁企业与承租人签订长期(一般以年为计算单位)租赁合同，将长期租赁期间发生的包括车辆价格、维修维护费、各种税费开支、保险费及利息等在内的费用扣除，并预计剩存价值后，按合同月数平均收取租赁费用，并提供汽车功能、税费、保险、维修及配件等综合服务的租赁形式。在实际经营中，通常将 90 天以上的汽车租赁认定为汽车长期租赁。

6.2.1.2 汽车长期租赁的优劣势分析

以企业作为承租人的商务车长期租赁是我国目前汽车长期租赁业务最主要的业务来源。以商务车长期租赁为例，汽车长期租赁具有以下优势。

(1)企业作为汽车长期租赁的承租人，按月支付租金，在财务账目中租金可全部列为费用开支，抵扣 25%的营业所得税；每月租金含 5%的营业税，可抵扣当月销售项目金额；在资产负债表上可降低负债比例，为企业提高固定资产周转率。

(2)汽车长期租赁所得车辆享有便利的保养、保修及 24 小时紧急救助服务，在车辆维修期间还可享用汽车租赁企业提供的代步车辆。

(3)企业作为汽车长期租赁承租人，无须为所承租车辆设置专人管理，既节省了开销，又简化了会计作业，也没有老旧车的处理问题。

(4)汽车长期租赁的租金中包含了各种保险费用，如机动车交通事故责任强制保险、第三者责任险、车上人员责任险、机动车损失险、盗窃损失险及酒驾险等。汽车长期租赁的被租赁车辆出险时由汽车租赁企业专人负责处理，并免费向承租人提供同级别代步车供其使用。

虽然汽车长期租赁与其他汽车租赁方式相比，明显存在价格优势，但汽车作为消耗品，在租赁使用的过程中，特别是在汽车长期租赁使用中避免不了出现损耗。同时，由于相关制约性条款的存在，使得汽车长期租赁的发展受到了一定阻碍，在汽车租赁活动中表现出一定的劣势。

(1) 车辆在进行汽车长期租赁时，租赁的双方往往都需要签订租赁合同，一旦签订了租赁车辆的合同，就很难解除合同；如果需要解除，就要付出昂贵的罚金。

(2) 在汽车长期租赁双方签订的合同中，通常按照行驶的里程进行有关收费。汽车长期租赁业务的租赁合约期通常为 2~4 年，里程数通常在 20 000~80 000 千米。当承租人行驶的里程超过规定里程时，汽车租赁企业将会以一定的费率对其进行收费。

(3) 汽车长期租赁通常是按月付费的，承租人无论是企业还是个人，都只拥有车辆的使用权，不能将所承租的车辆作为抵押品向有关机构进行贷款。要想获取所承租车辆的所有权，则需支付一大笔费用，有时还可能会超出车辆本身的价值。

(4) 当汽车长期租赁合同到期时，承租人须及时归还其所承租的车辆，一旦超过合同约定期限，将支付高额罚金。同时，如果承租人想提前终止交易，则仍需支付剩下的尾款。

(5) 当汽车长期租赁合同到期时，还车时要求原样归还，少数个例除外。如果被租赁车辆磨损严重或需重新着色，则需要承租人对汽车租赁企业进行赔偿。

上述情况的出现，都要求承租人赔偿相应金额甚至补偿高额的补偿款，打击了相关承租人进行汽车长期租赁的信心，降低了承租人的消费欲望，使得相关承租人在进行长期租赁时需要更多地权衡利弊，一定程度上阻碍了汽车长期租赁业务的发展。

6.2.1.3 汽车长期租赁业务的流程

汽车长期租赁业务的流程如图 6-1 所示。

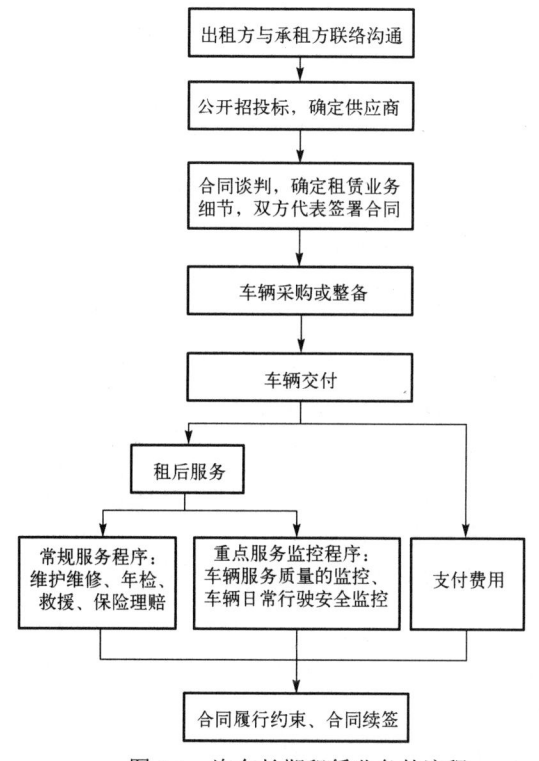

图 6-1 汽车长期租赁业务的流程

6.2.2 汽车短期租赁

6.2.2.1 汽车短期租赁的定义

在汽车租赁业务中,汽车短期租赁是指汽车租赁企业根据有关承租人要求签订租赁合同,为其提供短期(一般以小时、日、月为计算单位)的用车服务,收取短期租赁费,解决汽车承租人在汽车短期租赁期间的各项服务要求的租赁形式。短期租赁的租赁期限一般不超过 12 个月。

6.2.2.2 汽车短期租赁的优劣势分析

我国目前的汽车短期租赁主要是针对以个人为承租人的汽车租赁,同时还包括有应急需求的相关企业。短期租赁凭借其独特的租赁优势,在我国广受欢迎。

(1)汽车短期租赁的一个重要特征就是租赁的时间较短。汽车短期租赁以较短的租赁时间,使得人们可以根据自己的需求随时更换新车,满足其在不同场合下的用车需求。

(2)汽车短期租赁情况下,在租赁合同到期时,可以直接将被租赁车辆开回汽车租赁企业,无须担心该车辆的保养、年检及保险问题。

(3)汽车短期租赁的进行只需在租赁期间内进行租金费用的支付。虽然在租赁合同签订时会交付一定的押金,但在汽车短期租赁结束后若无其他意外情况出现即可退回押金,这充分提高了资金利用率,保障了承租人的资金周转。

(4)汽车短期租赁解决了短时间内个人或企业对于汽车的需求。特别是针对以企业作为承租人的汽车短期租赁,避免了因买车造成的固定资产增加、借款增加、流动资产减少等财务的不良状况,使企业可以最大化地利用资金。

汽车短期租赁以其灵活的租赁时间在我国汽车租赁行业占据着重要地位,但由于大部分汽车短期租赁业务的进行主要是为了解决突发应急问题,因此使得汽车短期租赁的价格相对于汽车长期租赁的价格较高。同时,由于汽车短期租赁的时间较短,驾驶人难以及时适应该车辆的驾驶方式,因此容易造成车辆出险,导致相关人员受伤,极大地增加了车辆驾驶的不安全性。

6.2.2.3 汽车短期租赁业务的流程

汽车短期租赁业务的流程如图 6-2 所示。

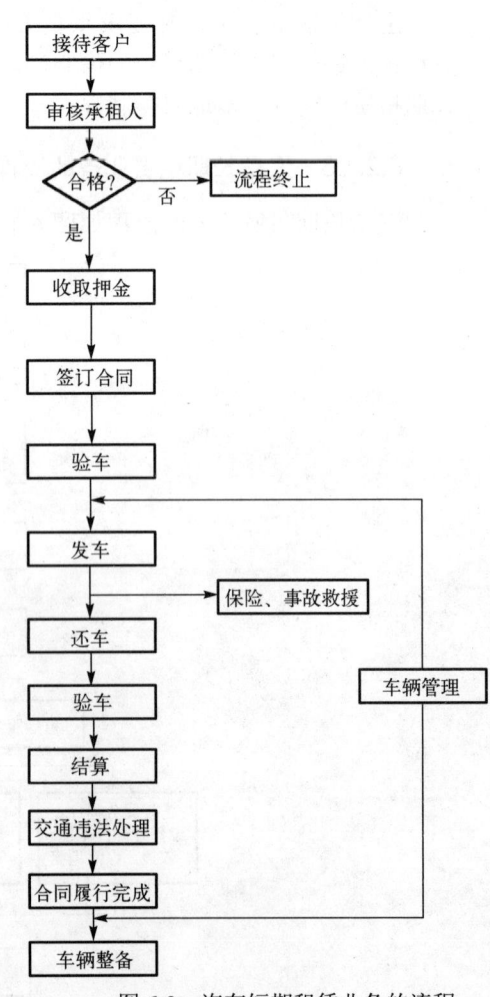

图 6-2 汽车短期租赁业务的流程

6.2.3 汽车分时租赁

6.2.3.1 汽车分时租赁的定义

我国现阶段对于汽车分时租赁的定义存在着差异。但由于汽车分时租赁进入我国市场的时间点正好是国内新能源汽车起步初期,且新能源汽车在使用成本上比燃油车更具经济性,一些汽车企业希望通过汽车分时租赁推广自身的新能源车型,所以,新能源车型成为我国汽车分时租赁市场的绝对主导车型。汽车分时租赁也称"共享汽车"。

本节所指的汽车分时租赁是指汽车租赁企业根据承租人同意的有关电子版汽车租赁合同条款,以小时为单位计算租赁费用,为承租人提供随取随用的汽车租赁服务。消费者作为承租人可以按个人用车需求和用车时间预订租车的时间,只需注意在规定时间内到达预定地点取用车辆即可。

6.2.3.2 汽车分时租赁的优劣势分析

从经济学的角度来讲,一切能优化资源配置、提升经济效率的模式,即有最大可能实现帕累托最优状态的模式,都是有理论上的经济效益的。在出行领域,汽车分时租赁的出现正好符合这一需求。

汽车分时租赁是一种新兴的汽车短期租赁共享模式,兴起于20世纪的欧美国家,并于2010年前后在我国市场起步发展。有关数据显示,自进入我国市场以来,汽车分时租赁一直保持着良好的增长态势。截至2019年,我国汽车分时租赁市场的规模增长至47.5亿元,并持续扩大。同时,由于新能源汽车作为我国汽车分时租赁市场的绝对主导车型,加之互联网汽车共享平台的介入,使得我国的汽车分时租赁除具备与汽车长期租赁和汽车短期租赁类似的优势外,还具备以下优势。

(1)在新能源汽车进行汽车分时租赁的情景下,新能源汽车作为环保车辆的代名词,对节能环保、减少碳排放和汽车尾气污染等意义重大。

(2)汽车分时租赁的进行,极大地提高了用车效率,避免了有关资源的浪费。同时,汽车分时租赁的进行在一定程度上能够有效地减轻我国交通拥堵的问题。

(3)汽车分时租赁的推广和普及,能够实现需要出行就有车用、不想用车就能"摆脱"车的目标。

(4)以新能源汽车作为我国汽车分时租赁市场的绝对主导车型,能够顺利地推进我国新能源汽车的普及,推动我国新能源汽车产业的发展。

与此同时,我国仍处于汽车分时租赁的初级发展阶段,部分难题仍待解决,这就使得我国汽车分时租赁相较于其他汽车租赁方式存在着一定的劣势。

(1)目前,我国汽车分时租赁的普及程度还不够高,进行汽车分时租赁的网点分散,承租人在短时间内难以形成该种情境的租车共识。同时,在运营调度方面,主要由经营汽车分时的汽车租赁企业负责车辆投放,成本压力巨大,难以形成规模性的投放。

(2)我国承租人大多只是进行短距离、短时间的汽车分时租赁,只有在租赁行驶里程达到20千米以上时才会体现出汽车分时租赁的竞争优势。因此,受价格导向的有关承租人没有足够的租车动力,但较低的定价也让汽车分时租赁运营企业难以获利。

(3)现阶段进行汽车分时租赁的车型大部分为新能源汽车,可供承租人选择的车型较少。

(4)基于我国现状,目前存在交通拥堵问题、车辆停车位少、被租赁车辆的停车位只能一家存放还是多家共享等问题仍未解决。

汽车分时租赁作为一个有高资产能力、高资源整合能力、高运营能力、高技术能力的"四高"行业,若要优化出行效率、向实现帕累托最优状态的道路上再进一步,则规模化、集中化是必然方向,也是长期过程。同时,汽车分时租赁要进一步激活需求端,并尽可能降低其可替代属性,做到性价比高和用车体验好。

6.2.3.3 汽车分时租赁业务的流程

汽车分时租赁业务的流程如图 6-3 所示。

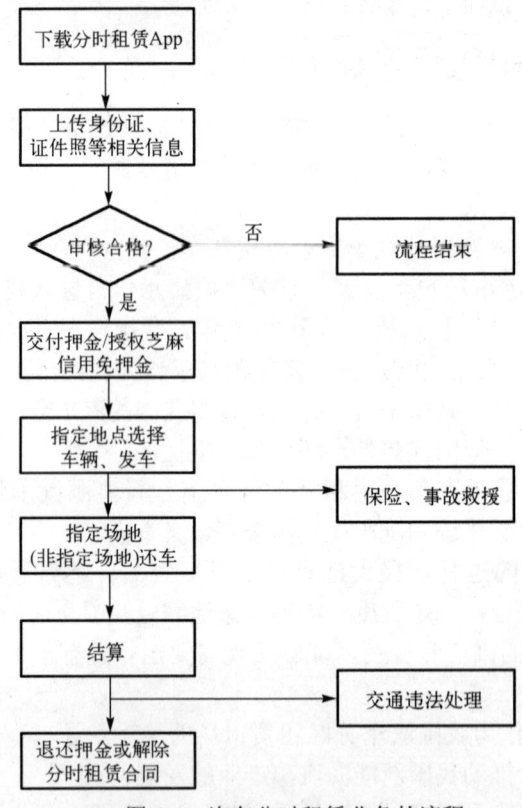

图 6-3 汽车分时租赁业务的流程

6.2.4 经营性汽车租赁租后服务和业务管理

6.2.4.1 经营性汽车租赁租后服务

经营性汽车租赁租后服务包括救援服务、保险服务、替换服务、双方确定的其他服务等。当租赁车辆发生故障、事故或承租人提出其他服务要求时,汽车租赁企业相关业务部门应保证及时获得承租人的有关信息,并依照国家标准《汽车租赁服务规范》或企业有关规定实施租后服务。

1. 救援服务

救援服务是指承租人在使用车辆过程中，发生事故、出现故障导致无法正常行驶又不能自行处置时，由汽车租赁企业工作人员或协作单位赶赴现场，对车辆实施排障、维修或替换，以保证汽车租赁服务能够延续。

2. 保险服务

当被租赁车辆发生属于该车辆保险理赔范围内的事故时，汽车租赁企业应及时派遣有关工作人员办理车辆出险报案、保险理赔，并应协助承租人处理与保险理赔有关的事宜。

（1）工作人员协助承租人从交管部门获得保险索赔所需的必要文件。

（2）工作人员安排事故车辆到指定修理厂修理，并与保险公司办理索赔手续。

（3）被租赁车辆保险索赔完毕后，工作人员应将损失情况上报汽车租赁企业相关部门，并根据合同条款按收费管理程序向承租人收取费用。

3. 替换服务

替换服务是指在汽车租赁合同期间，被租赁车辆因故障、交通事故、承租人要求等原因需要用其他租赁车辆替换在租车辆的服务。汽车租赁企业有专门从事车辆替换服务的工作人员，其主要工作内容包括确定承租人的车辆替换要求是否符合汽车租赁合同条款，确定是否需要进行有关费用补交，以及按发车程序交接替换车辆并将车辆变化情况通知相关业务部门。

4. 车辆维护整备服务

车辆维护整备服务主要是指汽车租赁企业依照车辆技术要求，定期对被租赁车辆进行维护，随时对被租赁车辆的一般故障或缺陷进行修理，以恢复车辆正常状况。同时，车辆维护整备服务还包括对退租车辆进行检修和清洁，使其达到相关规定标准，进入待租状态，准备下一次租赁业务。

5. 在租车辆召回服务

在租车辆是指汽车租赁企业已经交付承租人使用的车辆，在租车辆召回服务主要包括以下三种情况。

（1）在租车辆在到达规定的里程或时限需要维护时，汽车租赁企业应当及时将其召回并进行维护，或者委托承租人到指定的维修厂进行维护，维护费用由汽车租赁企业承担。

（2）当在租车辆需要依法进行安全技术检测时，汽车租赁企业应当及时将其召回送检并承担检验费用。

（3）车辆租出后，如果发现在租车辆存在安全隐患，则无论是出厂存在的安全隐患，还是使用过程中出现的安全隐患，汽车租赁企业都应立即告知承租人停驶在租车辆，并及时采取上门维修或送修等处置措施。在租车辆因维护、检验、停驶而影响承租人正常使用的，汽车租赁企业应当提供替换车辆。

6. 服务质量监督改进

服务质量监督改进是一项重要的综合性基础工作，贯穿汽车租赁服务全过程，是汽车租赁企业随时获取自身服务信息、不断改进服务质量的措施。

(1) 投诉处理。汽车租赁企业应当在随车的服务监督卡上，公示服务监督投诉电话号码或其他联系方式，以随时接收承租人的意见和投诉。同时，汽车租赁企业对承租人的意见和投诉应当做详细记录，认真查证，妥善处理，并在一周内予以回复。

(2) 征询意见。汽车租赁企业应定期征询承租人对汽车租赁服务的意见，在被租赁车辆归还时，应当征求承租人对服务的书面意见，并将有关信息反馈给相关部门，对汽车租赁服务进行必要的调整，记录并协调有关部门处理承租人的投诉。

6.2.4.2 经营性汽车租赁业务管理

经营性汽车租赁业务管理的主要内容包括汽车租赁业务中的合同管理、承租人管理、收费管理、车务管理、统计及单据管理和风险管理等。经营性汽车租赁业务管理的有效进行对于经营性汽车租赁的发展有着重要意义。

1. 合同管理

(1) 记录承租人信息、被租赁车辆、汽车租赁期限、汽车租赁费用等主要汽车租赁合同条款，并建立数据库，以作为收费管理、承租人管理、车务管理的基础。

(2) 根据汽车租赁合同记录信息建立业务情况数据库，通过对这些数据的汇总、分析，正确掌握汽车租赁企业的经营状况，为其重要的发展决策提供科学依据。

(3) 根据有关业务需要，当发生按照《民法典》等有关条款终止汽车租赁合同、续签汽车租赁合同、变更汽车租赁合同等情况时都需要修改相应记录。

(4) 根据汽车租赁合同记录指导收费管理、承租人管理、车辆管理等业务。

2. 承租人管理

(1) 按照承租人管理的有关规则，对承租人进行营销、信息等方面的管理。

(2) 按照签订的汽车租赁合同的相关内容，制作承租人档案，并按一定标准编号保存。

(3) 根据承租人租赁期间信息变化情况，补充、修改承租人档案。

(4) 对通过承租人资格审核、承租人档案管理程序及其他途径收集的承租人信息进行分析，建立健全承租人信用信息系统，确保汽车租赁企业的利益。

(5) 定期与已经进行汽车租赁或正在进行汽车租赁的承租人沟通，掌握承租人基本信息变化情况，及时补充相关承租人信用信息，了解承租人对服务产品的需求，及时掌握市场动态，为设计新的服务产品提供基础资料。

3. 收费管理

(1) 根据汽车租赁合同签发各类收付款通知，并完成收付款工作。

(2) 根据汽车租赁合同建立租金、保证金及其他费用的收付台账。

(3) 收付台账的内容应包括收付缘由、收付对象、收付金额及收付时间等足以清楚地记录资金收付情况的项目。

(4) 及时记录每一笔汽车租赁业务的收费情况，编制有关报表。

(5) 发现恶意欠费或骗车等迹象，应按照风险管理程序进行处理。

4. 车务管理

车务管理是与车辆有关的工作，主要包括车辆购置和登记、车辆维修维护、车辆年检和证照管理、车辆档案管理及退回租赁运营车辆的销售等。

5. 统计及单据管理

经营性汽车租赁的主要业务过程涉及各种统计报表、汽车租赁合同、车辆交接单、收付款通知等重要单据。不同的业务过程有不同的统计报表和单据处理程序。

(1) 统计管理。

统计管理分为基础管理统计管理、租赁业务管理统计管理、综合分析管理3个层次，分别由若干个不同报表组成。有关业务人员应根据统计制度的要求，在规定时间内将统计报表呈报给相应的部门或人员。

在图6-4所示的业务统计管理框图中，可以看到上述3个层次的不同报表及统计逻辑关系。

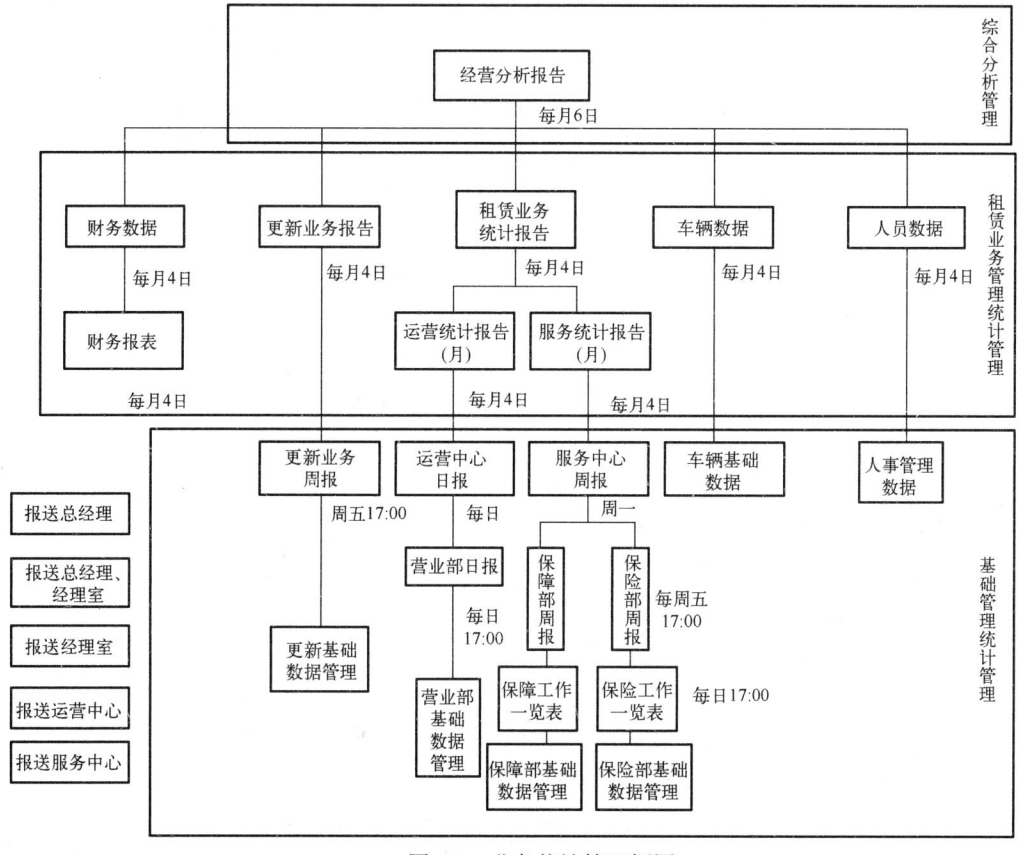

图6-4 业务统计管理框图

(2) 单据管理。

单据是记录每一项汽车租赁业务各个操作程序情况的记录凭证。有效管理单据便于各部门、各岗位之间的衔接。按照汽车租赁业务单据及其有关操作的关系，可以回溯汽车租赁每一项业务各环节的具体情况。汽车租赁业务操作与其业务单据的关系如表6-1所示。

6. 风险管理

风险管理是指汽车租赁企业防范租金拖欠、逃废，防止车辆被盗、被骗风险的工作，其主要工作内容如下。

表 6-1 汽车租赁业务操作与其业务单据的关系

汽车租赁业务阶段	汽车租赁业务事项	汽车租赁业务细分	汽车租赁业务单据操作
办理租车	完成租赁手续	直接发车	签合同、出具收付款单、填写交接单
		调换车辆	终止原合同、出具收付款单及原交接单
			重新签合同、出具收付款单、填写交接单
		延期付款	签合同、填写交接单
租赁期间	变更租赁约定	换车	保留原合同、签补充协议、填写交接单
		延期	保留原合同、签补充协议、出具收付款单
		调整租金	保留原合同、签补充协议、出具收付款单
		押金变动	保留原合同、签补充协议、出具收付款单
		提前还车	终止原合同、出具收付款单
	临时替换车辆	收费	保留原合同、签新合同、出具收付款单、填写交接单
		不收费	保留原合同、签新合同、出具收付款单、填写交接单
		收延期罚款	保留原合同、出具收付款单
	期间收费	收取车损和其他费用	保留原合同、出具收付款单
租金到期	续租/续费	付款周期等于合同期	保留原合同、签补充协议、出具收付款单
		付款周期短于合同期	保留原合同、出具收付款单
		到期换车、续交租金	保留原合同、签补充协议、出具收付款单、填写交接单
	还车	结清费用、车辆无须修理	终止原合同、出具收付款单
		车辆需要修理	终止原合同、出具收付款单
		费用待结、车辆无须修理	终止原合同
		车辆需要修理	终止原合同、出具收付款单
还车后	补交欠费		出具收付款单

(1)确保租赁资格审核的可靠性。
(2)与收费人员沟通，及时掌握租金交纳异常情况。
(3)掌握识别过期、伪造、修改等不合法证件的方法。
(4)核查承租人所留电话是否属实。
(5)通过互联网、电话等方式核实企业的工商注册信息、个人身份信息是否属实。
(6)通过其他途径核实承租人情况。
(7)建立可靠的预警系统，利用承租人信用档案定期对承租人信用程度进行评估，当承租人出现恶意拖欠租金或诈骗迹象时，能够及时察觉，并采取预防措施。
(8)对 GPS 等车辆监控设备进行管理。

6.3 汽车融资租赁

我国已成为世界上最大的汽车消费市场，但汽车融资租赁在我国仍属于新兴事物。汽车融资租赁同时具有融资与促销功能，实现了车辆使用权和所有权的分离。如果在进行汽车融资租赁的同时，能够结合担保公司甚至汽车制造商的信用，对于汽车融资租赁经营者而言，则可以使相关资产的安全得到切实保证；对于承租人而言，则可以有效解决因购置车辆出现的资金短缺问题；对于汽车制造商而言，则可以加速开拓相关市场，也有助于回收资金，降低车辆销售过程中产生的应收账款。

6.3.1 汽车融资租赁的业务模式

6.3.1.1 直接融资租赁

直接融资租赁是指汽车融资租赁企业按照承租人指定的车型购进新车，并与承租人签订汽车融资租赁合同，在承租人租用一定期限后，可将该车辆的产权转让给承租人的租赁形式。在签订汽车融资租赁合同的同时，承租人应一次交清20%~30%的保证金和3%~5%的手续费，其余的车款按月支付，总租金数额一般等于或超过车辆的价格。合同期满后，承租人以名义价格取得车辆的所有权，完成全部租赁过程。直接租赁业务模式的流程如图6-5所示。

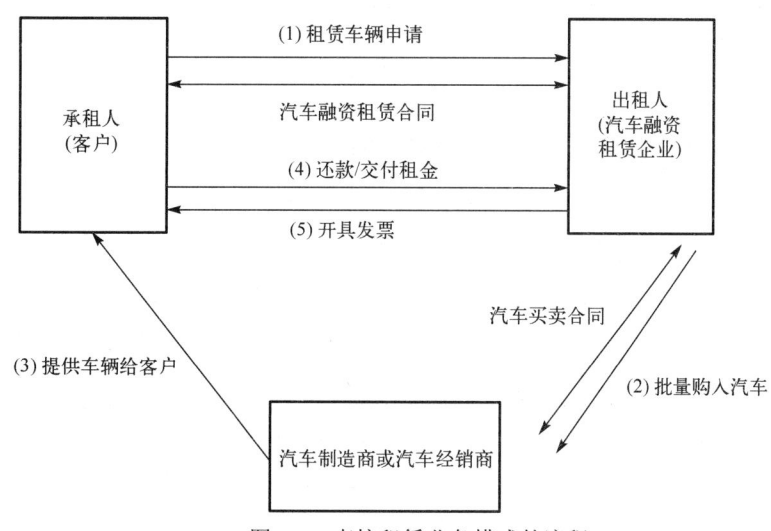

图6-5 直接租赁业务模式的流程

6.3.1.2 售后回租

售后回租是指汽车融资租赁企业与承租人以双方协议价格购买承租人现有车辆，再以长期租赁方式回租给承租人，并提供必要服务的租赁形式。这种租赁形式既能摆脱目标承租人的管理负担、有效降低固定资产比例，又能有选择地分解有关费用。售后回租既可以设计为汽车融资租赁，也可以设计为经营性汽车租赁。售后回租业务模式的流程如图6-6所示。

6.3.1.3 委托租赁

委托租赁是指汽车融资租赁企业接受委托人(汽车制造商或汽车经销商)委托，将车辆按融资租赁方式租赁给承租人，汽车融资租赁企业作为受托人，代委托人收取相关汽车租金，缴纳有关税费，汽车融资租赁企业只收取手续费。在委托租赁期间，车辆的产权属于委托人，汽车融资租赁企业不承担风险。此方式可以为以汽车制造商或汽车经销商为供货商的相关企业节约税费。委托租赁业务模式的流程如图6-7所示。

图6-6　售后回租业务模式的流程

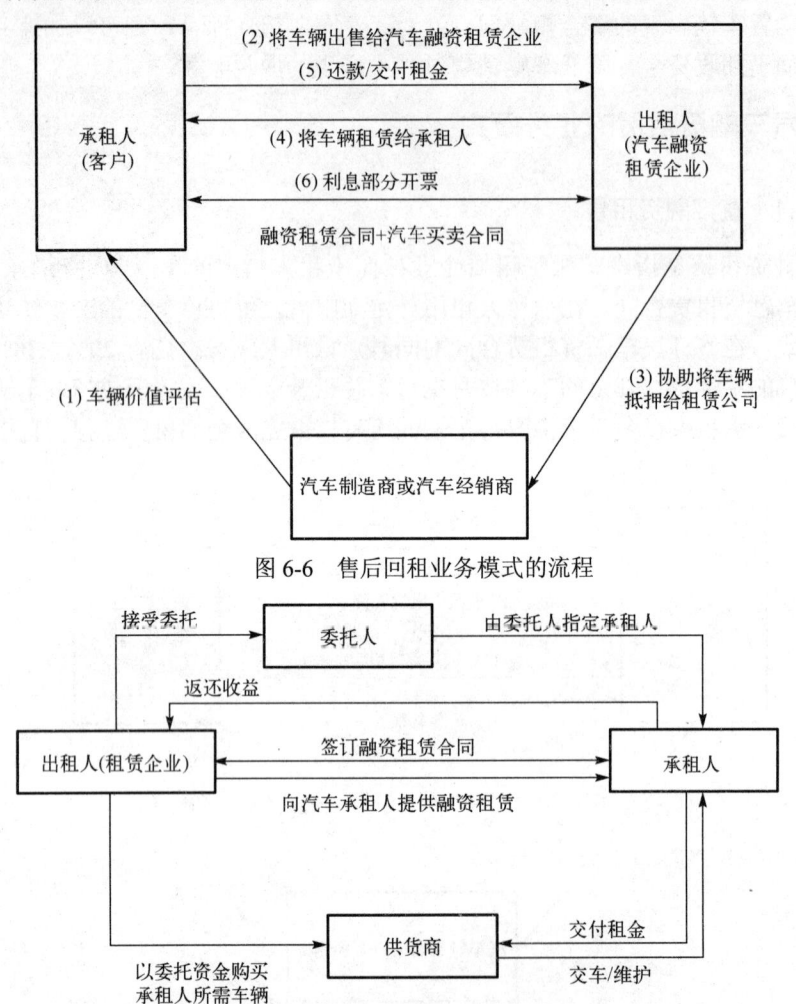

图6-7　委托租赁业务模式的流程

6.3.2　汽车融资租赁的业务流程

6.3.2.1　汽车融资租赁的业务流程

在实际操作过程中，汽车融资租赁的业务操作过程如图6-8所示。

汽车融资租赁业务的19个操作环节可以分为承租人资料收集、承租人资质审核、合同或协议的签订、合同或协议的履行及合同或协议的终止五项主要工作。

1. 承租人资料收集

（1）若以企业作为承租人，在进行汽车融资租赁业务时，承租人需提交的资料清单如表6-2所示。

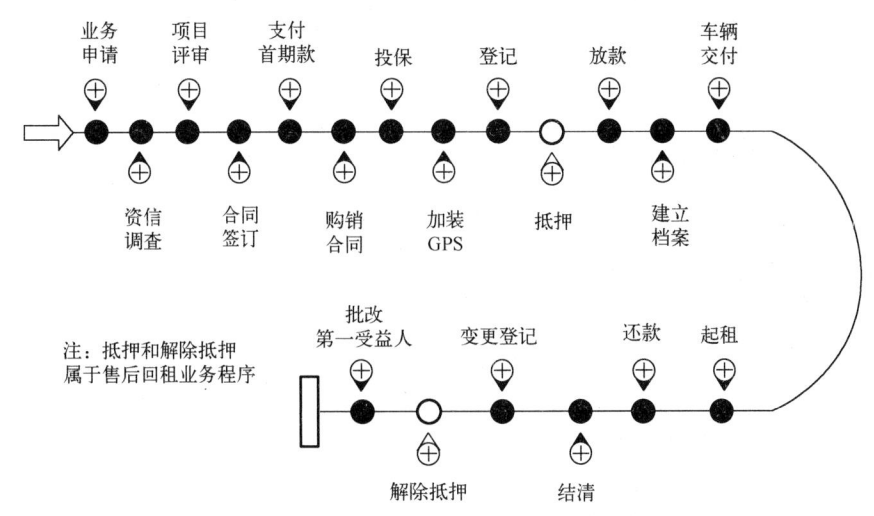

图 6-8 汽车融资租赁业务的操作过程

表 6-2 承租人需提交的资料清单

序号	资料	说明
1	企业基本情况介绍	包括企业成立日期、历史沿革、股东情况、关联企业介绍、主营业务、车队规模、经营业绩、主要客户等信息，提交电子版
2	企业营业执照	需经年检有效，提交扫描件
3	企业章程	盖骑缝章，提交扫描件
4	验资报告	历次验资报告，盖骑缝章，提交扫描件
5	企业法人及主要高管人员的身份证及简历	提交扫描件
6	审计报告、近三年及最近一期的财务报表及科目余额表	提交审计报告扫描件，同时提供财务报表、科目余额表的电子版，要明细至最末级科目，务必是反映企业真实经营情况的报表
7	企业与前五大客户近两年的业务合同	提交扫描件
8	企业组织结构图（含分公司、子公司）	需注明各部门核心职能、人数等信息，提交电子版
9	企业股权结构图	需向上追溯至自然人股东，提交电子版
10	车辆信息清单	包含厂商、车型、牌照号、车架号、采购时间、车身价格等信息
11	法人和财务负责人签字样本	提交原件
12	企业及实际控制人征信报告	由企业自行联系银行打印，提交原件
13	股东借款情况说明	如有，需提交相应协议或股东决议等
14	固定资产权属证明或租赁合同	土地证和房产证，包括在建工程
15	现有借款合同、融资租赁合同及担保合同	如有，并正执行，需提供复印件
16	车辆登记证	提交复印件
17	银行开户许可证	提交复印件
18	机构信用代码证	提交复印件
19	公司基本账户及主要结算账户最近六个月的银行对账单	提交复印件，有电子版的最好也提供电子版
20	纳税申报表及完税证明	包括最近三年年末的所有纳税申报表及完税证明

(2)若承租人是个人,承租人需要提供身份证、户口本、银行卡和银行流水等相关资信资料。

2. 承租人资质审核

承租人资质审核是指汽车融资租赁企业对承租人进行资质审查。当承租人为企业时,需审核的内容包括企业的工商注册资料、财务报表和银行贷款卡等;当承租人为个人时,需审核的内容包括户口本、身份证、工作证和收入证明等。在进行企业的资质审核时,可以通过以下渠道对信息进行查询。

(1)国家企业信用信息公示系统。通过国家企业信用信息公示系统可查询企业工商登记信息、动产抵押登记信息、股权出质登记信息、行政处罚信息、经营异常信息、严重违法信息、司法协助公示信息、股权变更冻结信息等。

(2)中国人民银行动产融资统一登记公示系统。通过中国人民银行动产融资统一登记公示系统能够查询企业征信报告。

(3)中国裁判文书网。通过中国裁判文书网可查询企业所涉及的法律诉讼。

(4)中国执行信息公开网。通过中国执行信息公开网可查询企业正在执行诉讼的相关信息及企业有关信用信息。

3. 合同或协议的签订

汽车融资租赁业务涉及的合同或协议有主合同和辅助合同(协议)两类。

(1)主合同。

汽车融资租赁的主合同包括汽车融资租赁合同和车辆购销合同。汽车融资租赁合同主要用于确定汽车融资租赁企业与承租人的各项权利、义务及融资租赁业务的各项内容,如租赁物、租金标准、租赁期限和租金支付方式等。车辆购销合同主要是指汽车融资租赁企业与汽车供货商签订的车辆购销合同,购买车辆需与融资租赁合同中的租赁标的一致。

(2)辅助合同(协议)。

在汽车融资租赁进行时签订的辅助合同主要包括抵押合同、担保合同、程序性合同和协议三种。抵押合同主要是为了进一步保证汽车融资租赁企业的债权得以实现,是汽车融资租赁企业和承租人签订的合同。该合同明确表示抵押物为被租赁车辆,抵押担保的范围包括租赁本金总额、利息、罚息、违约金、损害赔偿金及汽车融资租赁企业为实现债权而支付的费用。担保合同是指在承租人不能按时交租金时,由与承租人有担保关系的第三方代其缴纳租金的合同。程序性合同和协议是指为了保证汽车融资租赁合同的正常履行,租赁双方签订的在租赁业务过程的某一环节中双方权责的有关协议,如代扣授权协议、应收租金债权转让协议、提前放款承诺协议、三方挂靠协议等。

4. 合同或协议的履行

当签订的合同或协议生效后,汽车融资租赁企业向汽车制造商支付货款,汽车制造商向汽车融资租赁企业提交车辆发票及提货单据。同时,汽车融资租赁企业凭汽车制造商的有效发票及单据向车辆管理部门办理牌证和登记手续。当售后回租时,车辆登记在承租人名下的,还应办理车辆抵押给汽车融资租赁企业的抵押登记,汽车融资租赁企业按合同或协议约定向承租人交付车辆,承租人承诺汽车融资租赁企业为受益人,按签订的合同或协议约定向保险公司投保车辆相关保险。与车辆相关的保险项目包括机动车损失险、机动车交通事故责任强制保险、第三者责任险、盗窃损失险、车上人员责任险、车身划痕险、玻璃险和不计免赔险等。承租人需按合同或协议规定，向汽车融资租赁企业支付租金。

5. 合同或协议的终止

当汽车融资租赁的相关合同或协议终止时，若承租人选择购买该车辆，则首先需要变更车辆登记或解除抵押登记，变更承租人为该车辆所购保险第一受益人。同时，汽车融资租赁企业需向承租人移交车辆登记证、备用钥匙等，并将各项合同或协议的各类档案、台账转入存档状态。若承租人不再选择该车辆，则承租人应与汽车融资租赁企业办理有关手续交接，并归还钥匙等有关物品。汽车融资租赁企业在车辆归还后要做好后续的处理工作。

6.3.2.2　汽车融资租赁业务管理系统的使用

汽车融资租赁的标准业务通常由有关工作人员通过业务管理系统完成。该管理系统具备业务信息管理、统计分析功能。本节以某融资租赁有限公司的业务管理系统为例，对汽车融资租赁业务管理系统中的登录系统、承租人管理、项目管理和合同管理等进行简要说明。

1. 登录系统

相关工作人员输入用户名及密码，登录管理平台，进入业务管理系统首页。该首页显示公司最新业务新闻和重要通知。"待办工作"模块显示登录工作人员未完成的工作事项，可提示该工作人员完成工作。"流程中心"模块显示工作人员提交工作的实时进度，保证工作能够及时完成。

2. 承租人管理

承租人管理包括承租人信息的录入、管理、实时更新等功能，以及对承租人资质进行审核评级等功能。

(1) 承租人信息管理。

该模块用于对承租人的信息进行管理。对于已合作过的承租人，可在"修改已审核客户及联系人"模块进行相关信息的更新。新承租人提出汽车融资租赁需求时，需要在"录入客户信息"模块单击"新增"按钮，在弹出的对话框中输入承租人的基本信息，保存并提交。

(2) 厂商战略计划。

该模块用于对合作汽车制造商的信息进行管理。存档的合作汽车制造商信息包括汽车制造商、汽车经销商分布及其有关信息，汽车制造商、汽车经销商针对汽车融资租赁的商业政策等，以便维护汽车融资租赁企业与汽车制造商、汽车经销商的合作关系。

(3) 承租人评级。

该模块主要用于对承租人的信用资质进行评估，依据承租人的评级得分设计租赁方案，以降低风险。

评级的依据主要包括承租人提供的财务报表、相关资信证明及往期资金逾期情况。工作人员将承租人的财务报表数据录入系统，该系统就会根据财务报表数据进行自动评分，而后再经过相关部门的审批，形成对承租人的最终评级结果，以用于为承租人确定授信额度。

3. 项目管理

该模块整合了与业务相关的立项、审批和查询功能。相关工作人员利用汽车融资租赁合同建立新的汽车融资租赁项目以发起审批流程。如图6-9所示为汽车融资租赁业务流程的操作界面。

通过"项目立项查询"功能可以跟进项目审批进度。待项目审批通过后就可以进入"合同管理"模块进行下一步操作。

图6-9 汽车融资租赁业务流程的操作界面

4. 合同管理

汽车融资租赁业务管理系统的"合同管理"模块主要完成与汽车融资租赁相关的合同文本的制作、合同付款等操作。

(1) 合同文本的制作。

汽车融资租赁业务涉及汽车采购合同及汽车融资租赁合同。通过"采购合同录入"和"租赁合同录入"模块，将有关合同的相关参数录入系统，可创建采购合同和汽车融资租赁合同信息，并进入"项目立项审批"工作流程。如果使用的是制式合同，则可以在系统中直接生成文本并交付打印。

(2) 合同付款。

项目管理中的立项审批通过后即开始有关合同的执行，涉及合同付款申请、审批和执行的操作。相关合同的付款主要通过"采购付款申请"及"租赁付款申请"模块完成。

可通过"合同付款"模块查询任意一笔合同的付款记录。

5. 其他

由于汽车融资租赁同时包含融资与融物功能，在系统的设置上，汽车融资租赁业务功能与企业的融资管理功能紧密结合，因而与资产管理和财务管理都整合在一起。

6.3.3 汽车融资租赁资产证券化

6.3.3.1 资产证券化的定义

目前，基于各国实际国情的不同，国际上对于资产证券化还没有一个完整的定义。现阶段比较被大众认可的定义是将资产证券化划分为狭义的资产证券化和广义的资产证券化。

狭义的资产证券化主要是指信贷资产证券化。按照被证券化资产种类的不同，信贷资产证券化可分为住房抵押贷款支撑证券化(Mortgage-Backed Securitization，MBS)和资产支撑证券化(Asset-Backed Securitization，ABS)。本节所讲的资产证券化主要是指资产支撑证券化。资产支撑证券化是指首先将具有稳定且可预测未来现金流的资产打包并重组为基础资产，然后通过一系列的信用升级措施来改善产品的信用等级，以帮助欠缺流动性的资产转变为具备相对较高流动性的资产。该类资产的发行能够在一级市场或二级市场形成可以进行交易转让的证券化产品。

广义的资产证券化是指某一类资产或资产组合采取证券资产这一价值形态的资产运营方式，它不仅包括传统意义上的实物资产证券化，还包括一部分权益运营类资产证券化，甚至还可以与信用衍生品相结合进行资产证券化。广义的资产证券化主要包括以下四类。

(1)实物资产证券化。实物资产证券化是实物资产向证券资产的转换，是指以实物资产和无形资产为基础发行证券并上市的过程。

(2)信贷资产证券化。信贷资产证券化是指将一组流动性较差的信贷资产，如银行的贷款、企业的应收账款，经过重组形成资产池，使这组资产所产生的现金流收益比较稳定并且预计今后仍将稳定，再配以相应的信用担保，在此基础上把这组资产所产生的未来现金流的收益权转变为可以在金融市场上流动、信用等级较高的债券型证券进行发行的过程。

(3)证券资产证券化。证券资产证券化是证券资产的再证券化过程，是指将证券或证券组合作为基础资产，再以其产生的现金流或与现金流相关的变量为基础发行证券。

(4)现金资产证券化。现金资产证券化是指现金的持有者通过投资将现金转化为证券的过程。

6.3.3.2 资产证券化的运作原理

资产证券化的主要运作原理是对基础资产未来现金流的预测和分析。资产证券化产品的流动性直接受基础资产池未来现金流稳定性的影响，其资产证券化产品的设计是否合理，以及资产证券化产品最终能否顺利发行，主要基于资产重组后能否确保未来有稳定的现金流入，以及资产证券化产品的预期风险收益率能否达到投资者预期。

资产重组原理的关键是对基础资产的选择。资产证券化产品的信用评级直接受基础资产池中资产集中度的影响，从而对资产证券化产品的风险和收益产生影响。基础资产池中资产的集中度越高，资产证券化产品的风险就越高。

破产隔离原理是指原始权益人将符合资产证券化要求的资产从公司剥离出去，这也意味着基础资产的未来收益和风险将被转移给特殊目的载体(SPV)，最终实现风险隔离。当原始权益人因经营不善而面临破产风险时，由于存在特殊目的载体，因此已进行资产证券化的那部分资产就不会作为公司的资产进行最后的破产清算。

信用增级原理是指通过一系列的信用增级手段使产品的信用风险得以降低，产品的流动性和安全性得到提升，从而提高产品的信用等级，以此来实现对投资者资产的保护和对风险的管控。资产证券化的运作流程如图6-10所示。

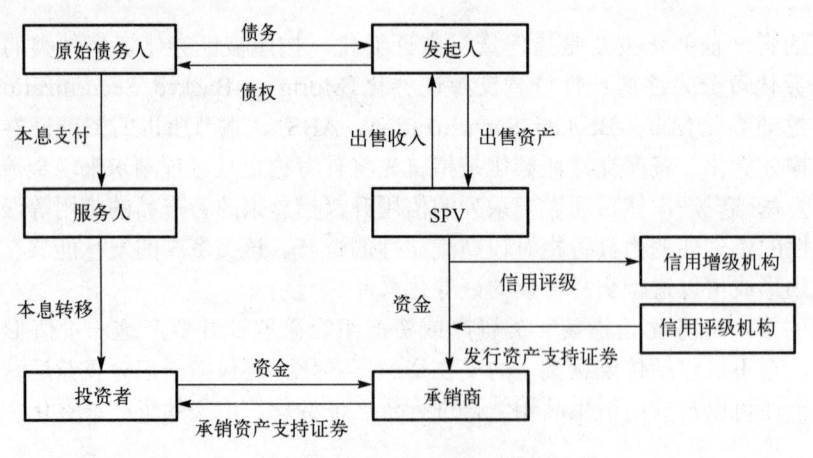

图 6-10 资产证券化的运作流程

6.3.3.3 汽车融资租赁资产证券化的驱动因素

1. 汽车融资租赁债权作为资产证券化基础资产的先天优势

汽车融资租赁债权作为资产证券化基础资产，具有单笔金额小（一般融资额为 6 万元至 10 万元）、区域分散度高、现金流稳定可预测及资产风险极低等优点，完全符合资产证券化对基础资产的相关准入要求，具有进行资产证券化的天然优势。

另外，汽车融资租赁资产的内部收益率较高，通常为 11%~18%，甚至还可以利用牌照租赁费、GPS 安装费、上牌费等额外费用提高内部收益率。因此，能够显著覆盖资产证券化的本息。对于投资人而言，其收益更有保障，甚至可以获得超额利差。

2. 汽车融资租赁企业融资需求旺盛

股权融资和银行贷款是我国汽车融资租赁企业的主要资金来源，其融资渠道较为单一，存在明显的局限性。就股权融资而言，虽然股权融资能够完善汽车融资租赁企业的内部治理结构，但是会稀释创始人及管理层股权，影响有关决策的进行，导致汽车融资租赁企业经营不善。就银行贷款而言，其贷款门槛高、手续烦琐，汽车融资租赁企业很难获得银行贷款的直接授信，使得汽车融资租赁企业的融资规模和融资成本高度依赖于银行政策。此外，汽车融资租赁企业还受净资产 10 倍杠杆的局限。因此，资产证券化为汽车融资租赁企业提供了更广的融资渠道，并在一定程度上实现了资产出表，突破了 10 倍杠杆的限制。资产证券化有望成为未来汽车融资租赁企业的主要融资渠道。

3. 汽车融资租赁企业资产证券化推动企业转型升级

一般来说，汽车融资租赁企业应首先开展不出表的资产证券化以开辟融资渠道，待业务规模增长到一定规模后，再开展出表的资产证券化以获得表外利差收入，从而实现轻资产转型。资产证券化或将成为汽车融资租赁企业重要的金融工具，在有效盘活存量资产的同时，逐步促进汽车融资租赁企业进一步加强风控体系的标准化建设，促进汽车融资租赁企业业务模式的转型和升级。

4. 汽车融资租赁市场的空间广阔

汽车融资租赁市场的广阔发展空间，是汽车融资租赁资产证券化发展的重要基础。汽车融资租赁市场的驱动力包括中国汽车消费市场的增长、有关消费主体和消费观念的转变、汽车金融产品和服务的丰富、个人征信体系的完善、汽车金融市场参与者的日趋多样化，以及汽车金融行业的利好政策等。

6.3.3.4 汽车融资租赁资产证券化的操作要点

汽车融资租赁行业快速发展的同时，机会与风险并存。针对汽车融资租赁资产证券化产品，需要从原始权益人、基础资产池、交易结构设计及资产服务机构等多方面进行信用风险分析。

1. 原始权益人的信用风险分析

(1) 原始权益人的业务模式。

汽车融资租赁业务可以渗透进汽车产业的各个环节，既包括新车市场和二手车市场，也包括B端市场和C端市场。因此，在分析汽车融资租赁资产证券化产品时，首先要识别其原始权益人的业务模式。例如，"人人租"面向二手车经销商提供租赁服务，为汽车经销商提供周转资金，是针对B端市场的融资服务；"先锋太盟"针对个人购车消费者(C端市场)提供租赁服务，既包括一手车消费者也包括二手车消费者，并通过汽车经销商引流；"有车有家"针对个人购车消费者(C端市场)提供租赁服务，其通过"汽车之家"进行线上引流。

(2) 渠道稳定性和消费者黏性。

在厘清汽车融资租赁企业的业务模式后，需要对其业务模式的合理性、持续性、营利性进行判断。渠道稳定性强、消费者黏性高、综合成本低的业务模式，其现金流的稳定性就更有保障。在维护针对B端市场渠道的同时，汽车融资租赁企业除需为汽车经销商提供进一步发展所需的资金外，还需为汽车经销商提供其他的增值服务来维持消费者黏性。例如，通过互联网技术和现代信息管理手段，改善汽车经销商的存货管理和现金管理能力，提升汽车流通过程中的风控水平、降低汽车流通过程中的交易成本，以及通过分析消费者信息，为汽车经销商提供市场行情资讯和价格调整建议等。针对C端市场，渠道的稳定性基于信息透明度高、薄利多销、便捷的购买体验和完善的售后服务保证等方面。

(3) 业务模式中的风控制度与风控把控能力。

由于汽车融资租赁业务是对传统汽车金融公司和商业银行提供的汽车金融服务的补充，其准入门槛相较传统金融业务低，因此其风险把控能力对于业务的可持续性具有决定性作用。

识别风险把控能力可以从市场准入、租赁物准入、租赁物保管、抵押物处置等方面入手。例如，在针对B端市场的租赁服务中，仅选取区域龙头汽车经销商作为合作伙伴；除和二手车经销商签订合同外，还要求其法定代表人、股东及其配偶提供连带责任担保；在对租赁标的物进行管控时，需要将租赁车辆的钥匙、行驶证、登记证、发票等相关物品及凭证移交专门部门进行保管；针对GPS导航管理、标的物的管控、现场核查等建立定期与不定期的现场管理制度；建立基于大数据的车辆评估体系与第三方估价标准，放款额度与评估额度的比重不超过70%等条件。

此外，风控制度的具体落实情况、系统和人员支持等也是识别风控把控能力的关键要素。

2. 基础资产池的信用风险分析

(1) 集中度分析。

汽车融资租赁债权作为基础资产的特点是入池资产笔数多、单笔资产金额小、基础资产池高度分散,这些特点都较好地体现了资产证券化分散度高的产品优势。但由于底层资产数量较大,产品绝对分散度较高,因此需要注意资产的地域集中度和品牌集中度问题。从现有产品看,汽车融资租赁资产证券化的集中度较低。

(2) 安全性分析。

由于汽车贷款具备单笔资产金额较小、抗周期性的特点,因此对于资产池安全性分析的重点在于贷款人准入条件、首付比率、历史逾期率、违约率、早偿率、回收率、加权平均剩余期限、加权平均贷款利率、影子评级或信用评分等方面。对于汽车融资租赁企业甄别和选择承租人、风险预警和处置流程等都需要重点关注。

(3) 新车和二手车比例。

一般而言,由于二手车的交易价格依据使用年限不同已经包含了一定的折价,因而新车的跌价比率较二手车相比更高。因此,要重点分析新车和二手车的比例。

(4) 承租人性质。

汽车融资租赁的承租人以企业或个人为主。以个人为承租人的汽车租赁租金一般较少,资产池的分散性更强。整体而言,以企业为承租人的逾期率低于承租人为个人的。

(5) 车辆类型。

不同类型的车辆有不同用途,其现金流的稳定情况也有较大差异。对于非个人消费用车辆,可能面临现金流不稳定的情况,影响资产支持计划的现金流预测与优先级安全性。例如,重型卡车的二手车估值困难,残值波动较大。

对于汽车融资租赁资产的调查分析,除应在合规层面进行尽职调查外,还应通过抽查租赁合同、电话回访承租人、查询车辆 GPS 运行轨迹等方式,提高尽职调查的效果。

3. 交易结构设计的信用风险分析

(1) 现金流分配。

对于汽车融资租赁资产证券化的交易结构,应该关注现金流分配机制,尤其当汽车融资租赁资产证券化具备某些信用触发机制时,信用触发事件很有可能会改变现金流分配顺序。

(2) 信用增级措施。

汽车融资租赁资产证券化的内外部信用增级与一般租赁资产证券化的信用增级方式相同,均需从优先/劣后分层、超额抵押与超额利差、外部信用增级、循环购买、储备账户设置、信用触发机制安排等多个角度进行分析。以下举例说明。

① 优先/次级结构设置。

对于汽车融资租赁资产证券化产品而言,分层结构是保证汽车融资租赁资产证券化产品信用的一个重要措施。作为最基本的信用增级手段,分层结构是保障交易结构风险隔离的基础,基础资产回流现金所包含的风险也因此能按照既定的分级结构划分。一般而言,次级档会对优先档产生一定的支持作用,因而次级档的比例越高,其信用增级的比例越高。

② 超额抵押与超额利差。

通过做大资产池的方式为产品信用增级也是汽车融资租赁资产证券化常用的信用

增级手段。一方面，做大资产池需要注意超额抵押部分的资产现金流回流时间是否处于产品存续期内；另一方面，汽车融资租赁贷款的利率相对较高，可以形成较好的利差保护，也为投资人提供了相对丰厚的收益增强效果。

③ 外部信用增级。

汽车融资租赁资产证券化产品需要原始权益人提供差额支付承诺或股东方、关联方提供第三方担保，对于外部担保主要分析其担保效力、担保履约意愿、担保履约流程等。部分产品还会设置基础资产回购条款，对于基础资产回购条款的触发条件、回购的具体安排也需要进行有效性判断。

④ 循环购买。

部分汽车融资租赁资产证券化产品涉及循环购买池的设计。循环购买的关注要点是资产持续可获得性和资产质量的一致性。这部分的分析和汽车融资租赁企业的业务模式、渠道稳定性和消费者黏性密切相关。

4. 资产服务机构的信用风险分析

部分汽车融资租赁资产证券化产品的原始权益人和资产服务机构是分离的。资产服务机构为车辆融资租赁业务提供助贷服务，并进行实际车辆融资租赁的消费者选择、租赁标的价值评估、租赁业务的贷前审核、贷中及贷后管理、贷后回收等工作。汽车经销商或信息中介平台组建的汽车融资租赁公司，实际仅持有汽车融资租赁牌照，其业务开展还需要依赖有经验的资产服务机构。在此背景下，资产服务机构的历史业绩、业务流程、风控标准都成为识别业务可持续性和现金流稳定性的重要内容。

6.4 汽车租赁案例分析

> 分析案例

至尊租车——开创汽车租赁新经营模式

至尊汽车租赁股份有限公司(以下简称"至尊租车")成立于2006年1月，是中国第一家通过使用信用卡、身份证、驾驶证的"两证一卡"模式进行租车的全国连锁汽车租赁企业。在该公司进行汽车租赁业务时，消费者无须提供担保和押金。消费者可以通过至尊租车的互联网平台、全国统一热线等途径实时预订车辆，并可在全国任意城市、任意门店享受异地取还车服务。所有预付、结算业务都只需通过一张信用卡就可在短短的几分钟内完成。

迄今为止，至尊租车已在全国三十多个城市开设了百余家门店，拥有自购车辆一千多辆，是目前中国规模最大、车辆最多、网点最广泛、服务最专业的连锁汽车租赁企业，堪称中国连锁汽车租赁行业的先驱。基于对市场透彻、深刻的分析和了解，至尊租车选择了最为恰当的市场时机，果断而谨慎地开创了中国连锁汽车租赁行业的先河。

全国连锁、异地取还车，是至尊租车与传统汽车租赁企业最大的差异。借鉴国外巨头的成熟经验，对国内市场进行仔细分析后，至尊租车认为："中国未来的汽车租赁主力消费者将是商务人士和旅游人群，必须构建起覆盖全国的经营网络，才能满足市场需求。"

至尊租车成立之初，将规划全国的网络布局作为其工作重点。北京、上海、广州、深圳等商业城市，以及海南、杭州、西安、桂林、长沙等旅游城市都是至尊租车第一批构建营业网点的城市。同时，至尊租车以这些城市为核心，向全国一二线城市及周边城市逐步辐射，最终形成了全国范围的经营网络。

如今，在全国各城市机场到达大厅，都能看到至尊租车的营业柜台和鲜活明快的橙红色 Logo。在不同城市之间往来的消费者一下飞机便可提车，极大地提高了租车的便捷性。至尊租车也因此成为国内第一家进入机场大厅营业的连锁汽车租赁企业。

占据了机场这一"咽喉要道"后，至尊租车迅速在重点城市的商业中心、交通枢纽、住宅小区增加直营店，不仅方便了消费者在同城取还车，也为汽车租赁最终能服务于普通百姓，并成为一项大众消费品奠定了充分的网络基础。

作为国内第一家以连锁形式开设全国直营店的汽车租赁企业，至尊租车从成立之初便面临着庞大的车辆、人员、资金管理及车辆风险方面的种种现实问题。互联网的应用、IT 技术、企业经营管理机制对于至尊租车的发展至关重要。至尊租车大胆尝试，首创连锁经营管理体系，为整个行业的运作提供了范本。

（1）结算体系：至尊租车全国三十多家分公司、一百多家门店统一通过 POS 终端，以信用卡方式进行每一笔业务的结算，避免了庞大的现金收支管理，简化了门店的财务管理。

（2）身份甄别体系：借助先进的证件甄别系统，与相关部门联网查询，对租车人的真实身份进行有效甄别。与银联网络及各大银行合作，凭借银行信用卡对租车人信用进行甄别，控制风险。

（3）保险及理赔体系：与国内各大保险公司合作，为所有车辆购买全面完善的保险，不仅解决了承租人的后顾之忧，为其汽车租赁企业降低了经营风险，也提高了至尊租车的事故处理效率。

（4）车辆监控体系：汽车租赁企业最大的风险是车辆安全。至尊租车的车辆监控系统可以做到对该公司的任何一辆车进行实时监控。所有待出租车辆，在没有信用卡结算系统发来的预授权订单之前，谁也无法开动。同时，每次车辆进出时都要核对公里数、油耗等参数。至尊租车旗下的车辆还配备了 GPS，当任何一辆车出现异常情况时，总部都可以及时发现。

（5）电子商务平台：若要在很短的时间内将业务扩展到在几十个城市、开设上百家门店、车辆的规模发展达到千辆以上，并且为数以万计的庞大消费者群体提供体贴的服务，就必须很好地利用现代通信技术和互联网技术。至尊租车在创立之初办的第一件大事就是建设企业的电子商务平台。企业 ERP 系统、CMS 系统、OA 系统、短信平台、呼叫中心支持系统、网络培训系统、公司网站、门店多媒体咨询终端系统等都陆续上线，使得会员服务、租还车业务、车辆的维护及监控、内部作业管理等都得以有效展开，并且做到紧密关联和相互支持。

至尊租车的电子商务平台还为消费者提供了全方位的服务渠道。消费者可以方便地通过各门店的多媒体咨询终端、至尊租车的官网或电话服务中心预约租车，查询自己的消费情况，并随时对自己的账户进行充值。这一电子商务平台，为至尊租车内部的日常业务操作及管理提供了强大且高效的支持后盾。全国所有门店的相关数据和凭证都实时地在该网络平台上流转和共享。同时，在对外合作方面，至尊租车和许多合作伙伴之间实现了电子数据自动交换，在业务上做到无缝对接。

(6) 车辆保养维护体系：至尊租车的所有运营车辆均统一从汽车制造商处购买，并基于消费者的不同需求，完善了产品体系。至尊租车以家用型、经济型、商务型车辆为主力车型，并只在4S店统一进行车辆的保养和维护，以确保车辆的安全可靠。为保证消费者良好的消费体验，至尊租车将运营车辆的使用期限定为自车辆购入后2~3年。超过这一年限后，这些车辆将会转售给二手汽车收购商。至尊租车开创的这种"新车购买—车辆运营—二手车转售"体系，为至尊租车打造了一条完整的汽车租赁产业链。

(7) 统一服务体系：至尊租车非常重视连锁服务的统一化、标准化。与所有连锁企业相同，至尊租车全国所有门店做到统一价格、统一服务、统一着装、统一装修，力争在每一个细节上，使消费者的消费体验在全国保持一致。

连锁汽车租赁行业是一个重资产投入、高成本、低利润的服务行业，汽车保有量决定了企业的规模和利润空间。汽车租车行业并不存在技术门槛，也不能仅依靠大量的广告激活市场需求。稳步发展，细分市场，将市场做深、做透是汽车租赁企业发展的关键。

本 章 小 结

汽车租赁作为我国汽车销售的一个中间环节，不仅有效地连接了汽车产业链的上下游，还满足了有关消费者的出行需求。汽车租赁作为我国的一个新兴产业，虽然其发展相较于欧美发达国家较为迟缓，但就现状来看，汽车租赁有望带动我国经济实现再一次增长。

关 键 词

汽车租赁；经营性汽车租赁；汽车融资租赁；汽车融资租赁ABS

思 考 题

1. 简述汽车租赁可以如何分类。
2. 简述经营性汽车租赁。
3. 简述经营性汽车租赁的租后服务有哪些。
4. 简述汽车融资租赁的业务流程。
5. 简述汽车融资租赁资产证券化运作原理。
6. 简述汽车融资租赁资产证券化有哪些要点。

参 考 资 料

[1] 陶小培，晁松杰. 我国汽车租赁市场的现状与研究[J]. 漯河职业技术学院学报，2018，17(1)：68-70.

[2] 林欣龙. 我国汽车租赁业经营模式研究[D]. 西安：长安大学，2015.

[3] 张晨. 国内外汽车租赁行业发展情况与趋势研究[J]. 现代经济信息，2016(12)：346-347.

[4] 江载舟. "长期租车，胜于买车"——台湾汽车租赁业生机盎然[J]. 中外企业文化，2007(1)：58.

[5] 曾雯. 汽车融资租赁资产证券化研究[D]. 南昌：江西财经大学，2020.

[6] 张立章，徐顺治，纪雪洪，等. 汽车分时租赁行业发展政策研究[J]. 宏观经济管理，2019(7)：85-90.

[7] 陆晓龙. 汽车融资租赁业务模式与信用风险管理[J]. 上海汽车，2014(7)：30-33.

第 7 章

二手车交易

📝 【教学目标与要求】

1. 了解我国二手车交易现存问题及其发展概况；
2. 掌握二手车交易的基本原则；
3. 了解我国二手车交易市场的设置与基本功能区域结构；
4. 了解我国二手车交易市场的商业模式；
5. 了解二手车的鉴定与评估。

📖 【思政目标】

1. 加强职业道德教育，树立诚信评估、全心全意为人民服务的理念；
2. 正确认识自我，取长补短，奋发前进，做有理想、有能力、有担当的时代新人。

> **导入案例**
>
> **二手车之家**
>
> "二手车之家"成立于 2010 年,是我国访问量最大、资讯最真实、最值得用户信赖的二手车网络交易平台。"二手车之家"运用成熟的互联网技术,建立了公正、严格、周密的交易体系,以真实的二手车信息为基础,将政策解析、价格评估、担保、置换和保险等服务贯穿于二手车交易的各个环节,以诚信、便捷为己任,推动我国二手车行业的良性发展。
>
> 经过两年的发展与持续壮大,"二手车之家"于 2013 年成功超越同期所有二手车网站,达到日均独立用户覆盖量最大的目标。
>
> "二手车之家"秉承消费者利益至上的原则,为广大用户提供了一个庞大、真实、有效的二手车车源展示平台,后续还将整合用户最为关注和有需要的价格评估、信用担保、汽车保险等多项线下业务,全面解决用户在买卖二手车过程中可能存在的问题,为用户提供全方位的服务。
>
> 同时,由于"二手车之家"的前身隶属"汽车之家"的"二手车频道",因此在保留了前身原有结构和功能的基础上,"二手车之家"将更多的二手车信息根据分类明确、审核严格的原则进行发布和展示,同时新增工具性的资讯内容,为有买卖二手车需求的用户解决流程手续等各种问题。现今的"二手车之家"主要包括以下六种功能。
>
> (1)卖车:免费发布卖车信息,用户可直接上传车辆照片,支持离线填写车源信息并保存。
>
> (2)筛选:完全同步"汽车之家"的"二手车频道"车源信息,可根据车牌车型、价格、级别、车龄、里程、变速箱等查找感兴趣的车源。
>
> (3)热门:根据 GPS 定位用户所在的城市,每天提供 30 款热门车源供用户参考。
>
> (4)收藏:用户可以收藏感兴趣的车源,以便随时查找并联系卖家。
>
> (5)特色功能:一键拨号联系卖家,并为车源提供个性化的排序规则等。
>
> (6)车辆信息翔实:翔实的车辆信息及全实拍图片,便于用户直观了解车辆现状。
>
> 本章将就二手车交易的相关概念及有关业务的操作流程进行相关讲解,帮助读者有效防范二手车交易过程中可能出现的相关风险,保证资金财产安全。

7.1 二手车交易概述

7.1.1 二手车交易的定义

依照我国现行有关法律规定,二手车是指已经在公安交通管理机关登记注册,在达到报废标准之前或在经济寿命期内仍可继续使用,并进入市场交易的车辆。无论车辆交易方式如何、交易主体如何,只要进行了所有权转移登记,该车辆即为二手车。而二手车交易是指以二手车为交易对象,在国家规定的二手车交易市场或其他经合法审批的交易场所中所进行的二手车商品交换和产权交易。需要特别注意的是,二手车必须在完成所有权转移登记后,才算作合法、完整的交易。

二手车交易的盛行给有需求的汽车购买者提供了更多高性价比的选择。一般来说，二手车的车龄可以为分三个时间段：第一个时间段是购车后的 3 年以内，从性价比上来说，这个时间段二手车的折旧率是最高的，其二手车价格大约是新车裸车价格的 70%左右；第二个时间段是购车后的 3～6 年，这个时间段二手车的最大特点是价格便宜，有时甚至可以用新车裸车价格的一半就能买到，而且无须缴纳购置税，可以省去许多麻烦；第三个时间段是购车后的 6～10 年，虽然此时的二手车在价格上相当优惠，但车况比较差。有关数据显示，在我国二手车交易过程中，车龄在 3～6 年的二手车辆转手最快，交易量最高。

二手车交易的进行，在不同程度上满足了消费者的用车需求，优化了汽车分配循环，以二手车的盈利支持新车销售，促进了汽车新车交易的发展。同时，二手车交易的进行对于提升汽车经销商的销售能力，增加汽车价值链增值点，平衡我国各地汽车市场的发展有着重要的推动作用。

7.1.2 二手车交易的原则

7.1.2.1 自愿原则

(1)在二手车交易活动中，交易双方有权自主决定是否参加某一交易活动，不受任何人的非法干涉。

(2)在二手车交易活动中，交易双方有权自主决定交易的对象、交易的内容及交易的方式等。

(3)在二手车交易活动中，交易双方之间交易关系的确立、变更或终止，均以双方真实自主的意愿为基础。

7.1.2.2 平等原则

(1)在二手车交易活动中，交易双方不受经济实力强弱、社会地位高低及其他外在因素的影响，交易双方都应具有平等的法律地位。

(2)二手车交易双方在交易活动中相互间的权利、义务的设定，都应是双方自愿协商、意思表示一致的结果。

(3)二手车交易双方在交易活动中必须尊重双方的独立地位，一方不能迫使另一方服从自己的意志。

7.1.2.3 公平原则

(1)在二手车交易关系中，交易双方在享有权利和承担义务上不能丧失公平，更不能一方只享有权利，而另一方只承担义务。

(2)在二手车交易活动中，消费者和经营者作为二手车交易的两个主体都享有公平交易的权利，但由于在交易活动中，消费者往往处于弱势地位，因此更需要强调其享有公平交易的权利，以便从法律上给予保护。

(3)所有二手车交易经营者在交易手段的利用和交易机会的获得等方面都应享有同等的权利。

(4)在二手车交易活动中，应确保二手车交易经营者的正常经营活动和其他合法权益不受任何不正当的妨害。

7.1.2.4 诚实信用原则

(1)二手车交易经营者不得采用欺骗手段从事二手车交易活动,不得谋取非法利益,不得分割其他二手车交易经营者的合法权益。

(2)二手车交易经营者应该恪守诺言,严格履行合同义务。

7.1.2.5 遵守公认的商业道德的原则

二手车交易经营者应遵守自愿、平等、公平、诚实信用等商业道德。

7.1.2.6 管理与经营分离的原则

为体现交易公平,二手车交易市场应遵循二手车交易管理者与二手车交易经营者分离的原则,二手车交易市场的工作人员不得从事二手车交易活动。

7.1.3 二手车交易市场的设置

我国的二手车交易主要依托二手车交易市场进行,而二手车交易市场的设置应该符合我国有关政策规范,并应满足以下条件。

(1)二手车交易市场的主体应具有企业法人资格,市场开办者应符合有关法律法规规定的资格条件。

(2)新建二手车交易市场应符合本地区商业发展规划等要求。

(3)新建二手车交易市场应当具有与经营活动相适应的经营场所,即设有查验区、评估区、交易区等功能区域,提供车辆展示、查验、评估、交易等设施和服务。

(4)二手车交易市场应当具备二手车合法性审核功能。

(5)新建二手车交易市场的经营者应当依法办理工商登记等注册手续。

同时,二手车交易市场应当具备二手车车况评估、二手车交易商品信息发布、二手车售前咨询服务、二手车车辆展示、二手车车辆信息查询、二手车交易相关服务和二手车交易售后维权等功能。二手车交易市场应当充分发挥市场监管主体作用,规范有关二手车交易行为。

特别需要注意的是,二手车交易市场的建设除必须满足本地区的有关商业建设要求外,还必须保障以下基础功能区域的设立。

(1)查验区域:在二手车交易市场的查验区域内,进行待交易二手车的唯一性、合法性的确认。

(2)评估区域:在二手车交易市场的评估区域内,由第三方评估机构对相关二手车车辆的实际情况进行综合评估。

(3)展示区域:在二手车交易市场的展示区域内,设置品牌展示厅或展示区以进行实际车辆样品的展示。

(4)交易大厅区域:在二手车交易市场的交易大厅区域内,设置二手车相关信息咨询服务窗口、二手车评估服务窗口、二手车交易结算窗口、有关车辆证照审核办理服务窗口,以及有关信息公示牌、信息自助查询终端、客户休闲区等设施。

(5)综合服务区域:在二手车交易市场的综合服务区域内,设置餐厅、便利店等设施,为所在区域内的有关人员提供生活服务,也可设置汽车维修、美容区,为二手车购买者或有关消费者提供车辆维护服务。

(6)道路及绿化区域：在二手车交易市场的道路及绿化区域内，设置车辆分流畅通的主干道，并进行环境绿化。

7.1.4 我国二手车交易的发展历程

我国的汽车工业相较于其他欧美发达国家起步较晚，使得我国入局二手车行业至今只有短短的三十多年。

1990 年，我国社会正处转型期，二手车交易市场刚刚兴起。当时的二手车交易处于自由交易状态，加之没有相关的法律法规去约束和规范市场行为，整个二手车交易方式基本上以"车贩子"倒卖车辆为主。同时，由于当时我国汽车产能和有关市场的资金压力，制约了我国二手车交易市场的发展。

国家贸易部在 1998 年发布了《旧机动车交易管理办法》（以下简称《办法》）。该《办法》的施行为我国的二手车交易市场提供了可以依据的规范，各地开始逐渐建立旧机动车交易中心，二手车交易市场开始稳步发展。但旧机动车交易中心仅维持了八年左右。

为加强二手车流通管理，规范二手车经营行为，保障二手车交易双方的合法权益，促进二手车流通健康发展，2005 年 8 月，依据国家有关法律、行政法规，商务部、公安部、工商总局、税务总局联合发布了《二手车流通管理办法》，将其定于同年 10 月 1 日起开始实施。《二手车流通管理办法》的施行进一步从政策和法律层面规范了我国二手车交易的进行，使其不再依赖于旧机动车交易中心。同期，二手车委托寄卖、二手车置换、二手车经销等二手车交易形式的出现，使我国二手车交易方式呈多元化发展。我国二手车交易市场逐渐走上正规化发展道路。

随后，伴随着我国数字化进程的推进，二手车交易市场再次迎来了新的发展局面。二手车电商的出现极大地方便了二手车买家和卖家的交易行为。由于大量二手车电商的出现，吸引了大量的资本对其融资，二手车电商被推向一个新高度。特别是在 2015 年，二手车电商进行了广告投放大战，地铁、电视、电梯、网络，几乎所有能够投放广告的地方都能看到二手车电商的身影。我国二手车交易市场进入了百家争鸣的时代。

截至目前，二手车交易市场仍是我国二手车流通的主要渠道。

7.1.5 我国二手车交易的现存问题

目前，我国的二手车交易发展速度较快，但与之匹配的相关政策法规及市场秩序等外部条件并不完善，导致部分市场秩序混乱。我国二手车交易市场至今仍存在着较大的问题。

7.1.5.1 二手车评估标准不统一

二手车车况的评估结果，直接决定了二手车的价格。我国二手车交易市场的发展规模大、遍布范围广，所处位置分散，对于二手车车况的评估标准不统一，导致在进行二手车交易活动时，对同一辆车的估价会出现很大的差异。消费者对于二手车最关心的是质量和性能，因为这直接决定了二手车的最终成交价格。而我国现阶段对于二手车质量和性能的评价没有一个统一的标准，大部分是依靠有关评估师的实际经验进行估价，导致同一辆二手车出现不同估值。

7.1.5.2 二手车交易信息不对称

我国没有对车辆信息进行系统的录入和统计，特别是对于新车销售后的汽车维修信息、事故记录信息等，使得二手车车辆的具体信息全部掌握在二手车车主手中。在进行二手车交易活动时，部分二手车车主为获得更高估价而隐瞒车辆的部分信息，而在这部分隐瞒的信息中，可能有消费者最关注的维修记录信息和事故记录信息。同时，我国大部分的二手车交易主要通过二手车经销商进行。由于消费者对二手车交易经销商的不信任，往往会寻求第三方机构（如评估机构）的帮助，但某些第三方机构联合二手车经销商，故意隐瞒车辆细节以便提高二手车的售价。由于存在二手车交易信息不对称的问题，往往使得消费者所购买的二手车大多存在质量差、性能不好等问题，极大地制约了我国二手车交易行业的发展。

7.1.5.3 售后服务能力不足

在实际的情况中，二手车售后服务的全流程相较于新车的售后服务存在明显的不足。由于二手车交易多为线下交易，加之我国有关政策法规并不完善，很多二手车经销商在二手车交易成功后就对二手车不再提供任何售后服务。交易车辆出现问题后，二手车经销商往往要求消费者自行解决，甚至有时还出现店大欺客的现象。有些二手车经销商虽然提供售后服务，但往往也是敷衍了事。售后服务的无法保障使消费者的购买欲望大大降低，同时也使得二手车交易在消费者心目中的口碑大大下滑，在一定程度上增强了消费者的防备心理，为二手车交易行业的发展埋下了极大的隐患。

7.2 二手车交易的商业模式

7.2.1 二手车超市模式

汽车超市凭借多品牌同场经营、提供"一站式"服务及拓展规模效益，降低了汽车经销商的销售费用，最终降低了汽车售价，因此在各国广为流行。同时，汽车超市既是汽车销售中心，又是休闲娱乐的场所，消费者在这里可以充分体验汽车文化。汽车超市以汽车交易服务为主体，且不断拓展汽车交易服务的外延，使汽车交易服务的效益最大化，是对传统汽车销售方式的有力补充。二手车超市正是借鉴汽车超市发展而来。

二手车超市的出现，既为二手车经销商提供了经营机会，又让消费者"看得明白，买得放心"。目前，二手车超市正在国内蓬勃发展，在我国二手车交易中发挥着重要作用。

首先，二手车超市作为二手车的展示舞台，吸引了广大消费者驻足。同时，二手车超市也为入驻的汽车品牌提高了曝光率。以往，二手车交易市场普遍存在着相关管理、操作不规范等问题，某些二手车经销商借助漏洞进行违规操作，降低了二手车消费者的购物体验，破坏了二手车交易市场的品牌形象。而二手车超市的出现，可以使潜在的二手车消费者更加方便、快捷地了解二手车交易流程。可以预见，二手车超市对于提高潜在二手车消费者对二手车经销商的认知度和信赖度，并最终达成二手车交易具有重要意义。

目前，二手车超市以标准化产品、流程化管理、规模化发展为经营理念，通过对认证车辆的全程质量监控，为全国的二手车消费者提供性价比高、品质有保障的专业二手车产品及服务，使消费者更加清楚地了解二手车购买流程、二手车维修及二手车售后服务等相关事宜，培养消费者的二手车消费意识，扩大二手车的潜在消费市场。

其次，二手车超市聚集了各种品牌的二手车和多家二手车经销商，代表了一种全新的、符合时代发展潮流的二手车销售新模式。各二手车经销商之间的竞争在活跃二手车交易市场的同时，也为二手车交易形式带来了创新和发展。这对于我国二手车交易的发展来说具有以下两方面的意义。

(1) 二手车超市将成为我国二手车销售公司网络布点中的典范，具有样板示范作用。

(2) 二手车超市将成为我国二手车销售公司实验各种二手车销售模式的基地。一方面，由于二手车超市内部存在竞争，使之不断产生二手车交易新模式，极大地激发了二手车经销商的创造力；另一方面，二手车超市中聚集了各种品牌的二手车和多家二手车经销商，货源多且流动快，是进行各种营销及交易模式实验的天然"良港"。

二手车超市的出现，必将改变消费者对传统二手车经销商的不良印象，从而进一步推进我国二手车交易行业的发展进程。

7.2.2 二手车拍卖模式

我国二手车拍卖的发展缘起20世纪90年代初期，各地为解决政府缉私罚没机动车处置问题而设立了机动车拍卖中心。在20世纪90年代末，被司法机关查封扣押的机动车开始进入拍卖市场，逐步取代缉私罚没机动车，成为机动车拍卖的主要来源。

2005年以后，汽车开始大规模走进中国百姓家庭，二手车交易市场逐步活跃，拍卖在二手车交易中的作用日趋显著，专业机动车拍卖企业应运而生。而后，我国逐步出台相关法律法规以对二手车拍卖行业进行约束。2015年，我国全面推行公务用车改革，这一举措将二手车拍卖行业推向新的发展高度，同时带动了二手车拍卖行业的市场化进程，使我国二手车拍卖行业保持持续稳定的发展。

7.2.2.1 二手车线下拍卖

二手车线下拍卖即二手车现场竞拍。二手车拍卖公司往往会在固定的时间和场所举行二手车拍卖会。参与二手车拍卖活动的有与二手车拍卖公司签约的商家、会员或个人。

在二手车线下拍卖活动开始前，通常会指定一个专门的时间和地点，让二手车买卖双方对所拍卖的二手车进行鉴定。当二手车卖家将二手车放置于二手车拍卖公司的特定场地供二手车买家进行鉴定时，二手车卖家除需与二手车拍卖公司签订一份委托代理拍卖协议外，还需为所拍卖车辆设定保底价格。

在二手车线下拍卖活动开始后，二手车买家会根据自己对该二手车鉴定的结果举牌竞拍，最终价格最高者中标。当中标价低于车辆保底价时，二手车卖家有权决定卖与不卖，且无须支付任何违约费用。当中标价高于二手车保底价时，二手车卖家依旧有权决定卖与不卖；若二手车卖家同意将二手车售出，则二手车拍卖公司会按照实际中标价将车款支付给二手车卖家，通常不会收取任何费用，但会收取二手车买家相关服务费用；若二手车卖家不同意将二手车售出，则二手车卖家需要按事先签订的委托代理拍卖协议支付规定额度的违约金；若二手车买家中标后不同意购买二手车，则二手车拍卖公司会扣除二手车买家之前交纳的保证金，同时会向二手车卖家支付相应额度的违约金。在二手车线下拍卖活动结束后，只要交易成功，就由二手车拍卖公司负责办理相关二手车的有关手续，并且保证有关手续完整地办理完毕。

二手车线下拍卖的优势明显：对于二手车买家来说，可以亲身体验整个二手车线下拍卖过程，如二手车拍卖现场鉴定车辆、二手车拍卖现场举牌竞价等，从而可以根据实际情况做出应有的判断；对于二手车卖家来说，二手车线下拍卖的进行除可省去复杂烦琐的有关流程外，还更加高效、高价地售出了自己的车辆，节约了相关交易成本。

7.2.2.2　二手车线上拍卖

二手车线上拍卖是指将互联网的技术优势有效地与二手车拍卖相结合，通过电子竞价、专业的检测系统等服务，将传统的二手车现场拍卖转移至互联网上，使二手车买家通过互联网找车、竞拍。

这种拍卖方式可以最大限度地降低二手车买家在购买环节的人力投入和时间投入。同时，由于互联网不受区域限制，全国各地的二手车买家只要注册并登录竞拍平台，就可以参与竞拍。二手车线上拍卖通过竞价机制，最大限度地放大了二手车的价值。也就是说，如果二手车卖家需要进行二手车线上拍卖，只需要把进行拍卖的二手车送到二手车拍卖公司固定的检测地点，就会有专业的评估人员对该二手车进行检测、评估及信息记录。在检测完成后，相关负责人会把该二手车的检测评估报告及车辆信息发布到互联网上，让有需求的二手车买家进行竞价。同时，二手车买家可以通过互联网了解二手车竞拍过程。二手车线上拍卖的最终成交方式与二手车线下拍卖类似。

7.2.3　二手车拍卖注意事项

7.2.3.1　二手车拍卖前

(1) 二手车拍卖公司选择。

二手车拍卖公司的资质会直接或间接地影响二手车拍卖能否顺利进行。对于二手车卖家而言，如果选择资质较差的二手车拍卖公司，则该二手车拍卖公司可能无法保障二手车拍卖的成功进行，因此二手车卖家会耗费较大的人力成本和时间成本。同时，在签订的委托代理拍卖协议中，容易出现不合理条约，导致无论二手车拍卖成功与否，二手车卖家都需要付出一定的代价。对于二手车买家而言，如果选择资质较差的二手车拍卖公司，则容易存在二手车交易的风险，有可能出现二手车卖家联合二手车拍卖公司进行二手车评估报告造假或在拍卖结束后更换有关车辆，以次充好。

(2) 二手车报废时间和市场行情。

在进行二手车竞拍前，二手车买家应该对已选中的二手车进行核查。例如，查看该二手车是否在年检有效期内，若该二手车为新车，但是在六年内未通过或未进行年检，或者该二手车为超过十五年的旧车，且连续一年半内未通过年检，都将被强制执行报废。同时，在进行二手车的竞拍前，二手车买家应关注同款车辆当时的市场价格，不要盲目竞拍。

7.2.3.2 二手车拍卖时

在进行二手车拍卖时，二手车买家应秉持理性竞拍的原则，不要盲目竞拍。同时，要预防二手车卖家或二手车拍卖公司的恶性叫价行为。当二手车买家发现拍卖价格超过现有预算或遭遇恶性竞价行为时，应及时收手，以保证自身财产安全。

7.2.3.3 二手车拍卖后

当二手车拍卖完成竞价后，虽然二手车拍卖公司会帮助买卖双方完成后续有关手续，但仍应注意以下问题。

(1) 办理二手车过户前应检查该二手车有无违法记录。当竞拍成功后进行过户时，二手车买家应登录该二手车所在地的交管局网站或相关的车管所网站，输入牌照号查询违法记录。如果该二手车有违法记录，则应督促二手车卖家及时缴纳罚款、消除违法记录，以免影响交易的达成。

(2) 检查行车执照(行驶证)的副页，以此来确定该二手车是否已正常年检。如果该二手车没有正常进行年检，则二手车买家无法办理过户手续。

(3) 二手车买家应该对二手车卖家的身份证、车辆原始发货票、车辆购置附加费(税)证明、机动车行驶证、养路费证明、年检证明及保险单等二手车相关文件进行仔细检查，确认无误后才可过户。

(4) 二手车过户手续完成后，需要及时办理相关保险更名手续，以免发生不必要的纠纷。

7.2.4 二手车置换

7.2.4.1 二手车置换的定义

二手车置换从狭义上讲是指二手车"以旧换新"的业务，即二手车车主用手中的二手车置换新车或不同款型的二手车。在二手车置换交易期间，二手车经销商通过进行收购二手车、对等销售新车等业务获取收益。广义的二手车置换是指在二手车"以旧换新"业务的基础上，还同时兼容二手车整修翻新、二手车跟踪服务、二手车再销售及折抵分期付款等项目的一系列业务组合。

二手车置换业务以交易周期短、交易时间快、交易品质有保障及交易风险小等特点，在二手车交易市场上广受欢迎。同时，随着我国有关汽车购置补贴政策的出台，二手车经销商在纷纷降价销售二手车的同时，又推出了"原价"置换、置换送高额补贴再送礼品或免费活动等多重优惠活动，极大地刺激了二手车车主的消费欲望。二手车作为新车的替代产品，已经对新车销售构成威胁。

7.2.4.2 二手车置换的优惠政策

现阶段，二手车置换主要有以下三种优惠政策。

(1) 同品牌置换。例如，当二手车车主利用所拥有的二手车去置换同一品牌的新车时，该品牌汽车制造商给予二手车车主部分置换补贴或提供特殊优惠政策。

(2) 非同品牌置换。无论二手车车主拥有的车辆是何种品牌，只要找到合适的购车机构进行二手车置换，就能享受新车制造商提供的优惠政策。

（3）同厂家置换。如果二手车车主选择的购车机构不提供二手车置换业务，但是相关车辆品牌制造商可以提供二手车置换补贴，二手车车主可以要求所选择的购车机构向相关车辆品牌制造商申请二手车置换补贴。

随着信息技术的迅速发展，"二手车+互联网"的电子商务模式日趋流行，这改变了传统的二手车置换模式，真正实现了二手车跨品牌、跨区域的置换。

7.2.4.3 二手车置换时的基本证件要求

办理二手车置换业务时需要二手车车主提交下列基本证件。

（1）个人用车的需要提交二手车车主本人身份证相关信息；单位用车的需要提供单位的组织机构代码证原件及复印件（加盖公章），以及单位介绍信等证件。

（2）《机动车登记证书》。

（3）《机动车行驶证》。

（4）原始购车发票或前次过户发票。

（5）购置附加税缴纳凭证。

（6）委托他人办理置换的，需持原车主身份证相关信息和具有法律效力的委托书。

7.2.4.4 二手车置换流程

以某品牌汽车厂商二手车置换店的二手车置换流程为例，二手车车主在进行二手车置换时需要经历以下流程。

（1）二手车车主需要选择正规经营的二手车品牌置换店，并将自己的车辆开到该置换店指定的置换场所。

（2）二手车车主要首先和二手车置换店说明来意，并进行有关咨询、商谈，了解二手车置换的重要细节和二手车置换店的优势。例如，该汽车品牌厂商二手车置换店具备全品牌置换方案、透明化评估报价、便捷式专业流程及标准化待客服务四大优势。

（3）在二手车车主确定选择该二手车置换店后，二手车置换店在进行二手车置换前，首先会对二手车进行评估。评估完成后，二手车车主可根据二手车置换店给出的估价进行议价。议价结束后，二手车车主可根据需要选择购买合适价位的二手车。值得一提的是，该汽车品牌厂商开发了专门的二手车价格管理系统，建立了二手车数据库。该汽车品牌厂商二手车置换店可以依据科学专业的价格平台，并结合当地市场竞价，为二手车给出客观合理的价位。

（4）二手车车主根据自己的需求，在二手车置换店进行"以旧换新"或"以旧换旧"。例如，该汽车品牌厂商二手车置换店可以提供其旗下的各式型号车辆以供二手车车主选择。

（5）决定置换车辆后，二手车车主应与二手车置换店签订有关协议，二手车车主要仔细查看协议中的重要条款，以保护自己的合法利益。

（6）置换二手车的钱款可直接冲抵购车车款。当新车车价高于二手车卖价时，二手车车主需要补足差额。当需要贷款购买新车时，则置换二手车的钱款可作为购买新车的首付款。

（7）二手车车主还需要提供置换二手车的必要材料，以用于办理二手车过户手续。二手车过户的实际手续可以委托二手车置换店帮忙代理。例如，某品牌汽车厂商二手置换店为二手车车主提供全流程的二手车过户服务。同时，二手车置换店的有关人员应熟悉二手车置换流程。

7.2.5 二手车电子商务

近年来，互联网不仅推动了我国经济增长，还渗透到我国经济生活的各个领域，为二手车传统营销模式向二手车电子商务营销模式转变提供了发展基础。二手车电子商务的兴起在一定程度上解决了传统二手车销售过程中价格不透明、信息不公开及漫天要价等弊端。同时，二手车电子商务将二手车销售的重心转向消费者，以创新的形式解决了二手车交易信息不对称的问题，促使二手车交易经营者树立诚信经营理念，从而促进了二手车业务的发展。

7.2.5.1 二手车电子商务的概念

二手车电子商务是指通过互联网或其他数字化媒介渠道，进行二手车信息传播及交易的形式。二手车电子商务充分利用现代信息技术，打破时间和空间的限制，借助丰富的二手车资源，形成二手车资讯在线交互机制，实现了有别于传统二手车检测和销售的全新营销模式。

7.2.5.2 二手车电子商务的特性

二手车电子商务在发展过程中，表现出规模经济效应逐渐体现、行业运行成本下降、行业整体盈利情况改善、行业竞争趋缓，以及头部企业从以获得客源为核心的粗放式经营模式向以服务和运营为核心的精细化经营模式转变等特征，这都归功于二手车电子商务自身的特性。

(1)广泛性。二手车电子商务的广泛性表现为二手车电子商务继承了互联网的发展基因，拥有广泛的目标群体。同时，二手车电子商务突破了传统二手车交易的地域局限，实现了二手车全国范围内的广泛流通，从而促进了我国二手车交易。

(2)真实性。由于二手车具有"一车一况"的特殊性，因此传统二手车交易市场中二手车的车况检测和市场定价等情况不透明。二手车电子商务的出现，使二手车的车况检测和市场定价更真实、透明，增加了消费者对二手车交易市场的信赖。

(3)便捷性。二手车电子商务运用互联网的信息整合能力，将传统二手车交易中碎片化的二手车信息进行整合并且集中发布，从而降低了消费者购车前调研的相关成本。同时，二手车电子商务运用互联网技术，为消费者提供验车、达成交易、支付、提车、过户、物流等一系列完整的配套服务，让二手车交易的进行更加便捷。

7.2.5.3 二手车电子商务的交易模式

从目前国内二手车电子商务发展状况来看，二手车电子商务的交易模式主要分为企业与个人之间的交易(B2C/C2B)、企业之间的交易(B2B)和个人之间的交易(C2C)三种。三种交易模式都以二手车交易网络平台为媒介，进行有关二手车销售活动。

1. B2C/C2B 模式

B2C 模式是目前国内二手车电子商务的主流模式，具体可分为两种。第一种是以

"优信二手车""二手车之家"为代表的二手车交易网络平台的代理经销模式。二手车经销商可以通过支付一定的推广费用和其他服务费用,在B2C平台出售自己的车辆。第二种是以"车王认证二手车超市"为代表的自营车辆模式。这类企业本身拥有二手车交易网络平台及自己的车辆展厅,只需通过各种渠道直接买进二手车,而后进行整备加价销售,利用交易车辆的差价获取利润。

二手车电子商务的C2B模式主要是二手车车主向二手车交易网络平台提供自己的二手车信息,由二手车交易网络平台将该信息转交给二手车经销商,最后通过竞价的方式将该二手车拍卖给二手车经销商。C2B模式可以有效弥补传统二手车交易过程中的不足,充分发挥互联网优势,在为二手车车主提供卖车渠道的同时,也为二手车经销商带来了二手车资源。二手车电子商务C2B模式的盈利主要来源于二手车交易过程中收取的二手车检测费及相关服务费。例如,"天天拍车""平安好车"等均属于二手车电子商务C2B模式。

2. B2B模式

在B2B模式中,二手车交易网络平台通过各二手车经销商获得二手车信息后,将相关二手车信息转卖给有需要的二手车经销商,通过信息转化的方式盈利。二手车交易网络平台在综合二手车信息后提供各类服务保障,高度匹配用户需求,并优化用户体验,使二手车经销商、二手车交易网络平台等多方获益,提升了整个二手车电子商务行业的效率。例如,"优信拍""车易拍"等均属于二手车电子商务B2B模式。

3. C2C模式

二手车电子商务C2C模式是指二手车车主直接对接二手车买家,节省了中间环节,避免了差价。这种二手车电子商务模式的基础是个人二手车寄售。二手车车主在二手车交易网络平台进行二手车信息登记后,该二手车的信息即被上传至二手车交易网络平台,以供二手车买家选择。在此期间,二手车车主依旧可以使用该车辆。同时,该二手车交易网络平台在审核该二手车的信息后,及时为该二手车匹配二手车买家,为有购买意愿的二手车买家提供陪同看车、检测等服务,直至二手车交易完成。可以看出,二手车电子商务C2C模式的盈利主要来源于交易双方支付的服务费用。例如,"人人车""好车无忧"等均属于二手车电子商务C2C模式。

7.3 二手车鉴定与评估

7.3.1 二手车价值的评估方法

近几年,我国的二手车销量有超过新车销量的趋势,二手车交易发展势头迅猛。但值得注意的是,我国尚未出台完整的二手车价值评估体系,二手车价值评估的方法多种多样。

7.3.1.1 现行市价法

现行市价法又称市场法、市场价格比较法,是指通过比较被评估车辆与最近已售出的类似车辆的异同,并进行适当调整,从而确定被评估车辆价值的一种评估方法。

现行市价法采用比较和类比的方法,根据替代原则,从二手车可能进行交易的角度来判断二手车价值。运用现行市价法时要充分分析类似二手车成交价格信息,并以此为基础判断和估测被评估的二手车的价值。现行市价法是二手车评估中最直接、最具说服力的评估途径,适用于二手车收购(尤其是成批收购)和二手车典当等业务。

7.3.1.2 收益现值法

收益现值法是指通过估算被评估二手车在剩余寿命期内的预期收益,以适当的折现率,将预期收益折算成现值来确定二手车价值的一种评估方法。被评估二手车的现值在收益现值法中被当作该二手车的评估值,只有在该二手车的预期收益超过评估值时,该二手车才有被购买的价值。收益现值法适用于对后期进行营运的车辆进行收购的业务。

7.3.1.3 清算价格法

清算价格法是指以清算价格为依据来估算二手车价格的方法。清算价格通常是指企业或个人由于破产或停业等原因,在一定期限内拍卖车辆时所得到的车辆变现的价格。清算价格法在原理上基本与现行市价法相同,但在实际操作中,清算价格远远低于现行市价。

7.3.1.4 重置成本法

重置成本法是指在现行市场条件下,重新购置一辆全新状态的被评估车辆所需的全部成本(又称重置全价)减去该被评估车辆的各种贬值后的差额,以作为被评估车辆现时价格的一种评估方法。需要注意的是,重置成本要与历史成本区别开来。虽然重置成本与历史成本都是反映车辆在购置、运输、注册、登记等过程中全部费用的价格,且在新购买车辆时,两者相同,但重置成本是以现行价格和费用标准作为计价依据的。无论使用与否,相关车辆的技术与价值都可能发生变化,因此在保留车辆一段时间后,重置成本与历史成本便会发生差异。

重置成本法的基本计算公式:

$$P = R - D_p - D_f - D_e$$

在上述公式中,P 为被评估车辆的评估值,R 为被评估车辆的重置成本,D_p 为被评估车辆的实体性贬值,D_f 为被评估车辆的功能性贬值,D_e 为被评估车辆的经济性贬值。

实体性贬值是指被评估车辆在存放或使用过程中,由于不可抗力的作用,引起该车辆在物理和化学方面的变化。该变化的产生会导致被评估车辆的实体损耗,从而导致车辆贬值。新车的实体性贬值为 0,报废车的实体性贬值为 $R \times 100\%$,其他车辆的实体性贬值介于两者之间。

功能性贬值是指由于相关汽车制造技术的进步,造成被评估车辆的制造成本降低或功能和使用性能相对落后,从而造成的车辆价值下降。具体可分为一次性功能性贬值和营运性功能性贬值。一次性功能性贬值是指由于相关技术进步引起劳动生产率的提高,使得现在再生产或制造同样功能的车辆,所需的社会劳动时间减少、成本降低,从而造成的原车辆价值贬低。营运性功能性贬值也是由于相关技术进步而导致的,但与一次性功能性贬值不同的是,营运性功能性贬值是因为相关技术的进步而制造出了新的性能更好的车辆,导致原有车辆的功能及各方面条件与新车型相比已经落后,而引起原有车辆的贬值。

经济性贬值是指由于外部经济环境发生变化所造成的车辆贬值。外部环境包括国家宏观经济政策、市场需求、通货膨胀、环境保护、心理因素、生活习惯等。

若把车辆的各种贬值与重置成本之比称为相应的贬值率，则实体性贬值率、功能性贬值率、经济性贬值率应分别写为：

$$\alpha_p=D_p/R \quad \alpha_f=D_f/R \quad \alpha_e=D_e/R$$

代入基本计算公式：

$$P=R-D_p-D_f-D_e=R-\alpha_pR-\alpha_fR-\alpha_eR=R[1-(\alpha_p+\alpha_f+\alpha_e)]=R\gamma$$

在上述算式中，$\alpha_p+\alpha_f+\alpha_e$ 称为陈旧性贬值率，$1-(\alpha_p+\alpha_f+\alpha_e)$ 称为成新率（γ）。由此可以得出，要想确定被评估车辆的价值就必须确定重置成本 R 和成新率 γ。

重置成本法既充分考虑了被评估二手车的重置成本，又充分考虑了该二手车已使用年限内的磨损，以及功能性贬值、经济性贬值，是一种适应性较强并在实践中被广泛采用的基本评估方法。

7.3.1.5　行驶里程法

行驶里程法，又称 54321 法，是指以行驶里程为依据来估算二手车价格的一种方法。此处的行驶里程是指《汽车报废标准》规定的行驶里程。在按照行驶里程法计算成新率时，一定要结合二手车本身的车况，判断里程表的记录与实际的物理损耗是否相符，防止由于人为变更里程表所造成的误差。折旧额=原值×（已经行驶的里程÷预计使用里程）。例如，10 万元的车辆预计行驶里程为 10 万公里，每行驶 1 公里提取 1 元的折旧。也就是说，在行驶 1 万公里后，车辆的价值是 9 万元；在行驶 2 万公里后，车辆的价值是 8 万元。

7.3.2　二手车的静态检查和动态检查

7.3.2.1　二手车的静态检查

二手车鉴定与评估师对二手车进行静态检查时应遵循先观外后观里、先简单后复杂的原则。针对二手车的静态检查步骤如下。

1. 查看车辆外观

二手车车辆外观的检查是指检查车身表面有无明显的再加工痕迹。一般情况下，经过重新喷涂油漆的部位与原车油漆相比会存在一定的色差，用手触摸也不会那么平整光滑，甚至会有凹凸不平的感觉。

（1）如果在车身的窗户四周、门把手、车身贴条等部位有飞漆的痕迹，则说明该车进行过油漆喷涂。

（2）用手对车身容易发生撞击或剐蹭的地方进行轻敲，如果发出的声音比较沉闷，则说明该车的车身曾进行过补灰做漆。

（3）如果有漆膜仪，则可直接使用漆膜仪读取车辆相关数据以进行对比判断。同时还要特别注意检查零部件相邻处的缝隙或有曲线的部位的漆面是否自然流畅，如车门和翼子板的中间缝隙处是否存在间隙过大或过小及高低不平整等现象。

需要特别注意的是，由于车身在整个车辆中的价值占比较大，在车辆的静态检查中，对车身外观进行检查就显得尤为重要。对于车身的检查，除检查车辆的漆面状况外，还应检查各车门、车窗开关是否灵活，锁止装置是否可靠严密，各缝隙是否匀称，封胶是否完好无损。同时，还应检查车门、车窗、底板、排水槽、各接缝等处是否有锈蚀，前风窗玻璃是否有国家安全玻璃认证标志，后视镜、车窗玻璃是否完好，灯光、仪表工作是否可靠有效，光色、光强是否符合国家标准相关规定等。

2. 查看车辆内饰

二手车车辆内饰的检查主要是查看相关部位安装是否紧密自然，以及查看具体磨损程度等。若车辆内饰被修整过，则会有一些明显的再装配痕迹，如压条的边缘部位有可能留下被相关工具挤压过的痕迹等。

二手车车辆内饰的检查特别要注意以下几点。

(1) 检查驾驶人员座椅、乘员座椅表面是否清洁、平整、无破损，座椅安全带是否配备齐全且工作可靠。

(2) 检查仪表盘、中控台是否有被撬动拆卸的痕迹。

(3) 检查离合器踏板、加速踏板、制动踏板工作是否有效，有无卡滞现象。

(4) 检查地毡或地板胶是否残旧，其下部车厢底板是否有锈蚀或烧焊痕迹。

(5) 检查后备箱是否有钣金修复或锈蚀的痕迹，车厢盖、防水胶条及其他附件是否完好无损。

3. 查看发动机舱

对于发动机舱的检查是二手车静态检查中必不可少的一项。发动机舱作为车辆的核心部分，其间各个零部件的正常运作可以保证车辆相关功能的正常运行。在进行二手车发动机舱的静态检查时，要注意以下几点。

(1) 查看其线路有无被改动或被拽拉的痕迹，特别是管箍、线卡有无破损或被撬动过的痕迹。

(2) 检查相关零部件连接的螺栓、螺母及其连接件是否存在被拆卸、被更换及被重新打胶等情况。

(3) 检查发动机工作的状况是否正常、是否有异响，检查空调工作是否正常。同时，还要检查发动机是否有漏油、漏水、漏气等情况。

(4) 检查左右翼子板内衬、减震座、水箱框架、纵梁、防火墙等是否有变形、烧焊等碰撞或修复的痕迹。

4. 查看车辆底盘

车辆底盘作为汽车的三大件之一，不仅承载整车车身和动力机构，也为该车的其他重要系统提供了有机组合的空间和条件，涉及整车的结构性、承载性、安全性、稳定性、运动特性和舒适性等性能的完整性和安全性。在进行二手车车辆底盘的静态检查时应注意如下几点。

(1) 检查车辆底盘锈蚀程度与该车辆整体状况是否相符合，特别要注意检查是否有漏水、漏电、漏油、漏气等现象。

(2) 检查车架或车身有无明显变形、裂纹、重新焊接等痕迹，各连接螺栓或铆钉有无松动或缺失，车架与悬架之间的各拉杆和导杆有无变形、松垮和移位等现象，检查悬架中钢板弹簧有无裂纹、断片和缺片等现象。

(3)检查中心螺栓和U形螺栓是否紧固,检查减振器是否有漏油现象。

(4)检查前后车桥有无裂纹、变形及油液泄漏情况。

(5)检查发动机有无有效支撑,检查发动机与传动系的连接是否可靠。同时,检查转向拉杆、转向节臂、球头销等有无损伤和裂纹,彼此之间的连接是否牢靠以及是否有重新焊接的迹象。

(6)检查制动总泵、分泵、制动管路是否有漏油、漏气现象。

(7)检查燃油箱及燃油管路是否固定可靠及有无渗油、漏油现象。同时检查燃油管路与其他零部件是否有磨蹭现象。

(8)检查相关软管有无老化开裂、磨损异常等现象。

(9)检查排气管、消声器是否配备齐全、固定牢靠,以及是否有破损和泄漏现象。

(10)所有电气线路导线均应捆扎成束、固定卡紧、布置整齐、接头牢固并有绝缘套,在导线穿越孔洞时需装设绝缘套管。

5. 检查车辆电气设备

现代车辆的电气设备在车辆价值中占有较大比重,特别是音响设备、仪表、空调、刮水器、电动车窗、电动座椅等,应确认其工作是否可靠。

6. 检查车辆轮胎

对二手车车辆轮胎进行检查时应注意该车轮胎是否有不正常的磨损迹象。当车轮定位参数不准确或车辆长期超载运行时,往往会出现胎面中心磨损、胎肩磨损、轮胎内外侧磨损不均匀、轮胎呈羽状磨损等异常现象。通常情况下,机动车轮胎胎冠上的花纹深度应大于1.6mm,转向轮胎胎冠上的花纹深度应大于3.2mm。同时,要特别注意车辆轮胎是否为翻新轮胎或备用轮胎:翻新轮胎不得用作转向车轮使用,备用轮胎不得长时间作为正常轮胎使用。

对二手车进行静态检查时,除检查上述内容外,还应依照二手车静态检查项目及操作规范流程,以科学、合理的检查方法,对二手车进行全面的静态检查和认定。

7.3.2.2 二手车的动态检查

二手车的动态检查是指二手车鉴定与评估师通过对车辆进行道路测试,来检验二手车的操纵性能、制动性能、滑行性能、加速性能、噪声和废气排放情况等内容,从而对二手车的整体状况进行有效判断。道路测试的进行可以帮助二手车鉴定与评估师及时发现二手车存在的问题和隐患。二手车动态检查的具体内容如下。

1. 前期检查

二手车进行道路测试前,应首先检查转向油液位、机油液位、冷却液液位、制动液液位、各个踏板自由行程、方向盘自由行程、轮胎气压等是否符合有关要求,有无变色、少液、渗漏等异常现象。同时,要观察仪表盘内指示灯、警告灯和各仪表显示是否正常,有无故障码报出,如果有则应当立即停止道路测试,直到完全消除故障隐患后才可继续进行道路测试。

2. 检查离合器工作状况

以目前市面上的内燃机车为例,该车型主要分为手动挡和自动挡两类,若需要被鉴定与评估的二手车为手动挡,则需进行离合器工作状况检查。正常情况下,离合器应接合平稳、分离彻底,在工作时不会出现打滑、抖动、异响等现象。若车辆在起步过程中发现离合器存在抖动或者异响的情况,则可以判断该二手车存在离合器内部零件损坏的情况。假如发现离合器的自由行程过大(正常的自由行程为 30～45mm),则说明离合器的磨损十分严重。

3. 检查变速箱性能

(1) 在车辆处于怠速状态时进行检查。

当车辆启动后,应观察车辆仪表指针是否稳定,有无上下跳动的状况,如果有上述状况的出现,则有可能是发动机缺缸造成的。打开发动机机舱盖板,倾听发动机有无异常的摩擦噪声,如果有,一般是由于各零部件过度磨损造成的,这也从侧面反映出该车行驶里程数较多。在车辆处于怠速状态时检查排气颜色,正常的汽油机在工作时排出的气体是无色的,柴油机在带负荷运转时排出的气体为淡灰色,负荷略重时可为深灰色。如果排出的气体颜色为蓝色,则说明机油窜入燃烧室,车辆发动机存在机油液位过高、气门油封老化、活塞环与气缸壁间隙过大等问题;如果排气管冒黑烟,则大多存在发动机混合气过浓导致燃烧不充分等问题。

(2) 换挡性能检测。

二手车车辆的换挡性能检测主要是检查车辆从起步升至高速,再由高速降至低速时,变速器换挡是否灵活,主减速器有无发出特别大的声响。同时,还应检查所有前进挡及倒挡的性能。如果每次挂挡时都有磨齿轮的现象出现,则可能存在离合器液压系统或变速器故障。如果行驶过程中变速器杆发生抖动,则说明操纵机构的各处铰链磨损严重。

(3) 检查有无跳回空挡的现象。

在道路测试行驶过程中,变速器杆跳回空挡则表示齿轮和齿套可能磨损严重,致使轴承松垮或轴向间隙过大,应找专业人员查看齿轮啮合状况。

(4) 检查变速器杆是否能够正常入挡。

在道路测试途中,如果出现变速器杆不能正常挂挡、齿轮有撞击声或挂上挡位后很难推回空挡等情况,则说明变速器杆换挡困难;熄火后手握变速器杆可以任意摆动,则说明定位失效;如果变速器杆不仅松垮还出现换挡困难,则说明是同步器故障导致换挡时出现齿轮撞击声。

4. 发动机性能检测

(1) 检查在车辆启动、怠速时发动机是否有异响。

(2) 检查车辆动力性能。车辆动力性能直接影响车辆运输效率的高低,是车辆最重要的基本性能。检测车辆动力性能时需要关注车辆百公里加速时间和最高车速。一般动力性能良好的车辆紧急加速时,发动机会发出强劲的轰鸣声,车速也会迅速提高。在测试动力性能时最好选择不同的路况进行测试,除在平坦的路面测试最高车速和百公里加速时间外,最好找一个斜坡以测试车辆的爬坡能力。

5. 行驶性能检测

检测车辆的行驶性能主要是观察车辆行驶的平顺性和稳定性。

(1) 在检查方向盘是否灵活时,双手自然地搭放在方向盘上,然后将方向盘向左、向右来回转动几下，检查方向盘是否灵活，有无合适的力度。车况良好的车辆，其方向盘应转向灵活，松手后不会跑偏。

(2) 原地确认刹车踏板深浅是否正常。若正常，则在后续的道路测试过程中进行刹车停止测试及点刹测试来检测刹车性能是否正常。

(3) 减震系统的好坏直接影响该车辆后期的保养成本。在进行道路测试时，要检查减震系统是否存在颠簸感或响声沉闷的情况。为了让车辆的动态检查结果更精准，应尽量选择不同的路况来分别测试，如平坦路面、弯路、颠簸路面等路况。一旦发现有强烈的颠簸感或响声沉闷，则说明该车辆减震系统有问题。

(4) 通过在道路测试过程中听风噪声，判断该车辆是否存在密封条损坏或车门变形等问题。若风噪声过大，则该车辆可能为整形后的事故车。

(5) 在平坦的路面上，将车辆行驶到速度为 50km/h 空档滑行，根据滑行距离估算车辆传动效率。

6. 道路测试结束后的检查

道路测试结束后，应检查各零部件的温度，如查看轮毂、制动鼓、变速器壳、发动机各个皮带轮等是否有过热现象；润滑油、冷却液的温度是否超过 90℃；发动机润滑油的温度是否低于 95℃；齿轮油的温度是否低于 85℃。同时，还应检查水箱、水管接头、水泵、暖风水箱有无渗漏；发动机点火系统有无漏电；进气系统、排气系统有无漏气，等等。

对于车辆的静态检查和动态检查有利于保障二手车交易的顺利进行，保证合理税收，防止不法车辆流入二级市场，促进相关行业业务的有序开展。

本 章 小 结

我国二手车交易目前保持着较快的增长态势，促进了相关行业的繁荣发展。除借鉴欧美发达国家的有关经验外，二手车交易行业也在积极开拓创新，开辟出了一条具有中国特色的二手车交易发展道路。虽然我国二手车交易目前仍存在着许多不足之处，但在后续的发展中，如果从多方面进行二手车交易行为规范，抓住各个发展机会，我国将有希望实现二手车交易行业的首次赶超。

关 键 词

二手车交易；汽车商业模式；二手车鉴定与评估

思 考 题

1. 简述二手车交易的原则。
2. 简述二手车交易市场有哪些功能区。
3. 简述我国二手车商业模式。

4. 简述二手车价值评估有哪些方法。
5. 简述二手车的静态检查和动态检查步骤。

参 考 资 料

[1] 袁汐. 二手车市场分析及价格评估[D]. 济南：山东师范大学，2020.
[2] 王琦. 我国二手车市场的现状与前景分析[J]. 吉林化工学院学报，2018，35(12)：83-85..
[3] 小侯. 二手车如何拍卖[J]. 汽车与驾驶维修(汽车版)，2014(10)：160-161.
[4] 王希伟. 二手车市场现存问题与对策分析[J]. 无线互联科技，2014(2)：87.
[5] 孔娟. 二手车电子商务平台模式分析[J]. 时代汽车，2017(24)：108-110.
[6] 王会鹏. 浅析二手车网络拍卖[J]. 无线互联科技，2014(2)：31.
[7] 陈世飞. 二手车价值的实用评估方法[J]. 汽车维修，2012(3)：2-5.

第 8 章

互联网汽车金融

【教学目标与要求】

1. 掌握互联网汽车金融的定义;
2. 了解互联网汽车金融的发展历史;
3. 了解互联网汽车金融业务的种类;
4. 了解互联网汽车金融的风险种类;
5. 掌握互联网汽车金融风险的应对措施;
6. 分析互联网汽车金融案例。

【思政目标】

1. 培育具有良好科学素养、能理论联系实际、具有较高文化修养水平的新时代人才;
2. 培养学生积极开拓创新视野,正确认识社会,主动适应社会,树立爱岗敬业、遵纪守法的意识,自觉遵循相关职业道德素养。

> **导入案例**
>
> **互联网汽车金融巨头——易鑫集团**
>
> 易鑫集团分拆自纽交所上市公司易车（BITA），易车是中国最早做互联网汽车内容的公司之一，于 2000 年成立。易鑫集团的前身是易车 2014 年成立的汽车融资事业部，其运营平台包括淘车网站、淘车 App 及易鑫车贷 App，主要从事汽车交易平台业务及自营融资业务。截至 2022 年 8 月，易鑫集团累计成交量超过 300 万台车辆，累计交易规模近 2500 亿元。易鑫集团依托领先的平台优势，以及腾讯、京东等股东资源，加速构建汽车消费及生活闭环，业务遍及中国 340 多个城市和 50 多家汽车制造商。80 多家金融机构及 36 000 多家汽车经销商都与易鑫集团缔结了合作伙伴关系。易鑫集团致力于为消费者提供更便捷、安全、高效的汽车融资服务。
>
> 易鑫集团的发展得益于易车深耕行业多年的经验，也是众多战略投资者斥重资发展易鑫集团汽车金融业务的结果。易车从事的所有业务均可作为易鑫集团供应链上游的汽车和资金供应商及信息技术渠道商。易鑫集团将易车掌握的线上流量资源和线下网络相结合，顺应宏观环境，发挥母公司优势，创新出以租代售式的销售方法，进一步完善线下销售服务，满足汽车消费者多样化的购车需求及后续的服务需求。

8.1 互联网汽车金融概述

8.1.1 互联网汽车金融的定义

若要理解互联网汽车金融的定义，就要将这一概念拆分为互联网金融和汽车金融两个概念来理解。

互联网金融是指使用云计算、支付及搜索引擎等互联网工具，进行支付、信息中介和资金融通等业务的一种新兴金融模式。互联网金融的兴起，在一定程度上弥补了传统金融服务模式的缺点，使用户的体验更加丰富。

汽车金融属于传统的金融产品，是指消费者在购买汽车时需要贷款，通过申请优惠的支付方式，自主选择适合的支付方案。如今，互联网金融已经渗透到汽车金融领域，将以全新的服务模式来变革传统的汽车金融，向消费者提供更加便捷和舒适的用户体验。

总之，互联网汽车金融就是在传统的汽车金融基础上，通过互联网公司提供的平台所拓展的汽车金融业务。互联网汽车金融在方便人们生活的同时，也为人们提供了方便。

8.1.2 互联网汽车金融的发展历程

"互联网+"战略和互联网金融推动了互联网汽车金融的发展。2013 年是我国互联网金融的元年，2014 年是移动互联网金融的元年。这个发展趋势大致可以归功于四化——移动化、社交化、社会化和产业化的助推作用。

2015 年作为中国"互联网+"元年，互联网金融被纳入国家"十三五"战略规划。

汽车金融在寻求与互联网融合的同时，也将其产业链条逐渐向互联网延伸。互联网汽车金融开始萌芽。

伴随着科技进步和社会发展，"互联网+"被加入了更加丰富的内容，人们的消费习惯也随之改变。移动互联网融入汽车生态圈，促使更多的人通过互联网购车、洗车、维修、保养。在挣脱传统营销模式束缚的同时，汽车经销商也可以直接针对购车用户展开营销，为购车用户提供更好的消费体验。"互联网+"与汽车金融的融合，使成长中的汽车商业模式不断改革创新。

在目前市场已成熟的经营模式中，由商业银行提供的汽车消费按揭是一种常见的贷款模式。商业银行资金充足且利率较低，但在严格的银行风险控制下，贷款门槛逐渐成为限制其发展的不利因素。目前，部分商业银行正在与有大量车辆需求的企业进行合作，以求突破个人汽车消费贷款瓶颈。

2016年，由中国银监会、工业和信息化部、公安部和国家互联网信息办公室联合发布的《网络借贷信息中介机构业务活动管理暂行办法》中，将P2P网贷平台定位为"小额、普惠"。有关借款上限的规定，使得不符合监管规定的网贷平台纷纷转型。贷款金额在2万元左右的汽车贷款受到网贷平台的青睐，成为其业务转型的重要方向。我国汽车消费市场快速稳定增长，为互联网汽车金融业务提供了广阔的市场前景。

截至2020年，我国汽车金融的渗透率约为51%，与发达国家相比仍处于较低水平。但随着我国汽车产业的不断发展，新一代消费群体对金融和互联网服务的接受程度不断提高，传统车企和新能源车企纷纷积极拓展汽车金融业务领域。由此可以预见，互联网汽车金融行业规模将进一步扩张。

8.1.3 互联网汽车金融的发展现状

8.1.3.1 "互联网+车企"，智能汽车箭在弦上

2016年4月，阿里巴巴集团和上汽集团共同合作的首款互联网汽车上市，共同打造"跑在互联网上的汽车"。早在2010年，谷歌的无人驾驶技术便已公开展示。截至2012年年底，这辆名为Google Driverless Car的全自动驾驶汽车已驾驶了48万公里。而后，百度公司的无人驾驶汽车项目于2013年成功启动。各大汽车制造商和科技公司早已开始布局互联网汽车金融。

美国波士顿咨询集团预测，2035年前后，全球1800万辆汽车将会具备部分无人驾驶功能，1200万辆汽车将成为完全无人驾驶汽车，中国或将成为无人驾驶汽车最大的市场。

众多科技巨头在无人驾驶汽车、智能汽车、新能源汽车领域的持续突破，对传统汽车产业格局产生了深远影响。在汽车智能化的过程中，传统汽车企业和互联网科技公司的合作已成为必然。在互联网科技企业加速跨界的同时，传统汽车企业也在加速转型。

8.1.3.2 "互联网+渠道"，传统4S店变革在即

近年来，互联网的使用率在消费者中大幅提高，为汽车制造商、汽车经销商有效地创建和利用新媒体创造了更多机会。垂直媒体是渗透率最高的新媒体，对消费者具有相当大的影响力。

2015 年，垂直汽车媒体一方面专注做好汽车方面的专业内容，为消费者提供高效率的汽车信息服务，增强消费者黏性；另一方面，它们也紧紧抓住汽车产业链，通过为汽车产业的各个环节提供服务来获取更多利润。但面对互联网纷繁芜杂的碎片化信息，如何有效整合信息，并形成一个准确高效的信息链，是各大垂直汽车媒体目前面临的最大问题。因此，布局新车营销领域，由媒体转型为交易平台，并切入二手车交易市场或将成为垂直汽车媒体的下一步重要举措。

垂直汽车媒体面对的竞争对手众多，包括二手车电商平台等都将持续跟进原本只有 4S 店独霸的汽车销售渠道。例如，前有"优信二手车""人人车"等二手车平台在各大媒体平台上的大肆宣传，后有"半价车疯狂抢购""2 年零利率的优惠贷款"等优惠活动火热进行。

通过扩张、创新、整合，汽车渠道和销售模式近年来已实现大范围、深层次的创新改变，传统的经销渠道在近些年兴起的汽车电商、二手车电商平台、汽车 App 的冲击下早已伤痕累累。二手车质量、评估价格不透明等有关问题的无法解决，以及无法提供线下实体购车体验等，也使二手车互联网销售渠道的发展陷入了僵局。

8.1.3.3 "互联网+营销"，汽车广告转型

随着移动互联网和 O2O 模式的发展，汽车营销也开始进入转型期。2015 年，汽车品牌纷纷贴上了"年轻化""90 后"等标签，试图以此来讨好当时成为购车主力的年轻人，并尽可能地针对目标人群进行宣传。年轻人习惯使用社交网络，福特汽车就和微信商洽谈开发聊天功能模块来吸引他们；年轻人聊天喜欢发表情，雪佛兰就直接用 Emoji 表情做出新闻通稿；年轻人喜欢个性化，奔驰和 Uber 就启动了在上海一键呼叫直升机这种独一无二的炫酷服务。

为了赢得更多的目标群体，许多汽车广告引入了数字媒体。用"自由""个性"来标榜自己的汽车制造商们也在突破自我，设计了只在线上投放的广告。在汽车市场压力增加、增速放缓的情况下，互联网数字化营销逐渐成为汽车制造商们提升品牌形象、促进销量的新手段。

8.2 互联网汽车金融业务种类

8.2.1 企业融资

8.2.1.1 企业融资的概念

企业融资是指企业从自身生产经营现状及资金运用情况出发，根据企业未来经营与发展策略的需要，通过一定的渠道和方式，利用内部积累，或者向企业投资人及债权人筹集生产经营所需资金的一种经营活动。资金是企业体内的血液，是企业进行生产经营活动的必要条件，没有足够的资金，企业的生存和发展就没有保障。

从狭义上讲，融资是一个企业的资金筹集的行为与过程。也就是说，融资就是企业根据自身的生产经营状况、资金拥有的状况，以及其未来经营发展的需要，通过科学

的预测和决策，采用一定的方式，从一定的渠道向企业的投资人和债权人筹集资金，从而保证资金的供应，以确保企业正常生产需要和经营管理活动需要的理财行为。

从广义上讲，融资也叫金融，是货币资金的融通，是指当事人通过各种方式在金融市场上筹措或贷放资金的行为。

8.2.1.2 企业融资的种类

企业融资根据不同的标准可以划分为许多种类，常见的有以下几种。

(1) 按照资金是否来自企业内部，企业融资可划分为内源融资和外源融资。内源融资是指企业依靠其内部积累进行的融资，具体包括三种方式：资金、折旧基金转化为重置投资、留存收益转化为新增投资。外源融资是指企业通过一定方式从外部融入资金，以用于投资。一般来讲，外源融资通过金融媒介机制形成，以直接融资和间接融资形式实现。

(2) 按照资金使用及归还年限，企业融资可划分为短期融资与长期融资。短期融资一般是指融入资金的使用和归还在一年以内，主要用于满足企业流动资金的需求。短期融资方式包括商业信用贷款、银行短期贷款、票据贴现、应收账款融资、经营租赁等。长期融资一般是指融入资金的使用和归还在一年以上，主要用于满足企业购建固定资产、开展长期投资等活动对资金的需求。长期融资的方式主要有发行股票、发行债券、银行长期贷款、融资租赁等。

(3) 按照企业融入资金后是否需要归还，企业融资可划分为股权融资和债权融资。股权融资是指企业融入资金后无须归还，可长期拥有、自主调配使用，如发行股票筹集资金。债权融资是指企业融入资金是按约定代价和用途取得的，必须按期偿还，如企业通过向商业银行贷款所取得的资金。

(4) 按照企业融资时是否借助金融中介机构的交易活动，企业融资可划分为直接融资和间接融资。直接融资是指企业不经过金融中介机构进行的融资活动，企业直接与资金供给者协商借款或发行股票、债券等来融资。政府拨款、占用其他企业资金、民间借贷和内部集资等都属于直接融资范畴。间接融资是指企业通过金融中介机构，间接向资金供给者融通资金的方式，间接融资的渠道包括商业银行借贷、金融机构租赁、典当等。直接融资和间接融资这二者的最大区别在于，在直接融资过程中，资金短缺方不必通过金融中介机构获得资金，在资金供需双方之间起纽带作用的是金融市场而不是金融中介机构。

8.2.1.3 企业融资的方式

企业融资方式，即企业融资的渠道，可划分为债务性融资和权益性融资。前者包括商业银行贷款、发行债券和应付票据、应付账款等融资方式，后者主要是指股票融资。债务性融资构成负债，企业要按期偿还约定的本息。同时，债权人一般不参与企业的经营决策，对资金的运用也没有决策权。权益性融资构成企业的自有资金，债权人即为投资人，他们有权参与企业的经营决策，并可获得企业的红利，但无权撤退资金。企业融资方式通常有以下几种。

(1) 商业银行贷款。商业银行是企业最主要的融资渠道。商业银行贷款按资金性质可分为流动资金贷款、固定资产贷款和专项贷款三类。专项贷款通常有特定的用途，其贷款利率一般比较优惠，其贷款类型包括信用贷款、担保贷款和票据贴现。

(2) 股票融资。股票具有永久性、无到期日、无须归还、没有还本付息压力等特点，因而融资风险较小。企业通过进入股票市场，促进企业自身转换经营机制，使企业真正成为自主经营、自负盈亏、自我发展、自我约束的法人实体和市场竞争主体。同时，股票市场为资产重组提供了广阔的舞台，在优化企业组织结构的同时，也提高了企业的整合能力。

(3) 债券融资。企业债券也称公司债券，是企业依照法定程序发行，并约定在一定期限内还本付息的有价证券。企业债券表现的是发债企业和投资人之间的债权债务关系。债券持有人不参与企业的经营管理，但有权按期收回约定的本息。在企业破产清算时，债权人优先于股东享有对企业剩余财产的索取权。企业债券与股票一样，同属有价证券，可以自由转让。

(4) 融资租赁。融资租赁是通过融资与融物的结合，兼具金融与贸易的双重职能，对提高企业的融资效益、推动与促进企业的技术进步有着十分明显的作用。融资租赁有直接购买租赁、售出后回租及杠杆租赁等方式。此外，还有租赁与补偿贸易相结合、租赁与加工装配相结合、租赁与包销相结合等多种租赁形式。汽车融资租赁为相关企业技术改造开辟了一条新的融资渠道。例如，企业可以通过融资融物相结合的新形式，提高生产设备和技术的引进速度，既可以节约资金的使用，又可以提高资金的利用率。

(5) 海外融资。可供企业利用的海外融资方式包括国际商业银行贷款、国际金融机构贷款，以及企业在海外各主要资本市场上的债券、股票融资业务。

8.2.2 汽车融资租赁

8.2.2.1 汽车融资租赁的概念

汽车融资租赁是一种依托现金分期付款方式的汽车金融业务。汽车融资租赁是指引入出租服务中所有权和使用权分离的特性，通过"以租代购"的方式，使消费者(承租人)提前获得车辆使用权，并在租赁结束后获得汽车所有权的购车方式。相较于由商业银行和汽车金融公司作为贷款人的传统金融贷款购车方式，汽车融资租赁的形式更为灵活、首付价格更低廉，并且对消费者(承租人)的资质审批门槛相对较低，潜在客户群和市场参与主体更加广泛。

8.2.2.2 汽车融资租赁的特点

汽车融资租赁从设备融资租赁衍生而来，是汽车消费金融的重要组成部分。汽车融资租赁作为以汽车为租赁标的物的融资租赁活动，结合了传统金融贷款购车和经营性汽车租赁的特点，在我国发展速度较快，并具有以下特点。

(1) 兼具"融资"与"融物"特征。汽车融资租赁的本质是为消费者购车时通融资金，同时通过新型的分期付款方式达到融物的效果。对于消费者来说，汽车融资租赁解决了消费者在购车时资金不足的困境，并且在租赁费用完全结清后，消费者可自主选择是否购买该车辆后续的所有权。

(2) 汽车所有权和使用权相互分离。汽车融资租赁与传统的金融贷款购车不同，消费者通过长期租赁的方式获得汽车的使用权。在正常支付租金的情况下，消费者不必担心该汽车被转卖。而对使用传统金融贷款方式购车的消费者而言，如果不支付余款，贷款银行可以将汽车转卖处理,使消费者处于非常不利的地位。汽车融资租赁与经营性汽车租赁都是将汽车所有权和使用权分离,但二者的租赁性质不同,且消费者(承租人)在租赁期间享受的服务和应尽的义务也不相同。

(3)三个主体和两个合同。汽车融资租赁的业务范围一般围绕租赁物的三个主体,这三个主体分别是汽车融资租赁公司、消费者(承租人)和汽车租赁供应商。汽车融资租赁的业务涉及两个合同,这两个合同分别是汽车标的租赁物买卖合同和汽车融资租赁合同。汽车融资租赁公司和汽车租赁供应商之间签订汽车标的租赁物买卖合同,双方按照合同约定,在汽车融资租赁公司支付购买车款的同时,汽车租赁供应商交付标的汽车。汽车融资租赁公司和消费者之间签订汽车融资租赁合同,双方按照合同约定,在汽车融资租赁公司出租汽车时,消费者按月支付租金。

(4)汽车作为融资租赁标的物的特殊性。不同于传统融资租赁业务中的设备,汽车能在空间上进行移动,且汽车的移动是其价值的体现。汽车的移动价值体现与传统融资租赁业务中设备的价值体现的区别在于,当汽车在移动过程中发生灭失损毁等情况时,出租人的权利将会遭受到损害。不同汽车金融产品之间的区别如表8-1所示。

表8-1 不同汽车金融产品之间的区别

购车方式	融资范围	利率	手续办理	期满后所有权归属	后期相关费用责任承担人
汽车融资租赁	可将购置税、保险、牌照费等全部打包后进行租赁	高	简单	出租人/承租人	承租人
经营性汽车租赁	无	无	简单	出租人	出租人
传统金融贷款购车	仅对裸车进行贷款	低	烦琐	承租人	承租人

8.2.2.3 以"租"代"售"

以"租"代"售"是一种最早出现在美国的汽车融资租赁模式,现已成为美国的主流汽车金融服务。它区别于传统金融贷款购车方式,当车辆出租给消费者时,汽车的所有权归汽车融资租赁公司所有。等到租期届满,汽车的所有权可归消费者所有。这种以"租"代"售"的汽车融资租赁模式的优势如下。

(1)打包租赁方式,降低购车门槛。例如,某汽车融资租赁公司将裸车款、购置税、牌照费用、保险费用和其他税费累加后作为分期付款的款项,消费者只需支付款项的20%作为保证金,并且只需每年交付1%的手续费即可取得车辆的使用权。租赁期结束后,消费者可取回已支付的保证金。这种方式降低了消费者购车初期的支付负担。

(2)业务增值服务项目丰富。与个人购车相比,通过以"租"代"售"的购车方式,其显著的便利之处在于所有费用的缴纳都只面对一个主体,如服务费、贷款利息、购置税、保险费等税费都已经分摊在租金里,消费者无须顾及烦琐的购买流程,只需面对汽车交易平台上的汽车融资租赁公司这一个机构组织,就基本上可以完成所有购车事项。

(3)合同具有灵活性。以"租"代"售"的购车方式为消费者提供了多样化的选择,它不仅在签订的合同中有具体价值表现,甚至在合同期内,消费者还拥有换车、退租等选择权,极大地丰富了消费者的选择余地及相关市场层次。对于喜欢尝试不同新车和追求个性用车的消费者来说,以"租"代"售"的购车方式有效地避免了资源的限制。

8.2.3 并购业务

8.2.3.1 并购业务的概念

并购业务一般是指兼并和收购方面的业务。兼并又称吸收合并，是指两家或更多独立企业合并组成一家企业，通常由一家占优势的企业吸收合并一家或多家企业。收购是指一家企业用现金或有价证券购买另一家企业的股票或资产，以获得对该企业的全部资产或某项资产的所有权及对该企业的控制权。

产生并购行为最基本的动机就是寻求企业的发展。寻求扩张的企业面临内部扩张和通过并购发展两种选择。内部扩张可能是一个缓慢且不确定的过程，通过并购则可以加速其相关进程。

并购活动是在一定的财产权利制度和企业制度条件下进行的，在并购过程中，一部分权利主体通过出让其所拥有的对企业的控制权从而获得相应的收益，另一部分权利主体则通过付出一定代价从而获取对方出让的那部分的企业控制权。企业并购的过程实质是在企业控制权运动过程中，依据企业产权做出的制度安排，各权利主体进行的一种权利让渡行为。

8.2.3.2 并购的三种基本类型

(1)横向并购。横向并购的基本特征是企业在国际范围内的横向一体化。近年来，随着全球性行业重组浪潮的掀起，基于我国各行业实际发展需要及我国国家政策及法律法规对横向重组的支持，行业横向并购的发展十分迅速。

(2)纵向并购。纵向并购发生在同一产业链的上下游之间。纵向并购的企业之间不存在直接的竞争关系，而只是简单的供应商和需求商关系。纵向并购的基本特征是企业在市场整体范围内的纵向一体化。

(3)混合并购。混合并购是发生在不同行业或企业之间的并购。从理论上看，混合并购的基本目的在于分散风险、寻求规模经济。在激烈竞争的市场大环境下，我国各行各业纷纷寻求突破，多元化格局逐渐打开，混合并购成为企业发展新亮点，为相关企业进入其他行业提供了有力支持和便捷的途径。

8.2.3.3 中国平安并购"汽车之家"

2016年4月，"汽车之家"的股东澳洲电讯发布一则公告。该公告声明了中国平安的子公司平安信托以每股29.55美元的价格购买了"汽车之家"47.7%的股份。中国平安为此支付了16亿美元现金，成为"汽车之家"的最大股东，而澳洲电讯则仍然持有"汽车之家"6.5%的股份。

而后，历时十个月，中国平安的子公司平安信托收购了澳洲电讯所拥有的剩余股份，成功控制"汽车之家"。澳洲电讯的这一主要股东对于"汽车之家"的干预彻底被免疫。

作为国内保险业的"三巨头"之一，中国平安保险(集团)有限公司也同时收购了许多中小企业，在提高了经营业绩的同时也增强了企业核心竞争力。

近年来，我国汽车产业的销售增长缓慢，很多汽车企业正面临着巨大的下行压力。汽车互联网平台通过有关并购提高了与汽车相关的服务质量及自身的金融储备能力。金融保险公司和汽车互联网平台的并购行为可以使二者充分发挥自身优势,进行有关业务的交叉销售,进而提高双方实力及综合绩效。

8.2.4 保险业务

8.2.4.1 保险业务的定义

保险业务是指与保险公司保险产品的承保、理赔相关的活动。保险是指投保人根据合同约定,向保险人支付保险费,保险人对于因发生合同约定范围内的事故而造成的财产损失承担赔偿保险金责任,或者当被保险人死亡、伤残或达到合同约定的年龄、期限时保险人承担给付保险金责任的行为。

8.2.4.2 保险业务的分类

保险业务的分类是保险企业会计核算的重要基础,可根据不同的标准将保险业务划分为不同种类。

按保险环节不同,将保险业务划分为直接业务和再保险业务(间接业务、分保业务)。直接业务是指保险人(保险公司)与被保险人(非保险公司)直接签订契约的保险业务。而再保险业务是指一个保险公司承保直接业务后,与另一家或另几家保险公司签订契约,将超过自身承受能力的那部分风险转移出去的一种保险业务。此时,接受方(分入方)作为保险人,而转嫁风险的一方(分出方)作为被保险人。再保险是保险公司降低风险、控制成本、稳定财务成果的重要手段。

按投保、交费、赔款时的币种不同,将保险业务划分为本位币业务和外币业务。划分的一般原则是用哪种货币投保,就用哪种货币交纳保险费,发生赔款时,也用同一种货币支付。发生外币业务时,可以采用两种不同的记账方法,一是本位币法,即每一笔外币都折算成本国货币后再记账,但当资产、负债等用外币结算时,则必须同时反映外币的数字;二是原币法,即对不同的外币,直接用原来的货币记账。但不论采用什么方法,年终决算时,都必须按规定的外汇牌价折算成本位币后才可编制财务报表。

8.2.4.3 保险公司的业务流程

(1)保险展业。保险展业是保险公司引导具有同类风险的人购买保险的行为。保险公司通过其专业人员直接招揽业务称为"直接展业";保险公司通过保险代理人、保险经纪人间接招揽业务称为"间接展业"。

(2)业务承保。业务承保是保险人通过对风险进行分析,确定是否承保、保险费率和承保条件,最终签发保险合同的决策过程。

(3)保险理赔。保险理赔是保险公司在承保标的发生事故,保险单受益人提出索赔申请后,根据保险合同的规定,对事故原因和损失情况进行调查,并且予以赔偿的行为。

8.3 互联网汽车金融的风险管理

金融市场是金融工具的交易场所,具有货币资金融通、优化资源配置、风险分散与风险管理等功能。近年来,汽车金融行业与互联网金融行业相互融合、不断突破,促进了自身与资本市场的发展,应时代发展而生的互联网汽车金融在其间也发挥着重要作用。

互联网汽车金融的本质仍属于金融范畴,会不可避免地面临金融风险。

8.3.1 互联网汽车金融的风险种类

8.3.1.1 服务主体市场准入风险

"互联网+"战略的提出,促进了汽车金融行业与互联网金融行业相互融合,更多的经营主体开始关注并尝试互联网汽车金融行业,越来越多的投资者涌入互联网汽车金融行业。涌入互联网汽车金融行业的不同经营主体的资质参差不齐,部分经营主体甚至不具备合法的汽车金融业务经营主体资质,由此带来了市场准入风险,给金融监管带来了挑战。因此,我国规定商业银行和汽车金融公司必须经过严格的审批才可经营汽车金融服务业务。

放开市场准入在一定程度上有利于促进市场经济的自由竞争及互联网汽车金融生态发展。在目前政策不健全及各方条件尚未明确的情况下,各类经营互联网汽车金融业务的平台纷纷涌入互联网汽车金融行业,容易导致很多问题,因此不利于互联网汽车金融行业的健康发展。

8.3.1.2 行业自治风险

行业自治,即行业协会根据会员单位一致的意愿,通过制定行业发展规划、行业标准,实施认证,调控行业价格,奖惩和处理纠纷等方式对行业内部公共事务及会员单位行为进行组织和管理。但行业自治在我国的作用始终有限,很多行业没有形成有效的行业自治组织,且部分行业的行业自治组织资质参差不齐,立法凌乱分散,内容极不统一。

互联网汽车金融行业中的行业自治组织不仅没有发挥出有效作用,还给互联网汽车金融行业带来了行业自治风险。互联网汽车金融公司在没有行业惯例的约束下容易无序经营,业态发展存在问题。目前,我国互联网汽车金融行业的行业自治组织较少,真正能发挥作用的更是寥寥无几。

无论是行业规范还是自治公约,都是原则性的规定,因此在实际中难以适用,且对会员单位起到的约束作用较小。究其原因,在于目前行业自治的发展尚不成熟,行业自治规范和公约都难以得到遵循,行业自治难以发挥作用。

8.3.1.3 企业内部治理风险

互联网汽车金融行业是新兴互联网金融与汽车金融的融合,其产生和发展的时间较短,缺乏经营和管理经验,在探索与创新的过程中,互联网汽车金融行业内部的治理往往存在风险,如企业定位不明确,经营方向难以把握,甚至部分企业没有取得金融业务经营牌照。例如,对交易项目的信息不进行登记备案,审核不严,导致项目情况真伪难辨。同时,由于互联网汽车金融公司成立时间较短,企业内部治理还不完善,极易造成个人金融信息被泄露,侵权、侵财等事件时有发生。如果企业管理不善,则容易造成用户个人隐私信息被窃取,甚至部分企业主动将用户个人隐私信息非法卖给他人从而获利。企业内部管理不善给互联网汽车金融行业的发展带来了负面影响,为互联网汽车金融行业今后的发展埋下了极大的隐患。

8.3.1.4 信用风险

截至目前，我国的信用体系尚未完善，信用违约等欺诈行为常有发生，互联网汽车金融领域的信用风险表现得更为突出。不同于传统的汽车金融公司，现阶段我国互联网汽车金融公司的信用风险管理和控制水平参差不齐，整体存在较大隐患。伴随着互联网汽车金融市场的逐步扩大，由信用风险管理带来的问题也更加引起了我国的重视。

互联网汽车金融中的信用风险包括主体信用风险、客体信用风险和第三方支付信用风险，即购车借款人违约风险、参与主体经营管理不善引起的信用风险和第三方支付平台带来的信用风险等。

当前，互联网汽车金融领域比较常见的信用风险行为包括假冒他人身份签订合同；使用伪造的身份证明或购车证明签订合同；在签订合同时出具虚假资信证明；虚增购车价格，贷款金额远远高于所购车辆的实际价格；贷款未用于购买车辆，而是挪作他用；以个人名义贷款，但是所购车辆或贷款的实际使用人为法人单位；用已经购买的车辆，作为新购车辆进行贷款等。

在互联网汽车金融行业中，除面临以上传统汽车金融领域会出现的信用风险行为外，沉默方式的信用风险行为也尤为突出，如借款方在签订借款合同过程中存在一车多押、实际抵押价值远超抵押物价值、对抵押汽车的重要信息没有合理告知等。信用风险逐渐成为互联网汽车金融行业发展过程中的重要制约因素，互联网汽车金融行业若要实现持续稳定发展，就必须对信用风险加以防范。

8.3.2 互联网汽车金融应对风险的措施

为了应对各种风险，互联网汽车金融行业可实行以下措施。

8.3.2.1 完善和健全市场环境

(1) 建立健全完善的互联网汽车金融征信体系，采取"政府推动、央行运作、市场补充"的新模式，创建互联网汽车金融征信系统，并将该系统接入央行征信平台。

(2) 健全抵押担保制度。无论是从互联网汽车金融渠道进行贷款担保，还是从商业银行进行贷款担保，都应根据购车贷款申请人信息进行分析，并对具体信息进行严格审查，以提供适合的担保方式。

(3) 国家政府或权威的行业自治组织出台相关具体法规和细则，增加相关的针对性条款，使互联网汽车金融的担保有法可依。同时，设置统一且标准的二手车评估定价模式，规范抵押物二级市场，保持市场秩序稳定。

8.3.2.2 建立完善的互联网汽车金融风险管控系统

首先，建立完善的互联网汽车金融风险管控系统对于应对互联网汽车金融风险有着相当重要的意义。

有关研究表明，我国汽车消费信贷的坏账比例明显高于住房消费信贷。提升我国互联网汽车金融服务机构的风控水平，首要任务就是完善消费者信用评估体系。目前，美国消费信贷坏账比例普遍较低，已经形成系列的较为成熟的信用评估体系，可在一定范围内防控互联网汽车金融的信用风险。

针对我国目前消费者信用评估体系，可结合国内实际情况，灵活地参考和借鉴国外的理论方法，进行我国的消费者信用评估体系建设。同时，灵活运用各种统计模型和软件，针对相关消费者的信用级别进行准确评判，对我国建立消费者信用评估体系也起着一定程度的推动作用。

其次，不断优化信用风险预警系统对我国建立和完善互联网汽车金融风险管理系统、有效预防互联网汽车金融风险起着重大作用。

为保持风险预警系统的灵敏性和准确性，需要随时监测可能出现的新风险因素，不断更新、优化和调整信用风险预警系统的各个指标的排列和权重。信用风险发生的原因多种多样，在建立信用风险预警系统之初可能会遇见很多问题，涉及的影响因素数不胜数。及时优化互联网汽车金融信用风险控制预警系统，与时俱进，对维护互联网汽车金融产业链有着极大的辅助作用。

加强和建设互联网汽车金融信用环境，对建立和完善互联网汽车金融风险管控系统也起着相当大的推动作用。

8.3.2.3 协调行业自治机制

行业的发展离不开行业自治组织的支持。行业协会作为重要的行业自治组织，具有专业性强、熟悉市场的规律与活动运作等特点。和政府监管相比较，行业协会的监管方式更加灵活，且贴近市场经济规律。企业的发展与行业自治组织相辅相成，但由于企业经营的特殊性，决定了企业有可能忽视行业准则。为此，建立行业自治体系是完善互联网汽车金融行业规范必不可少的环节。

8.4 互联网汽车金融案例分析

> 分析案例

京东布局互联网汽车金融

得益于交易平台和场景优势，京东在互联网汽车金融方面的发展走在行业前列，一方面，京东金融自营的汽车白条可以为汽车消费者提供借贷工具；另一方面，京东通过投资"美利金融""OK 车险""花生好车"及乐信集团、易鑫集团等互联网汽车金融平台，完善了二手车和新车购车贷款、互联网车险、融资租赁、汽车消费金融等多条汽车金融业务线。

2017 年 5 月，京东还与"第 1 车贷"合作发行了 6.25 亿元的二手车金融资产，完善了京东在互联网汽车金融领域的布局。京东在互联网汽车金融领域的主要投资和布局如表 8-2 所示。

表 8-2　京东在互联网汽车金融领域的主要投资和布局

汽车金融业务类型	时间	融资方	融资轮次	融资金额
二手车和新车购车贷款	2016 年 4 月	美利金融	A 轮	数千万美元
互联网车险	2016 年 7 月	OK 车险	A 轮	8000 万元人民币

续表

汽车金融业务类型	时间	融资方	融资轮次	融资金额
汽车消费金融	2015年3月	乐信集团	C轮	数千万美元
融资租赁	2015年1月	易鑫集团	A轮	1.7亿美元
	2016年8月	易鑫集团	B轮	5.5亿美元
新车消费金融	2016年11月	花生好车	A轮	数千万元人民币
	2018年10月	花生好车	B轮	2.1亿美元

事实上，不论是"老一辈"的四大传统互联网平台（百度、阿里巴巴、腾讯、京东），还是"新一代"的新兴互联网机构（今日头条、美国、滴滴），均早已在互联网汽车金融领域布局。总体而言，京东和腾讯的业务布局范围最广，均涉及汽车融资租赁、汽车保险、新车和二手车贷款四大领域。由于京东自身产品的优势，京东成功地成为互联网汽车金融行业的领头羊。

1. 供应链金融产品

2017年11月，京东发布汽车无界服务战略，宣布在原有汽车用品业务的基础上，向上游拓展B2B市场，彻底打通汽车后市场的全产业链条，形成B2B2C闭环。

在汽车产业的金融产品方面，京东与汽车产业供应链上各环节的核心企业合作，针对供应链上下游各参与主体，提供定制化企业金融服务解决方案，扩大相关企业生产经营的采购资金及盘活汽车经销商存货资产等多元化综合金融服务，为打通汽车供应链上下游、解决相关行业痛点、服务汽车全供应链提供便利服务。

京东金融提供基于汽车产业供应链的金融产品。京东金融的产品服务对象包括各级整车经销商、汽车零配件经销商和汽车电商平台等。京东金融的产品服务内容包括为供应链上的各相关企业进行融资及其他相关服务。

京东金融提供的基于汽车产业供应链的金融产品主要由其三个基础产品构成：采购融资、库存融资和保理。采购融资是指"贷款买货"的融资模式，由京东金融为相关核心企业的采购提供融资，助力相关汽车经销商扩大生产经营；库存融资是指京东金融为相关核心企业生产的货物提供质押借款，货物质押由第三方监督；保理是指直接基于上下游供应链的销售合同所产生的应收账款可在一定条件下转让。采购融资、库存融资和保理三者皆按日计息，并可选择提前还本或到期还本。

2. 京东金融车白条

京东金融车白条是京东金融推出的全线上化汽车分期产品。该产品为购车用户提供更加方便快捷的一站式汽车金融服务。

2019年，京东金融车白条与相关金融机构、汽车主机厂商等进行合作，服务用户近百万人。京东金融车白条依托京东数字科技集团的金融科技与大数据智能风控优势，为相关合作主体提供互联网汽车金融解决方案，实现渠道共建、资源互补。在汽车产业销量下滑的今天，京东金融车白条一方面为用户提供了汽车金融服务，另一方面也把用户用车、养车、置换车等需求覆盖得更为全面。京东金融车白条特点如图8-1所示。

相较于其他互联网汽车金融产品，京东金融车白条具有其独特的优势。

图 8-1　京东金融车白条特点

（1）京东品牌背书。京东以其积累多年的好口碑与互联网巨头的实力为京东金融车白条背书，使消费者更加信赖京东金融车白条。

（2）金融经验沉淀。京东金融深耕金融市场多年，其推出的京东金融车白条使用户在使用时更加省心。

（3）资金储备充足。京东金融车白条具有千亿级资金管理规模，业务资金充足，能快速放款，业务效率更高。

（4）合作返佣丰厚。除基础佣金外，佣金具体数额可以根据完成的返佣项目进行具体发放，且返佣项目众多。

（5）风控管理合规。依托京东数字科技集团的数字科技实力和大数据智能风控能力，京东金融车白条建立了完善的数据模型，可以通过实施全场景的风控管理，有效地帮助汽车经销商等B端用户规避风险。

（6）流量高度匹配。京东月活跃用户近百亿人，借助京东这一平台，京东金融车白条可以触达众多的群体，为合作方提供更多的高度匹配的用户资源。

京东布局互联网汽车金融，成功拓展了自身的业务范围，通过平台引流，实现营业额增收，减轻了我国汽车购买者的经济负担，促进了我国互联网经济的发展，为互联网汽车金融的发展提供了值得借鉴的经验。

本 章 小 结

随着人们生活水平和消费水平的不断提高，以及互联网技术的发展，互联网汽车金融行业步入快速发展阶段。各大资本看中了此时的机遇，纷纷布局互联网汽车金融。可以预见，我国在未来或将有更多的企业和金融机构入局互联网汽车金融行业，并促使该行业逐渐走向规范化、标准化。

关 键 词

互联网汽车金融；互联网汽车金融业务；互联网汽车金融风险管理

思 考 题

1. 简述什么是互联网汽车金融。
2. 简述互联网汽车金融的发展历程。
3. 简述互联网汽车金融的业务种类有哪些。
4. 简述互联网汽车金融的风险。
5. 谈一谈互联网汽车金融风险的应对措施。

参 考 资 料

[1] 贺晶晶，陈轶嵩，陈昊."互联网+"背景下我国建设汽车强国的思考[J]. 科技促进发展，2018，14(10)：989-994.

[2] 罗莉. 互联网金融视角下汽车金融发展对策建议[J]. 老字号品牌营销，2021(9)：89-90.

[3] 丁晓萍. 基于大数据和云计算的互联网汽车融资租赁信用风险控制[J]. 内燃机与配件，2021(14)：187-189.

[4] 孙敏. 互联网金融背景下我国汽车金融市场发展现状与问题探究[J]. 中外企业文化，2020(7)：31-32.

[5] 赵冬雪. 互联网汽车金融业务风险的影响因素研究[D]. 南昌：华东交通大学，2020.

[6] 范红忠，魏铃洁. 第三方互联网金融对中国居民汽车消费的影响研究——基于 ARDL 模型的实证分析[J].工业技术经济，2020，39(3)：82-874.

[7] 罗钰."互联网+"背景下我国汽车金融的市场研究[J]. 中国商论，2019(23)：60-61.

[8] 贺雪菲. 互联网供应链金融信用风险评价的研究[D]. 上海：上海师范大学，2019.

[9] 王德英，隋冰."互联网+"汽车供应链金融及风险控制[J]. 销售与管理，2019(10)：44-46.

[10] 刘泓羽. 互联网背景下我国汽车金融市场分析[J]. 全国流通经济，2018(32)：57-58.

[11] 杨华彬. 互联网金融背景下汽车金融公司数字化转型发展研究[D]. 武汉：湖北工业大学，2020.

[12] 侯家明."互联网+"背景下汽车金融发展探讨[J]. 合作经济与科技，2020(12)：62-64.

[13] 贺雪菲. 互联网供应链金融信用风险评价的研究[D]. 上海：上海师范大学，2019.

[14] 韩伟. 微贷网车抵贷业务营销策略研究[D]. 兰州：兰州理工大学，2019.

[15] 梁雪. 互联网金融下平安银行车贷部运营管理的研究[D]. 天津：天津大学，2019.

[16] 程子越. 我国汽车金融公司"以租代售"业务盈利风险管理研究[D]. 广州：暨南大学，2019.

[17] 房春萌. 我国汽车融资租赁案例研究[D]. 北京：对外经济贸易大学，2015.

第 9 章

新能源汽车

【教学目标与要求】

1. 了解新能源汽车基础知识及相关概念;
2. 掌握新能源汽车企业的融资方式;
3. 掌握新能源汽车租赁的相关模式;
4. 了解新能源汽车保险业务;
5. 结合新能源汽车保险业务现状思考如何设计保险产品。

【思政目标】

1. 激发节能减排、保护环境的社会责任感;
2. 通过认识民族品牌的新能源汽车及我国在新能源汽车领域的世界领先成就,增强民族自豪感,培养工匠精神。

> **导入案例**
>
> **锂电池价格上升，补贴标准下降，新能源汽车还能继续火吗？**
>
> 2022年，我国新能源汽车市场面临考验。
>
> 从成本构成结构来看，动力电池作为新能源汽车的核心组件，其成本约占整车成本的40%，是新能源汽车全产业链的核心环节。近年来，随着锂电池价格持续暴涨，加之新能源汽车国家补贴标准在2021年基础上退坡30%，且于2022年年底全部取消，使得新能源汽车企业纷纷走上了提价之路。
>
> 2022年1月，小鹏汽车宣布将在售的P7、P5、G3i车型的指导价整体上调，上调幅度从4300元到5900元不等。同期，比亚迪在其发布的"关于车型价格调整的说明"中表示，由于原材料价格的大幅上升及国家补贴的减少，比亚迪汽车将对王朝网和海洋网等相关销售平台在售的新能源车型的官方指导价进行调整，上调幅度从1000元到7000元不等。而后，其他新能源汽车企业也相继提价。
>
> 对此，有业内人士表示，随着新能源汽车国家补贴的减少和锂矿等基础资源价格剧烈上升，新能源汽车企业面临一定的成本压力。但就各车企的具体情况而言，虽然会有一定程度的价格上调，但仍处于可控范围，有望在近期化解相关压力。
>
> 从市场反馈看，用户对新能源汽车补贴退坡的价格变化有一定程度的预期。苏宁金融研究院研究员耿逸涛坦言："新能源汽车依靠补贴走了这么多年，是时候走向市场驱动之路了。随着新能源汽车的不断发展和技术的不断迭代，新能源汽车企业可以通过规模效应摊平成本。同时，还可以通过改善电池供应商结构和创新电池技术来降低成本。"
>
> 展望2022年的新能源汽车市场，全国乘用车市场信息联席会秘书长崔东树表示，由于市场对新能源车需求旺盛，前期因产能不足未交付订单充裕，因此价格微涨不会严重影响整体市场需求。"2022年很多新能源汽车企业都确定了宏伟的产销提升目标，因此，我们有信心使2022年新能源乘用车销量达到550万辆左右，继续实现70%左右的高增长。"
>
> 当前，中国新能源汽车产业已经成为推动全球新能源汽车市场发展的最大引擎，我国已连续三年位居全球新能源汽车产销第一大国。本章将会对有关新能源汽车的基础知识及相关金融服务进行讲解，以期帮助读者对新能源汽车金融服务有更好的认识。

9.1 新能源汽车概述

9.1.1 新能源汽车的定义

全球新一轮科技革命和产业变革蓬勃发展，汽车、交通、信息通信和能源等各方面技术加速融合，电动化、车联网、智能化等成为如今汽车发展的新趋势。新能源汽车融合了新能源、新材料、互联网、大数据和人工智能等多种变革性技术，推动汽车从单纯的交通工具向移动智能终端、储能单元和数字空间转变，带动能源、交通、信息通信基础设施改造升级。近年来，新能源汽车已成为全球汽车产业转型发展的主要方向和促进世界经济持续增长的重要引擎。

2009年6月,工业和信息化部发布了《新能源汽车生产企业及产品准入管理规则》,就新能源汽车做出了统一的规定。新能源汽车是指采用非常规的车用燃料作为动力来源(或使用常规的车用燃料、采用新型车载动力装置),综合车辆的动力控制和驱动方面的先进技术,形成的技术原理先进,具有新技术、新结构的汽车。在现实中,新能源汽车常泛指主要动力来源不依靠内燃机的车型。

9.1.2 新能源汽车的种类

新能源汽车的种类主要包括混合动力汽车、纯电动汽车(BEV,包括太阳能汽车)、燃料电池电动汽车(FCEV)、氢动力汽车、其他新能源(如高效储能器、二甲醚)汽车等各类别产品。

9.1.2.1 混合动力汽车

混合动力汽车是指车辆驱动系统由两个或多个能同时运转的单个驱动系统联合组成的车辆。通常所说的混合动力汽车是指油电混合动力汽车,即采用传统的内燃机(柴油机或者汽油机)和电动机作为动力源,共同组成"油—电"动力耦合驱动平台。由于混合动力汽车采用混合动力,车辆在下坡、制动和怠速时可以利用蓄电池进行能量的回收。同时,内燃机的运行也解决了纯电动汽车空调、取暖、除霜等耗能大的难题。但由于该类型的新能源汽车使用两套动力系统,并在此基础上添加了两套动力管理系统,故结构系统复杂、技术较难、价格较高。

9.1.2.2 纯电动汽车

纯电动汽车是指以车载电源为动力,用电机驱动车轮行驶,符合道路交通、安全法规各项要求的车辆,一般采用高效率充电蓄电池作为动力源。由于其利用电力来进行电动机的驱动,运行时不会排放有害物质,又称"零排放"汽车。

有关研究表明,通过原油发电,再将电能转至纯电动汽车的电池中以进行汽车的驱动,其利用率比进行精炼过后的汽油发电能量更高,且这种方式既可以有效节约能源,也可以减少二氧化碳的排放量。

正是因为以上优点,使得对纯电动汽车的研究和应用成为汽车产业的"热点"。但由于存在电池的使用寿命较短、价格成本较高及有关基建措施不完善等问题,纯电动汽车产业化发展的进程受到严重影响。

9.1.2.3 燃料电池电动汽车

燃料电池电动汽车是指在燃料电池中,利用氢气和空气中的氧,在催化剂的作用下,将经电化学反应产生的电能作为主要动力源驱动的汽车。燃料电池电动汽车对于能源的利用及环境的保护而言,是一种理想的车辆,其燃料电池的能量转换效率与传统内燃机汽车相比高了2~3倍,且实现了零排放或近似零排放的目标。与传统内燃机汽车相比,燃料电池电动汽车还减少了因机油泄漏导致水污染的可能性,同时还降低了温室气体排放,并提高了燃油经济性、提升了发动机燃烧效率。燃料电池电动汽车在车辆运行时平稳、无噪声。燃料电池电动汽车的使用在支持国家有关政策的同时,还满足了消费者的不同需求。

9.1.2.4 氢动力汽车

氢动力汽车是指以氢动力燃料电池作为主导燃料,与其他传统内燃机汽车相比更具有环保性,能够实现零污染、零排放。氢动力汽车在新能源汽车领域属于对环境最友好的汽车,该车辆在运行过程中,只产生纯水作为排放物。但因其电池储存运输条件受限,使得该类型的新能源汽车难以进一步拓宽适用范围。

9.1.3 新能源汽车的发展历程

早在燃油汽车出现之前,纯电动汽车就已在市场上得到应用。1900年,欧美一些西方国家出售的4200辆汽车中,40%是蒸汽汽车、38%是电动汽车,剩下的22%才是燃油汽车。虽然在后续的很长一段时间内,燃油汽车的发展导致纯电动汽车被人们所遗忘,但20世纪60年代的石油危机,使纯电动汽车再次进入人们的视野。

我国入局电动汽车市场较晚,特别是在新能源汽车产业领域只有短短十多年的历史。可将我国的新能源汽车产业的发展划分为三个阶段。

(1) 示范推广阶段(2009—2012年)。我国于2009年发布了《关于开展节能与新能源汽车示范推广试点工作的通知》,根据国务院关于"节能减排""加强节油节电工作"和"着力突破制约产业转型升级的重要关键技术,精心培育一批战略性产业"的战略决策精神,为了扩大汽车消费、加快汽车产业结构调整、推动节能与新能源汽车产业化,我国同时在北京、上海、重庆、武汉等13个城市开展了节能与新能源汽车示范推广试点工作,通过财政政策鼓励公交、出租、公务、环卫和邮政等公共服务行业领域率先推广使用节能与新能源汽车,并对使用和购买节能与新能源汽车的单位给予补助。

在这一阶段,对于新能源汽车的推广主要以公共领域的试点为主,在相关方面仍面临着许多问题,如私人消费市场规模较小且增速缓慢,市场认可程度不高,其产业发展重点依托财政补贴效益等。

(2) 推广应用阶段(2013—2015年)。我国在2013年将推广应用节能与新能源汽车的城市扩大到39个城市和城市群,将推广车型聚焦于新能源汽车,加之其他因素的帮扶作用,带动2014年新能源汽车销量超预期。国务院总理李克强在2014年7月9日主持召开国务院常务会议,决定免征新能源汽车车辆购置税。该会议指出,发展新能源汽车是加速我国交通能源战略转型、推进生态文明建设的重要举措。支持新能源汽车这一战略性新兴产业发展,对于实施创新驱动、促进节能减排和污染防治、拉动国内市场需求、培育新的增长点、实现产业发展和环境保护"双赢"具有重要意义。

在这一阶段,发展新能源汽车产业上升到了国家战略层面,财政补贴力度不减,新能源汽车在私人消费领域的销售额迅速增长,市场规模逐步扩大。

(3) 全面推广阶段(2016年以后)。第十二届全国人民代表大会第四次会议政府工作报告中特别强调"大力发展和推广新能源汽车,以纯电动为主,活跃二手车交易市场,加快建设城市停车场与新能源汽车充电设施"。该报告引起了市场的巨大反响,市场需求差异化增强,汽车产业内部竞争加剧。2020年11月,在国务院办公厅印发的《新能源汽车产业发展规划(2021—2035年)》中,要求深入实施发展新能源汽车国家战略,推动中国新能源汽车产业高质量可持续发展,加快建设汽车强国。

在政策的支持和鼓励下,新能源汽车市场开始走向更加健康有序的发展道路。虽近年来我国因疫情、宏观大环境及其他有关因素影响，导致经济增速放缓，但新能源汽车的销量仍然保持正增长的态势。截至 2020 年年底，我国的新能源汽车销量达 136.7 万辆，环比提高了接近 11 个百分点。2013—2020 年中国新能源汽车销量及增长率如图 9-1 所示。

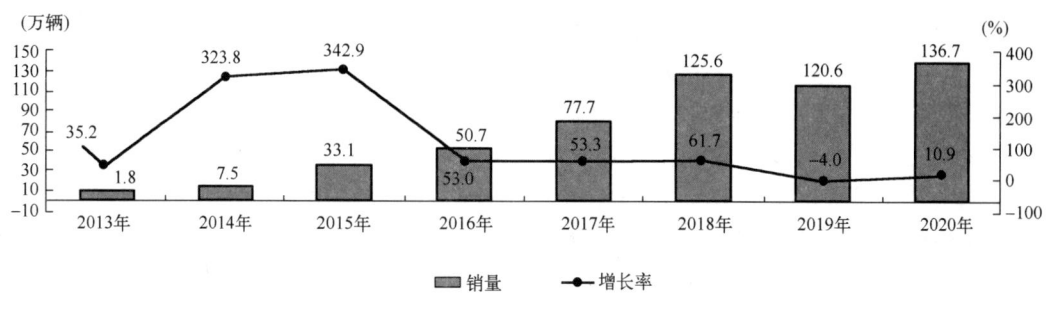

图 9-1　2013—2020 年中国新能源汽车销量及增长率

9.1.4　新能源汽车的发展现状

9.1.4.1　新能源汽车的产业发展近况

近几年，随着新一轮科技革命和产业变革，新能源汽车产业进入了加速发展阶段。我国的新能源汽车产业经过多年的持续努力，技术水平显著提升、产业体系日趋完善、企业竞争力大幅增强，呈现出市场规模、发展质量"双提升"的良好局面。

特别是在全球实现"双碳"目标下，新能源汽车因具有减少温室气体排放、应对气候变化挑战、改善全球生态环境等优势，从而受到更多重视。同时，通过国家多年来对新能源汽车整个产业链的培育，各个环节逐步成熟，丰富和多元化的新能源汽车产品不断满足市场需求，使用环境也在逐步优化和改进，新能源汽车越来越得到消费者的认可。

现阶段，新能源汽车总体的发展表现为近几年的新能源汽车销量呈现爆发式增长、头部厂商市场占有率集中度高、充换电基础设施增长迅速，特别是充换电基础设施的增长，为后期新能源汽车的普及提供了基础保障。

9.1.4.2　新能源汽车的产业发展难点

在一个产业快速发展的过程中，必然会出现许多或大或小的问题。目前，新能源汽车产业存在三个较为明显的问题。

1. 新能源汽车产业创新能力不足

近年来，虽然我国新能源汽车产业取得了一定的发展，但相较于发达国家，新能源汽车的研发和制造水平仍较为落后。特别是后备技术人才储备不足的问题，在很大程度上制约了我国新能源汽车产业发展。我国关于新能源汽车的电池、驱动电机和电控系统等核心技术掌握水平有限，关键原材料及核心零部件主要依靠进口，极大地限制了我国新能源汽车产业的发展。目前，我国的电池、驱动电机和电控系统等关键组件产业正处于转型期，产品的可靠性与耐久性有待进一步提高，需要更多有能力、有想法的技术人员进行进一步的开发。

2. 相关配套设施严重缺乏，有关资金不到位

当前，我国尚未制定系统科学的关于新能源汽车基础设施的规划方案与指导意见，新能源汽车行业一直处于"政策热，市场冷"的尴尬处境。部分城市存在建设规划与新能源汽车推广数量不配套、基础设施规划不合理、充电站建设具有盲目性等问题。此外，面向消费者的充电装置发展进程比较缓慢，以及已经建成的充电设备使用效率不高也是现阶段存在的现实问题。

新能源汽车基础设施公共性较强，使得民营资本进入充电桩行业时更为谨慎。一般企业不愿意也没有足够的实力投资充电桩项目，从而导致充电桩的建设和运营处于一个十分尴尬的局面。新能源汽车的基础设施现阶段主要依靠政府的财政扶持，容易出现资金不能及时到位的情况。

3. 新能源汽车保险产品开发困难

新能源汽车的电池等关键组件成本昂贵、担保风险大，加之相关保险的费率厘定没有可参照的样本，这就使得保险公司在设计和开发新能源汽车保险产品时存在较大困难。截至目前，我国尚未出台具体的单独针对新能源汽车保险的有关条例，现有的条款皆比照传统的汽车保险。但新能源汽车与传统汽车在构造上完全不同，导致目前的保险条例设置对新能源汽车而言存在不适用的情况。

9.2 新能源汽车企业融资

新能源汽车企业融资是指新能源汽车企业对资金进行筹划收集的行为和过程。新能源企业根据自身所处的生产经营和资金状况，组织相关技术人员，通过对有关市场调研数据进行分析，并利用数据模型，对未来业务发展及企业定位进行预测和决策，选择恰当的方式向企业的投资者和债权人募集资金，以达到促进企业更好发展的需求。

根据资金来源途径，可以将新能源汽车企业融资分为内源融资和外源融资两类。一般来说，外源融资通过金融媒介机制形成，以直接融资和间接融资的融资方式实现。新能源汽车企业融资分类如表9-1所示。

表9-1 新能源汽车企业融资分类

分类	资金来源	融资方式	融资渠道	融资说明
内源融资			自有资金	
外源融资	外部资金	直接融资	股权融资	增加发行股票、IPO等
		间接融资	债权融资	向银行或第三方机构贷款债务
			风险资本	以私募方式筹资
			财政资金	政府补贴等

不同时期的新能源汽车企业规模大小、发展特点及在经营过程中可能面对的风险情况各不相同，使得其在不同的阶段需要采取不同的融资策略，以保证该企业内部各项事务的正常运行。根据 Vernon R 提出的产业生命周期理论，企业在成长发展的过

程中可以分为初创期、成长期、成熟期、衰退期四个阶段。目前，我国新能源汽车企业绝大部分都处在成长期和成熟期，股权融资和债权融资两种外部融资方式是当前新能源汽车企业发展不可或缺的力量。

9.2.1 新能源汽车企业的股权融资

新能源汽车企业的股权融资是指新能源汽车企业的股东为了增加资产，选择放弃部分所持有新能源汽车企业所有权，以使总股本上升的融资方式。新能源汽车企业的股权融资特点决定了其用途的广泛性，其融到的资金既可以用于充实新能源汽车企业的营运资金，又可以用于新能源汽车企业的投资活动。

9.2.1.1 新能源汽车企业的股权融资种类

新能源汽车企业的股权融资按照时间可分为初始股权融资和后续股权融资。在新能源汽车产业中，初始股权融资是指具有上市资格的新能源汽车企业第一次将它的股份向公众出售，即首次公开募股(IPO)。后续股权融资包括配股和公募增发。配股是指已上市的新能源汽车企业根据其经营和发展需要，经有关部门批准后，向原股东按其持股比例认购配售股份的行为。该行为的本质是向原股东筹集资金。公募增发是指已上市的新能源汽车企业以面向社会公开募集资金的方式增资发行股份的行为。新能源汽车企业的股权融资按照融资渠道可分为公开市场发售和私募发行。公开市场发售是指通过二级市场发行股票以获得资金的行为，发售面向所有社会投资者，包括首次公开募股(IPO)、增发和配股。私募发行是指根据自身需求，积极主动寻找特定的投资者，并吸引他们投入资金入股的行为。

9.2.1.2 新能源汽车企业的股权融资主要方式

1. 股权质押融资

新能源汽车企业的股权质押融资是指出质人以其所拥有的新能源汽车企业的股权作为质押标的物，为自己或他人的债务提供担保的行为。把新能源汽车企业的股权质押作为向新能源汽车企业提供信贷服务的保证条件，增加了新能源汽车企业的融资机会。对于新能源汽车企业而言，该融资的主要形式是通过抵押不动产获取商业银行贷款。

2. 股权交易增值融资

新能源汽车企业在每一个发展阶段都离不开资本的流动与增值。新能源汽车企业的股权交易增值融资是指把一小部分的股份溢价出让给其他人，把获得的溢价部分重新投入生产运营。相较于商业银行贷款等融资方式对于新能源汽车企业信用、还款期限等方面的限制，进行股权交易增值融资是最直接、快速、有效的融资手段，极大地促进了新能源汽车企业的扩张性发展，提高了社会资本的流动性和增值性。

3. 股权增资扩股融资

新能源汽车企业的股权增资扩股融资也称股权增量融资，既是权益性融资的一种形式，也是新能源汽车企业常用的融资方式。新能源汽车企业可以通过引入国内外战略投资者和财务投资者等方式，增强其自身资本实力，实现新能源汽车企业的发展战略和行业资源的整合。同时，新能源汽车企业还可以通过让原有股东加大投资，使其股权比例保持不变或发生一定的改变，从而增加新能源汽车企业的资本金。

4. 私募股权融资

新能源汽车企业的私募股权融资(PE)是相对于股票公开发行而言的。近年来，随着全球的私募基金进入中国，私募股权融资已成为新能源汽车企业股权直接融资的有效方式之一。

2018年公布的《金融资产投资公司管理办法（试行）》第一章第五条规定："银行、金融资产投资公司应当与债转股对象企业、企业股东等相关方按照股权数量和价格，依法建立合理的损失分担机制，真实降低企业杠杆率，切实化解金融风险。鼓励通过债转股、原股东资本减记、引进新股东等方式优化企业股权结构。支持金融资产投资公司推动企业改组改制，切实行使股东权利，履行股东义务，提高企业公司治理水平。"股权融资已成为当前新能源汽车企业进行企业融资的重要方式。

9.2.1.3 新能源汽车企业的股权融资优势

在现代金融理论中，证券市场又称公开市场，是指对标准化的金融产品进行买卖活动的市场。证券市场的交易是在一定的市场准入、信息披露、公平竞价交易、市场监督制度下规范进行的。证券市场为新能源汽车企业的股权融资提供了良好的市场环境及有力保障。新能源汽车企业若能够成功进行股权融资，则必将获得未来的发展。

在新能源汽车企业中，股权资本作为新能源汽车企业最基本的资本，代表了新能源汽车企业自身的资本实力，是新能源汽车企业与其他单位组织开展经营业务，进行业务活动的信誉基础；股权资本没有固定的到期日，无须偿还，除非清算时才有可能予以偿还，既是新能源汽车企业的永久性资本，也是新能源汽车企业稳定的资本基础；股权资本相对于债务资本，在筹集及使用方面限制较少，可以根据新能源汽车企业的经营状况和业绩好坏，向投资者支付报酬，使新能源汽车企业承担的财务风险更小。

股权融资作为新能源汽车上市企业的主要融资方式，通过提高股权融资效率的方式来弥补内部融资额的下降，具有长期性、不可逆性、无负担性等特点。随着新能源汽车上市企业股权融资额逐年增加，关于股权融资效率的问题也随之产生。股权融资效率不仅影响新能源汽车产业的发展，也影响我国资本市场的配置效率。提高股权融资效率对完善金融市场、提高资本市场配置效率有着重要的意义，并有助于我国新能源汽车上市企业有效优化配置已融入的资金，从而实现利益最大化。

9.2.2 新能源汽车企业的债权融资

新能源汽车企业的债权融资通过举债的方式进行，通常是指有偿使用新能源汽车企业外部资金的融资方式。新能源汽车企业通过出售如应收账款、票据及信用证等债权来进行有关融资活动，以解决企业营运资金短缺的问题。债权融资的进行要求新能源汽车企业自身承担在借款期间所产生的利息，并且在借款到期日要按时、足额向债权人偿还本金。

9.2.2.1 新能源汽车企业的债权融资种类

新能源汽车企业的债权融资最终结果必将导致新能源汽车企业负债的增多。按渠道的不同可以将新能源汽车企业债权融资分为商业银行贷款、发行企业债券和民间借款。

(1) 新能源汽车企业的商业银行贷款主要有两类，一类是以动产或不动产抵押、理财质押、保单质押等为主的担保贷款，另一类是针对企业信用的信用贷款。

(2) 发行企业债券在我国是被严格控制的，不但对发行主体有很高的条件要求，而且需要经过严格的审批。目前，我国大部分汽车企业均发行了相关债券，特别是在国家政策的推动下，新能源汽车企业也开始发行"绿色债券"。

(3) 民间借款在我国现行的法律体系内是不受法律保护的融资行为，甚至有可能被认定为"非法集资"而受到法律的惩罚。在现实中，很多中小民营企业通过诸如私人钱庄、农村合作基金等民间的非法、准非法的灰色金融机构进行贷款活动。对于新能源汽车企业而言，如果进行了民间贷款，则将会为其之后的发展埋下重大的法律安全隐患。

9.2.2.2 新能源汽车企业的债权融资优势

债权融资作为新能源汽车企业融资的一种方式，具有税盾功能。在进行债权融资时需要偿还除本金外的债务利息。我国乃至世界的税法基本上都准许利息支付在税前列支，而股息在税后列支，这就为新能源汽车企业带来了税收节约的价值。我国企业所得税的税率为 25%，因此新能源汽车企业能节省约四分之一的债务成本，这可以使新能源汽车企业进行合理避税，并使其每股税后利润有所增加。

新能源汽车企业在进行债权融资时，除按事先确定的利率支付利息外(衍生品种除外)，其余的经营成果都将被原来的股东所共享。如果纳税付息前的利润率高于利率，负债经营就可以增加其税后利润，使股东收益增加，从而进一步体现债权融资的财务杠杆作用。

对于新能源汽车企业而言，相较于其他融资方式，债权融资的手续简单、周期较短。但新能源汽车企业的债权融资也需要提供固定资产担保，并且所获得的资金只有使用权而没有所有权，一定程度上对资金用途有很大的约束。商业银行贷款是新能源汽车产业的重要资金来源渠道，其中包括政策性贷款和商业贷款。虽然商业银行遵从国家政策，对新能源汽车企业进行扶持，但是基于商业银行的经营原则，目前，新能源汽车企业的债权融资大部分为短期贷款，对于新建项目，特别是投资回收期长的项目，债权融资并不适用。

9.3 新能源汽车企业融资风险的种类及管理

9.3.1 新能源汽车企业融资风险的种类

新能源汽车产业内部竞争激烈，核心技术的掌握及自主研发的创新能力仍是其产业发展的关键因素。新能源汽车的研发周期长、造价成本高，使得其在研发生产过程中需要大量的资金投入。在日常经营活动中，如出现资金链断裂等情况，新能源汽车企业通常会采用融资的方式来保证内部运行资金的充足。但在新能源汽车企业进行企业融资的过程中，往往会因出现的有关风险而影响企业正常运营。

9.3.1.1 政策风险

政策风险是指由于国家在政治、经济和法律等方面制定的政策给新能源汽车产业风险变化带来的影响。为了鼓励和支持新能源汽车产业的发展，国家对新能源汽车企业提供相关政策补贴。但就目前情况而言，我国对新能源汽车企业的补贴呈现退坡趋势。如果新能源汽车企业在发展过程中，不能根据政策变化及时调整自身策略，将会面临巨大的风险。

政府出台的一系列政策对新能源汽车产业的发展都表现出支持的态度和立场，若政府不再支持新能源汽车的发展，新能源汽车企业将很难继续得到政府补贴红利，因此需要从技术创新和经营领域下功夫。同时，由于部分新能源汽车企业抓住了政府补贴政策的"漏洞"，趁机大肆"骗补"，进而引发了一系列不良影响事件，有可能导致国家有关政策不再向新能源汽车产业倾斜，使得新能源汽车企业的发展遭受严重阻碍。

近年来，新能源汽车产业得到了大力发展，但新能源汽车出现质量问题的案例数量也逐日增加，我国政府有必要通过补充和完善相关的政策法规来严格规范相关问题。

9.3.1.2 生产风险

在新能源汽车企业进行试生产阶段和生产运营阶段中，存在着技术、资源储量、能源和原材料供应、生产经营、劳动力状况等风险，影响了新能源汽车企业进行企业融资。

研发人员是否拥有创新的理念和想法、生产人员是否拥有过硬的技术本领、原材料的品质是否值得信赖等都会诱发新能源汽车企业生产风险的产生。一旦产生生产风险，就会导致企业的有关项目无法完工、延期完工或完工后无法达到预期运行标准，从而进一步增加利息支出、延长贷款偿还期限或错过有关市场机会。

9.3.1.3 金融风险

新能源汽车企业在进行企业融资时所面临的金融风险主要是指利率风险和汇率风险。当新能源汽车企业获取国外资金进行企业融资时，汇率的变化及国际利率的变化难以预测。如果新能源汽车企业需要偿还所融资的款项，则需按照签订合同的本金及利息偿还，无论当时的货币汇率及利率如何变化，均不得更改，这就使得部分新能源汽车企业在偿还所融资的款项时，往往所偿还价值超过其约定价值。

此外，由于新能源汽车产业目前的发展尚不成熟，相关整车、电池、配件、组件等抵押物、质押物的市场价格有变动的风险，有可能改变存货的保值和变现能力，进而带来违约风险。随着新能源汽车市场竞争的加剧，产品更新换代将越来越频繁，原有抵押物、质押物的价值都会加速下降。

9.3.1.4 环境保护风险

环境保护风险是指为了满足环保法规要求而增加的资产投入或迫使项目停产等风险。随着公众越来越关注工业化进程对自然环境的影响，国家颁布了许多法令来控制辐射、废弃物、有害物质的运输，并限制低效使用能源和不可再生资源。

新能源汽车的动力来源需要从不同的材料中获取。以新能源汽车为例，如果为纯电动汽车提供动力的电池发生泄漏，则该泄漏区域的土壤将永远失去利用价值，且该泄漏区域的地下水也将受到严重的污染。以燃料电池电动汽车和氢动力汽车为例，二者皆以氢气作为原料来为汽车提供动力，但氢气的泄漏容易导致爆炸，也可能进一步影响臭氧的形成。

"污染者承担环境债务"的原则早已被大众广泛接受。新能源汽车企业在进行企业融资时，环境保护风险的存在可能会影响新能源汽车企业融资的进程，特别是对于发生过类似情况的企业，投资方将会在对该企业进行融资时重新考虑。投资人非常重视融资期内有可能出现的任何环境保护方面的风险。

除上述对新能源汽车企业的发展会产生相关影响的风险外，竞争风险、违约风险、机会风险、决策风险、诉讼风险及融资骗局等都会影响新能源汽车企业的正常运营。

9.3.2 新能源汽车企业融资风险的管理

在明确新能源汽车企业风险产生的原因及种类后，需要对相关风险采取一定的措施，以保证新能源汽车企业在日常的经营活动中获得良好的发展。

9.3.2.1 提升企业信用等级，提高融资水平

新能源汽车企业若要提高融资水平，则最为关键的因素就是提升自身的信用等级。企业信用等级的上升，有利于在进行企业融资时获取更多的资源。

新能源汽车企业不断完善财务管理制度与经营管理制度，有助于新能源汽车企业融资水平的提高。首先，在制度方面，新能源汽车企业需要从员工实际情况出发，制订合理化的规章制度来保证员工有效完成工作，以及保证企业的有效运转。其次，在企业财务方面，要建立透明机制，充分实现账务公开化，实行自主监督和公众监督，提升财务管理水平。最后，在对外经营方面，新能源汽车企业要秉持诚信经营理念，增强重合同、守信用的自我约束意识。诚信经营有助于提高新能源汽车企业的诚信与信誉，从而树立良好的企业形象，提升企业的信用等级。

9.3.2.2 建立科学融资结构，有效规避融资风险

新能源汽车企业的融资渠道和融资方式多样，但是无论选择哪种渠道或何种方式，都是有代价的，加之各方因素的干扰，就更加需要权衡使用各种渠道得到的资金。从新能源汽车企业自身经营发展角度出发，考虑经营成本、投资收益等多方面因素，新能源汽车企业需要将资金的投放和收益结合起来，在融资之前做好决策，以免出现失误。从新能源汽车企业的资本结构角度出发，新能源汽车企业需要建立科学的融资结构体系，使各种融资方式之间可以相互补充，从而优化融资结构，有效规避融资带来的风险。

9.3.2.3 提高管理力度，做好企业融资风险防范工作

做好新能源汽车企业融资风险的防范措施，首先要求新能源汽车企业的管理人员树立风险意识，认识到在企业的发展中风险是不可避免的，要端正态度并采取有效的措施来降低风险，同时还要做好各项财务预测计划，合理安排筹集资金的数量和时间，从而提高资金使用效率。其次，如果新能源汽车企业在融资过程中因利率变动而产生风险，相关负责人就需要认真研究资金市场的供求情况，研究利率的实际走势，根据具体问题具体分析的原则，对融资做出合理的安排。

9.3.2.4 健全和完善企业融资风险管理的长效机制

新能源汽车企业在进行融资活动的过程中，应明确职责分工、权限范围和审批程

序，科学合理地设置机构和配备人员。新能源汽车企业应建立融资风险评估制度和重大风险报告制度，在未得到董事会批准的情况下，一律不得对外融资。对于违反融资规范的行为，新能源汽车企业有权追究其责任。同时，为了预防融资陷阱，新能源汽车企业可以委托律师对投资方的具体信息进行调研，以预防受骗，并应与投资方签订严谨的融资合同，事先约定违约责任，切实预防因融资陷阱造成的不必要损失。新能源汽车企业在选择增资扩股或引进战略投资者的方式时，也需考虑因失去控股权而造成的融资风险。

就目前市场形势来说，各种诈骗问题随着经济活动不断出现。新能源汽车企业在进行融资活动时，必须对投资方的信用情况进行了解，以降低有关风险。同时，各新能源汽车企业也需做好风险防范，及时规避有关风险的发生。

9.4　新能源汽车租赁

新能源汽车作为当今社会的热点话题，在多次会议以及有关政策中被多次提及。新能源领域在整个汽车市场中的份额被逐渐放大，其增长趋势令人印象深刻。在许多城市中，新能源汽车已经成为消费者重点考虑的车型。

截至目前，我国对于新能源汽车租赁模式的研究较少，缺乏权威的定义。本书所讲述的新能源汽车租赁是指将新能源汽车作为租赁标的物，按照租赁双方签订的合同条款严格进行的租赁业务。

9.4.1　新能源汽车的商业模式

9.4.1.1　新能源汽车整车销售模式

汽车整车是相对于零部件而言的，是指一台完整的汽车。新能源汽车整车销售模式主要是指消费者同时购置裸车和动力电池的销售模式。

新能源汽车整车销售模式是与纯电动汽车相适应的一种模式。纯电动汽车的出售、使用、推广与汽车制造商、电池生产商、政府、运营商（电力服务公司）的关系密切，这个模式中的各个角色都有各自重要的作用。例如，汽车制造商与电池生产商在汽车销售的过程中参与其中，而运营商则需要为整车全生命周期的运营提供服务。在新能源汽车整车销售模式中，运营商是主要推动者，这也是目前世界各国纯电动汽车产业发展中的研究重点。

在新能源汽车整车销售模式中，消费者必须同时购置裸车和动力电池，并在使用过程中自行充电。但新能源汽车整车销售模式使消费者在购买新能源汽车时一次性支付数额大，因此新能源汽车的产品竞争力弱，不利于市场推广。另外，在新能源汽车的推广初期，其电池的寿命比其他车型电池的寿命短，消费者需要面临购买多组电池的风险，在没有人工维护的情况下，电池的寿命将急剧下降。此外，购买新能源汽车的消费者大多选择在下班后进行充电，充电时间相对集中，对城市的电力组成也有一定影响。从大力发展电动汽车的角度来看，自充电模式将给能源供给系统的基础建设带来许多困难。

新能源汽车整车销售模式的目标群体主要是家庭客户及企业商务用车等行驶里程

不大、可每日进行充电即能满足需求的群体。符合此类需求的纯电动汽车多为"慢充为主、快充为辅"的充电模式。

9.4.1.2 新能源汽车租赁模式

1. 电池租赁模式

电池租赁模式也称换电模式,是一种将新能源汽车与电池分开销售的租赁模式。新能源汽车制造商仅出售裸车,而电池的租赁则由电池租赁公司、电池生产商、能源供给企业、换电站运营商负责。这种模式显然可以让消费者像加油一样更换电池,从而消费者不仅可以获得能源的持续供给,而且无须对电池的损耗、折旧负责。

在电池租赁模式中,新能源汽车制造商与政府部门仅对新能源汽车的制造、研发及推广负责。这种模式中的电池生产商、能源供给企业和换电站运营商是整个模式中的重点。电池生产商在提供电池和回收电池的过程中获得利润,能源供给企业及换电站运营商则可以从消费者所用电费、电池租赁费用、旧电池回收费用和政府补贴中获得利润,同时需要承担电池购买,以及电池换电站建设、维护和运营的相关费用。在这套成熟的体系下,可以非常有效地弥补整车销售模式中消费者需要为其电池寿命负责的弊端。电池租赁模式不仅可以降低新能源汽车的销售价格,还可以提高使用新能源汽车的便利性。

2. 整车租赁模式

整车租赁模式是指在约定时间内,租赁经营人将租赁汽车交付承租人使用,以取得租赁费用但并不提供驾驶劳务的经营模式。整车租赁模式可以分为三种模式:整车租赁企业将裸车和电池捆绑租赁,能源供给企业建设充电站和充电桩网络并负责运营;整车租赁企业仅租赁裸车,能源供给企业在租赁电池的同时,负责建设充电站、充电桩网络并负责运营;消费者从整车生产企业购置不包含动力电池的裸车,由能源供给企业出资建设充电站和充电桩网络,由电池生产商负责租赁电池,并对电池进行统一管理。

在目前新能源汽车购买价格没有优势的情况下,对于消费者而言,整车租赁模式是最优选择。

9.4.1.3 新能源汽车融资租赁模式

新能源汽车融资租赁和传统汽车融资租赁相同,都是买卖与租赁相结合的汽车融资方式,只是二者在租赁的汽车类型上有所区别。

新能源汽车融资租赁是指由承租人首先指定需要的新能源汽车型号,再由出租人出资购买,并租赁给承租人。在约定的租赁期内,承租人通过向出租人支付租金以获得汽车的使用权。租赁期满时,承租人可以根据约定选择支付约定的汽车残值以获得该新能源汽车的所有权,或者选择将该新能源汽车返还给出租人。在租赁期内,新能源汽车的维修保养和保险等一切费用由承租人承担。

新能源汽车的融资租赁模式主要是针对新能源汽车电池寿命较短问题的一种商业模式,主要通过售后回租、委托租赁、直接租赁、保值回购+残值租赁等方式进行。

1. 售后回租

新能源汽车融资租赁公司按照与消费者协商的价格购买消费者的新能源汽车,再将该新能源汽车以长期租赁的形式回租给消费者,同时为消费者提供必要的服务。这种操作模式不仅减轻了消费者管理新能源汽车的费用负担,还降低了消费者名下的固定资产比例,使其可以盘活和周转现有资金。目前,新能源汽车融资租赁通常采用售后回租形式。

2. 委托租赁

新能源汽车的委托租赁是可以为新能源汽车制造商和新能源汽车经销商节税的融资租赁方式。融资租赁企业接受新能源汽车制造商或新能源汽车经销商的委托,将新能源汽车租赁给消费者使用。融资租赁企业在这个过程中扮演受托人的角色,代委托人收取租金并缴纳相关税费。但因为融资租赁企业并不拥有车辆所有权,所以并不承担有关风险,其盈利模式主要是收取相关手续费。

3. 直接租赁

新能源汽车的直接租赁是以新能源汽车所有权的转移为目的的、真正意义上的融资租赁方式。融资租赁公司按照承租人的要求购进指定新能源汽车,并与承租人签订新能源汽车融资租赁合同。在达到一定的租用期限后,该新能源汽车的所有权将转让给承租人。在签订租赁合同的同时,承租人应依次交清 20%~30%的保证金和 3%~5%的手续费,其余款项按租赁期限分期支付。新能源汽车的直接租赁租金总额一般等于或超过该新能源汽车的价格。租赁期满以后,承租人以约定价格取得该新能源汽车的所有权,完成全部租赁过程。

4. 保值回购+残值租赁

基于新能源汽车残值不固定和新能源汽车二手车价格不稳定的问题,保值回购+残值租赁成为值得推荐的新能源汽车融资租赁模式。

新能源汽车的"保值回购+残值租赁"模式旨在解决新能源汽车的使用成本和保值率问题。该模式通常由新能源汽车制造商和金融机构合作,新能源汽车制造商承诺在一定时间内回购消费者购买的新能源汽车,金融机构则为消费者提供残值租赁服务。在此模式下,消费者在购买新能源汽车时,只需支付部分首付款和每月租金。租赁到期后,新能源汽车制造商负责回购消费者购买的新能源汽车,并支付给消费者一定的残值款,消费者可以选择再次购买新车或选择其他品牌的汽车,也可以将残值款用于支付首付款购买同一品牌的新车。这种模式在一定程度上可以降低新能源汽车的使用成本,同时也有助于提高新能源汽车的保值率。

9.4.2 新能源汽车分时租赁

随着共享经济的快速发展,国内外主流新能源汽车企业加快了由生产制造商向出行服务商转型的步伐,促进了新能源汽车分时租赁、共享出行模式的发展。在新能源汽车产业发展初期,国家将分时租赁作为推广和应用新能源汽车的重要途径,并给予了配套设施等方面的政策支持,提高了消费者对新能源汽车的认知,推动了市场发展。随着新能源汽车产业规模化发展及共享经济爆发,新能源汽车分时租赁市场得到快速发展,成为消费者日常出行的组成部分。

9.4.2.1 新能源汽车分时租赁的优势

新能源汽车分时租赁主要通过以"租"代"卖"、以"用"代"促"的方式来让更多的消费者体验和使用新能源汽车，是快速扩大推广和应用新能源汽车规模的重要途径之一。新能源汽车分时租赁能够缓解由于交通部门实施的城市限牌、限号政策给消费者购车、驾驶汽车带来的限制，填补由于城市交通拥堵、车辆购买和保养成本等多方面因素对消费者购车热情的消耗，使个人出行更为经济、便捷。由于人们在购房、租房上的成本压力与日俱增，挤压了衣食行等其他方面的消费支出，相较于整车购买而言，新能源汽车的分时租赁能够分摊消费者的部分出行成本。

从城市布局角度，新能源汽车的分时租赁主要以北京、上海、广州等一线城市作为重要切入点，充分利用良好的政策环境、丰富的资本市场及庞大的消费者群体等资源，打开推广市场，探索运营模式，建立出行品牌。

9.4.2.2 新能源汽车分时租赁面临的困境

目前我国的新能源汽车分时租赁尚处于发展初期阶段，存在共享理念未全面普及、商业模式不成熟、政策法规不完善、管理体系建设滞后等突出问题。

1. "车"投入成本高，"桩"和"位"配套设施不完善

新能源汽车单车价格偏高，稍具规模的自购车辆或融资租赁车辆消费者面临极大的资金压力。新能源汽车分时租赁只有解决车辆充电、停车需求，以及"车""桩""位"合理匹配和运维管理等问题，才能保障正常运营，赢得消费者认可。但是，受城市管理、土地规划等限制，充电桩建设和运营维护、车辆人工调度、停车管理等资金需求巨大，使得停车位和充电桩配套设施的建设和布局难以满足现有新能源汽车的需求。

2. 政府管理体系滞后，缺乏法律法规支持

新能源汽车分时租赁是随着新能源汽车产业发展而出现的新兴模式，车辆、网点、停车等管理涉及交通、公安、住建、规划等多个主管部门。新能源汽车的分时租赁模式仍处于探索阶段：一方面，在国家层面，尚未明确相关主要职能部门的管理职责，有关企业发展新能源汽车分时租赁模式时，面临与地方各部门协调困难的问题，需要耗费过多的人力、物力、财力等来解决问题；另一方面，我国对于新能源汽车分时租赁的车辆在交通违章、交通事故、车辆保险等方面缺乏相关法律法规，相关部门面临管理窘境。因此，新能源汽车分时租赁模式存在"有关企业想发展，但主管部门不明确；相关主管部门想管理，但管理办法无据可依"等问题。

3. 行业监管存在漏洞，信用体系不健全

新能源汽车分时租赁的行业监管问题主要是车辆安全使用保障问题和保险透明化问题。在安全使用方面，新能源汽车长期露天停放，高温、降雨等天气对动力电池的影响较大，新能源汽车分时租赁企业无法做到在每次车辆使用后进行专业安全检查，因此难免会出现车辆故障或安全隐患。在车辆保险方面，部分新能源汽车分时租赁企业将车辆登记为非运营性质，只为降低车辆承保金额，由此影响了有关车辆保险费用和报废年限，也给消费者在进行车辆保险理赔时带来麻烦。此外，针对承租人的信用问题，新能源汽车分时租赁市场还存在违章处理、事故处理、骗租等诚信问题，使得新能源汽车分时租赁行业的发展陷入极大困境。

9.4.2.3 新能源汽车分时租赁的发展建议

新能源汽车分时租赁在我国至今仍处于发展阶段，涉及多个有关主体。新能源汽车分时租赁若要持续向好发展，除依靠企业自身的努力外，还需要各个有关部门相互协调配合。

1. 做好顶层设计，协调统筹推进

新能源汽车分时租赁涵盖环节广、涉及部门多，在进行新能源汽车分时租赁时更需要统筹协调、系统推进。若能够在国家层面明确相关主管部门的职能分工，建立部门密切配合的工作机制，制定相关法律条款，则有利于相关地方交通运输主管部门、公安交通部门、市场监管部门、金融办、银监局、人民银行等开展相关管理工作，加快解决新能源汽车分时租赁行业所面临的困境。

2. 加强政策支持，激发更大发展潜力

若要促进新能源汽车分时租赁行业的发展，就要在发展规划方面，将新能源汽车分时租赁纳入城市公共交通体系规划中，并明确其在城市公共交通出行中的重要性；在法律法规方面，明确运营企业、承租人等各方权利和义务，依法规范运营环境；在信用征信方面，开放公共信用体系，依托国家信用体系约束承租人行为；在车辆资源方面，对开展新能源汽车共享的车辆给予购买补贴、减免购置税等优惠政策；在牌照方面，给予一定比例的运营牌照数量，保障新能源汽车分时租赁车辆的牌照资源；在土地方面，根据城市和交通规划，保证新能源汽车分时租赁网点建设的土地资源；在充电桩配套方面，明确给予新能源汽车分时租赁车辆一定的车桩比例及充电优惠；在车辆运营方面，按照运营里程给予新能源汽车分时租赁车辆一定的运营补贴；在模式推广方面，积极推进新能源汽车分时租赁在政府机关、公共机构及国有企事业单位、学校、工业园区等场景下的应用。

3. 加强与先进技术融合应用，提高出行服务水平

新能源汽车分时租赁车辆可有效利用智能化技术，通过开发自动寻车、车位管理、自动停车、自动充电等功能，以实现车辆的自动调度，提高运营及管理效率。同时，智能化技术可实现车内娱乐、办公等其他服务，提高消费者的出行满意度。新能源汽车分时租赁可以将车辆运行情况、消费者使用特征、充电、交通等信息数据化，充分发挥大数据挖掘技术优势，进行出行服务的数据分析，推出定制化出行服务方案。通过推动新能源汽车分时租赁的商业模式创新，充分发挥"互联网+"作用，以互联网为载体，实现线上/线下融合互动的服务模式。

9.5 新能源汽车保险

9.5.1 新能源汽车保险的发展现状

近年来，随着新能源汽车产销量的爆发式增长，新能源汽车保险日益受到社会关注。新能源汽车在能源动力、物理结构及风险特征等方面均与传统汽车存在较大差异，

因此适用于传统汽车的保险并不适用于新能源汽车。

得益于政策优惠,新能源汽车在 2014 年开始快速发展,产销量大幅上升。2018 年以后,新能源汽车受到政府补贴减少的影响,产销量增速放缓,但相较于 2014 年的新能源汽车产量,仍呈现几何级数增长的态势。

在新能源汽车产量快速增长的同时,新能源汽车保险却一直未快速发展。

为全面落实"双碳"目标,中国保险行业协会在于 2021 年发布了《新能源汽车商业保险专属条款(试行)》,该条款的主险包括新能源汽车损失保险、新能源汽车第三者责任保险、新能源汽车车上人员责任保险共三个独立的险种,投保人既可以选择投保全部险种,也可以选择投保其中的部分险种。保险人依照保险合同的约定,按照承保险种分别承担保险责任。该条款的附加险种则由传统汽车保险的 11 个调整为 13 个,增加了附加外部电网故障损失险、附加自用充电桩损失保险、附加自用充电桩责任保险三个新能源汽车专属附加险种,基本上把新能源汽车的常见风险都考虑进去了。电池是新能源汽车基础能源与动力来源,驱动电机负责将新能源汽车的车载能源转化为行驶动力,电控系统负责控制和监控新能源汽车的运行与零部件状态。电池、驱动电机和电控系统是新能源汽车的"三电"核心组件技术,也是新能源汽车最容易集中发生问题的组件。此次发布的条款将这些组件都纳入了新能源专属车险的保障范围,这说明新能源汽车保障范围和责任更加健全。《新能源汽车商业保险专属条款(试行)》的出台,使我国新能源汽车保险开始逐渐进入有序化阶段。

9.5.2 新能源汽车保险的产品设计

类比传统的燃油汽车产业链,可将新能源汽车产业链划分为上、中、下游三个阶段。新能源汽车产业链上游阶段主要涉及新能源汽车的关键原材料及核心零部件,新能源汽车产业链中游阶段主要涉及整车制造,新能源汽车产业链下游阶段对应充电服务及其市场服务。新能源汽车保险产品的研发设计主要围绕新能源汽车制造产业链进行。

9.5.2.1 健全新能源汽车保险评估体系

在《新能源汽车产业发展规划(2021—2035 年)》、"双碳"目标和国内新版"双积分"政策的推动下,中国新能源汽车产业迎来了确定性的高速发展期,而新能源汽车保险也伴随着新能源汽车产业的高速发展迎来了属于自己的发展时机。健全新能源汽车保险评估体系对于加快建设新能源汽车保险产业有着相当重要的推动作用。

不同制造商技术水平的差异,使得各制造商产出产品的质量参差不齐。如今的新能源汽车市场上,较为有名的零部件供应厂家有宁德时代、比亚迪、西门子和博世等。有关保险公司可以联合第三方检测机构,对新能源汽车有关核心零部件的安全风险进行评估,对碰撞、挤压、短路及过度充放电等进行测试,建立数据模型和安全评估体系,健全新能源汽车保险评估体系。

9.5.2.2 完善新能源汽车保险费率厘定

自保险业恢复经营以来,汽车保险的保费收入在非寿险公司中的份额一直居高不下。自 2014 年来,新能源汽车的新车销售占比、市场渗透率、保有量增速都稳定上升,并且在政策利好、技术利好、市场利好的背景下,发展前景十分乐观。

新能源汽车保险作为新能源汽车的汽车后市场，存在一定的滞后性。传统汽车保险的费率因子与险种已不适用于新能源汽车，研究新能源汽车的专属费率因子、索赔频率和索赔强度是厘定新能源汽车保险费率的关键。

9.5.2.3 新能源汽车专属保险定制

为促进新能源汽车市场和产业的发展，保险公司应针对新能源汽车制定专属的保险产品。不同的参与主体有不同的利益考量。首先，相关保险公司可以针对新能源汽车的关键零部件及独有的零部件设计责任险，有效降低新能源汽车制造商风险。其次，消费者依据自身特定的需求，进行有关保险的购买，这就需要相关保险公司设计针对消费者需求的新能源汽车附加险产品。此外，针对具有自动避撞系统及智能联网等技术的新能源汽车，可以考虑在保险费率方面给出一定的优惠。

9.5.3 新能源汽车保险的风险分析

新能源汽车保险主要面对的风险来自新能源汽车产业链下游阶段，新能源汽车出险率、保险理赔成本等均高于传统燃油汽车。

首先，噪声较小是新能源汽车的一大优点，但同时也造成了一些交通隐患。驾驶人员可能因为隔音效果好而错过道路紧急情况的提示，而行人或非机动车辆也可能忽略正在启动或低速行驶的电动汽车，从而引发安全风险。

其次，近些年兴起的强制动能回收和单踏板模式也是新能源汽车的一大亮点。但由于各个新能源汽车制造商对于动能回收强度的设置各有不同，给驾驶人员增加了显著的变量。很多驾驶人员反映，在不同的路况下，动能回收的强度时大时小，如坡道和平路的效果差异较大，直接导致驾驶人员无法准确预判松开踏板后车辆刹车的强度，因而降低了行驶的安全性。尤其是需要紧急刹车的情况下，动能回收的减速效果往往不够，而驾驶人员由于习惯的改变，往往容易忽略或延迟踩下刹车踏板。同时，在动能回收模式下，一些新能源汽车的刹车灯不会亮起，这就容易造成后车发生误判，增加追尾事故发生的概率。目前，动能回收刹车灯是否亮起在不同车型上的实现逻辑不完全一致，极大地增加了安全风险。

再次，我国新能源汽车的消费群体呈现出年轻化趋势。部分购买者会将新能源汽车作为家庭的短途代步工具，供驾驶经验相对较少且较为年轻的家庭成员使用。但更多的购买者则倾向于将新能源汽车作为谋生工具。有关数据显示，我国新能源车中的营运车辆占比明显高于其他类型的营运车辆占比。由于营运车辆在道路上的平均行驶时间较长，风险明显高于家用车，因此出险频率也相应增高。

最后，新能源汽车在制造过程中需要特定的新能源汽车零部件，因此新能源汽车的制造成本明显高于传统汽车的制造成本。二者制造成本的主要区别在于"三电"核心组件技术，即电池、驱动电机、电控系统。电池作为整个新能源汽车的核心，大概率会被安装在车辆的底部底板位置。如果车辆被托底，轻则需要更换外部壳体，重则需要更换整个电池，从而直接拉高了新能源车辆的成本。如果发生剐蹭、追尾及其他交通事故，则需要去修理厂进行维修，那么各种材料成本、人工成本、时间成本等相关成本均较高，就使得维修报价相较于同价位的传统汽车呈现偏高或加倍的趋势，新能源汽车的保险理赔成本也随之增加。

9.6 新能源汽车案例分析

> 分析案例

蔚 来 汽 车

蔚来汽车是在"互联网+"环境下成立并发展起来的新兴企业,在短短 6 年内通过快速构建其创新生态系统实现跨界经营和创新发展,被《快公司》(Fast Company,全球三大财经商业媒体之一)评为"2019 中国最佳创新公司 10 强"之一,是唯一入围 10 强的新能源汽车企业。

蔚来汽车成立于 2014 年 11 月,由李斌、李想等众多优秀的互联网创业者与腾讯、高瓴资本等顶尖互联网企业共同创立,后续还获得了百度、联想等知名企业的投资,是一家立足全球并具有强大"互联网基因"的企业。

成立以来,蔚来汽车致力于提供高性能的智能电动汽车和为用户创造极致服务体验,推出了高速的电动汽车(EP9)、高性能智能电动汽车(ES8)和高性能长续航智能电动汽车(ES6)三个系列产品。

在研发方面,蔚来汽车利用全世界的优势资源,除在上海建立总部外,在伦敦、慕尼黑等国际都市也设立了多个研发设计中心。

目前,蔚来汽车在国内已初步建立生产和用户服务体系,并计划以中国为起点将更加成熟的生产和服务带给全世界。2018 年 9 月,蔚来汽车在美国纽交所成功上市,成为中国第一家在纳斯达克上市的汽车企业。

蔚来汽车作为我国新能源汽车新势力车企的典型代表,坚持以"用户"为核心,高效构建创新生态系统,实现了跨界造车。

1. 研发系统

蔚来汽车在构建研发系统初期,为打造智能互联的新能源汽车,在全球范围内(上海、圣何塞、伦敦和北京)设立量产车、自动驾驶、极限性能与软件等技术研发中心,利用研发中心所在地的人力资源、知识资源与技术资源等,进行资源共享,通过互联网技术在 4 个研发中心之间建立创新协作系统,在全球范围内进行技术协同创新活动,为构建创新生态系统注入活力。同时,蔚来汽车通过融合互联网技术与传统新能源汽车充/换电技术,创造众多发明专利,实现了互联网技术在新能源汽车技术上的跨界创新。

蔚来汽车研发的自动辅助驾驶系统 NIO Pilot、全球首个车载人工智能系统 NOMI、基于互联网技术的充/换电体系 NIO Power 和蔚来 App 软件,通过一系列的"互联网+"新能源汽车技术研发协作活动,构建了独特的新能源汽车研发系统。蔚来汽车的研发系统构建不再局限于"三电"核心组件技术,而是突出基于互联网技术交叉融合的自动驾驶、人工智能、人机交互与充换电设施等技术体系的构建。蔚来汽车独特的新能源研发系统如图 9-2 所示。

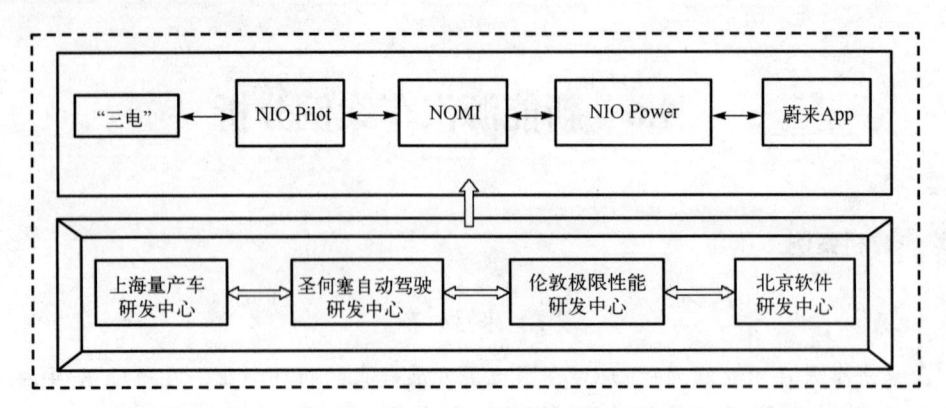

图 9-2 蔚来汽车独特的新能源研发系统

2. 制造系统

蔚来汽车的模块化分工模式，通过建立基于"互联网+"的制造平台，将蔚来汽车的制造需求信息在制造平台上进行披露，快速将国内外有实力的组件供应商、汽车制造商与互补件供应商整合到蔚来汽车的制造系统中，以进行新能源汽车产品的生产制造。

在制造子系统的构建过程中，蔚来汽车通过互联网平台在国内外知名的供应商之间建立价值创造依存关系，创造主体的分工，将供应商的物质资源、人力资源与知识资源等制造资源为蔚来汽车生产制造新能源汽车所用，以协同生产制造新能源汽车零部件。蔚来汽车通过"互联网+"制造平台打破地域空间的限制，吸引全球的供应商加入蔚来汽车的生产制造活动中，在全球范围内，将所需供应商的资源与价值创造能力通过互联网平台进行整合，支撑蔚来新能源汽车系列产品全球化集成制造。蔚来汽车借助互联网平台为供应商之间搭建起沟通、信息共享与协同的桥梁，提高了沟通效率和构建效率。

3. 应用服务系统

蔚来汽车在构建应用服务系统时，以致力于为用户创造愉悦的生活方式作为核心理念。首先，蔚来汽车建立了依托蔚来云技术的服务中心(NIO Service)，通过互联网大数据技术主动识别用户需求，使用户可以更便捷地享受蔚来的服务，加强用户中心(NIO House)与用户之间的联系。其次，蔚来汽车的全球首创电能服务体系(NIO Power)集成了充电桩、充电站与充电车的相关信息，基于移动互联网平台，为新能源汽车用户提供充/换电全面解决方案。最后，蔚来汽车还推出专属蔚来 App，将用户的服务需求信息与蔚来汽车的服务体系开放信息和资源在蔚来 App 上进行集中呈现，将供需双方的信息资源进行快速匹配，并打通蔚来 App 支付渠道，为用户提供更高效便捷的网上交易服务体系。总之，蔚来汽车基于互联网技术开发了一系列专属的应用服务平台，并通过这些平台将用户中心、蔚来汽车产品、蔚来汽车专员与用户进行互联互通，实现信息与资源在蔚来与用户之间快速流动，打造智慧的能源互联网与移动服务社区，形成"互联网+"应用服务系统。

蔚来汽车的研发、制造与应用服务系统构建过程各有其特色，依托互联网技术与互联网平台，建立各个系统内的创新主体与价值主体之间的协作关系，通过共同构建研发子系统、应用服务子系统和制造子系统，形成完整的创新生态系统，突破了时间、空间与领域的制约，促进了不同系统之间的主体互动，以及资源、信息、价值等要素无障碍地、无延迟地流动共享，协同构建了创新生态系统。蔚来汽车创新生态系统如图9-3所示。

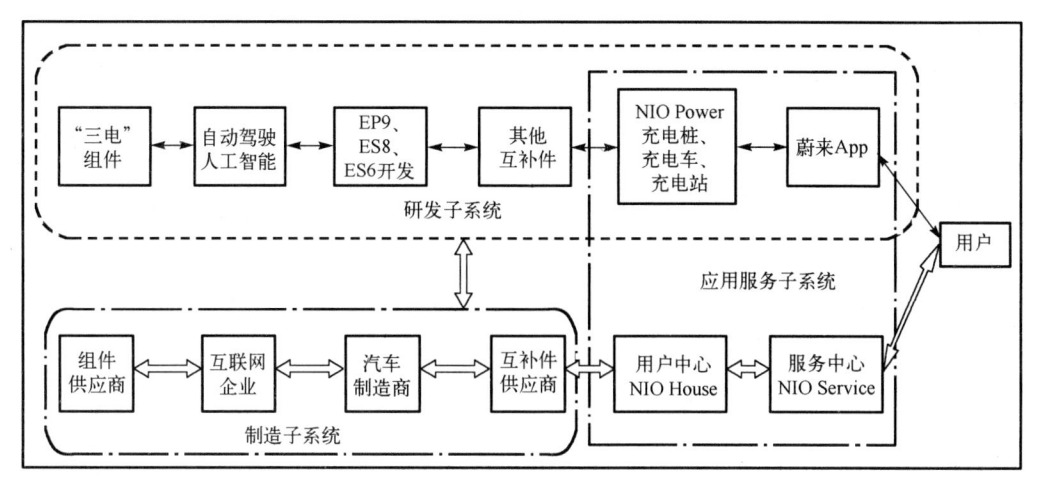

图 9-3 蔚来汽车创新生态系统

本 章 小 结

新能源汽车已经成为我国汽车发展新的突破点，国家政策的帮扶及其他有关因素的推动，促进了我国新能源汽车经济的发展。但就目前我国新能源汽车经济的现实状况而言，仍需协调统筹各方面力量，共同推进新能源汽车产业的发展。

关 键 词

新能源汽车；企业融资；汽车租赁；汽车保险

思 考 题

1. 简述什么是新能源汽车，新能源汽车有哪些分类。
2. 简述新能源汽车企业的融资模式有哪些。
3. 简述如何进行新能源汽车企业的融资风险管理。
4. 简述新能源汽车租赁业务。
5. 简述应如何设计新能源汽车保险产品。
6. 搜集一家新能源汽车企业的相关资料，分析其发展特点和竞争优势。
7. 思考新能源汽车企业如何在竞争中获取优势。

参 考 资 料

[1] 王琪. 基于三阶段 DEA 模型的新能源汽车行业的供应链金融效率研究[J]. 河北企业, 2021(10): 106-109.

[2] 何佳岩, 胡阳. 聚焦新能源汽车产业融资[J]. 企业管理, 2021(9): 120-123.

[3] 丁晓萍. 新能源汽车融资租赁的场景运用与产品模式研究[J]. 内燃机与配件, 2021(15): 162-164.

[4] 廖皓杰, 李东. 绿色金融助推新能源汽车产业发展路径研究[J]. 区域金融研究, 2021(7): 77-81.

[5] 孙嘉玮. 绿色债券促进新能源汽车产业发展分析[D]. 保定: 河北金融学院, 2021.

[6] 徐小晶, 徐小林. 财政补贴对企业商业信用融资的影响研究——基于新能源汽车补贴退坡政策的实证分析[J]. 南开管理评论, 2021, 24(3): 213-226.

[7] 徐维, 徐中明. 新能源汽车保险产品设计开发问题分析[J]. 时代汽车, 2020(18): 93-94.

[8] 聂帅, 李艳. 新能源汽车保险创新研究[J]. 保险理论与实践, 2021(7): 47-64.

[9] 林森慧, 徐佳宁, 黄菲, 等. 我国新能源汽车保险的发展与探索[J]. 上海保险, 2020(10): 36-41.

[10] 康雷闪, 刘永志. 我国新能源汽车保险的法律检视与发展对策[J]. 中国石油大学学报(社会科学版), 2020, 36(4): 34-40.

[11] 郭宏. 新能源汽车保险问题研究[J]. 现代营销(下旬刊), 2020(3): 42-43.

[12] 邵鲁扉. 新能源汽车的保险定价研究[J]. 中国商论, 2019(12): 43-45.

[13] 王幸岚. 新能源汽车车险的保险利益认定研究[J]. 保险职业学院学报, 2019, 33(2): 26-29.

[14] 范利红. 我国新能源汽车保险现状、存在问题及对策研究[J]. 内燃机与配件, 2018(24): 155-156.

[15] 李根, 陈丽丽. 我国新能源汽车产业发展现状及策略分析[J]. 科技经济市场, 2016(12): 189-192.

[16] 陈荣章, 葛纹君. 我国新能源汽车保险产品设计问题探讨[J]. 汽车与配件, 2015(16): 44-45.

[17] 马东. 新能源汽车研发保险分析——基于投资连结科技险视角[J]. 经济体制改革, 2014(4): 186-190.

第 10 章

汽车金融未来展望

📝【教学目标与要求】

1. 了解如何对汽车金融产品进行创新；
2. 了解汽车金融如何依托人工智能、区块链、物联网、大数据等技术进行行业发展和风险控制；
3. 了解汽车金融服务专业机构；
4. 了解如何完善汽车金融法律法规建设；
5. 结合现代数字技术思考如何推动汽车金融发展；
6. 从不同角度思考如何规范和发展汽车金融服务。

📖【思政目标】

1. 培养基本职业道德素质，增强对国产汽车品牌、国产制造业的认可度；
2. 培养良好的法治思维，在学习生活中学会运用法律规则、法律方法去思考，为完善汽车金融市场建设助力。

> **导入案例**
>
> **百年未有之变局下，汽车金融有望迎来"盛夏"**
>
> 汽车产业正经历着百年未有之大变革，这是业界的共识。汽车金融作为汽车产业的组成部分，也正面临着巨大变革所带来的冲击。上汽通用汽车金融有限责任公司（以下简称"上汽通用汽车金融"）董事余亚瑞认为，中国汽车金融行业在创新驱动下，正经历着新的变革。
>
> 上汽通用汽车金融成立于2004年，是我国首家汽车金融公司。自发展至今，上汽通用汽车金融见证了中国汽车市场乘用车的辉煌发展。
>
> 截至2021年年底，上汽通用汽车金融的公司信贷资产规模超1500亿元，并已连续五年新增零售合同超百万单，累计服务零售客户超800万人。
>
> 在汽车市场快速扩张的同时，汽车金融业务也在快速增长。
>
> 从市场规模来看，过去的十余年中，伴随汽车产业的不断发展，汽车金融市场规模"水涨船高"。2020年，我国汽车金融规模达到了2.2万亿元，近十年的年复合增长率达25.8%，25家汽车金融公司总资产规模现已超过万亿元，占据整体市场半壁江山。
>
> 罗兰贝格咨询公司及中国汽车流通协会数据显示，我国新车金融渗透率从2015年的不足28%上升至2020年的50%以上，同时，我国二手车金融渗透率也在互联网汽车平台的带动下快速增长，达到30%左右，但与海外70%的新车金融渗透率和50%的二手车金融渗透率相比，仍有一定的差距。
>
> 余亚瑞认为，过去的十多年，随着中国车市的快速增长，中国汽车金融行业处于欣欣向荣和百花齐放的"立春"阶段。随着车市变化和产业变革，目前中国汽车金融行业已经正式进入了"惊蛰"阶段。
>
> 在销售业态变化的大环境下，汽车金融作为汽车销售环节的重要一环，也在不断地进行着自身的改变以适应宏观大环境需求。这些改变包括积极开创存量市场和直销渠道的汽车金融模式，围绕客户的增购、复购、二手车需求等加大产品和服务创新，构建线上/线下协调发展的新业态等。
>
> 本章将就汽车金融的未来展望开展有关讨论，以期帮助我国的汽车金融谋求更好的发展。

10.1　创新汽车金融产品

10.1.1　汽车金融产品

汽车金融产品泛指以汽车交易及使用融通资金所进行的金融结构（数量、期限、成本等）、金融策略设计及相应的法律契约安排，旨在解决现实中金融服务所面临的各种问题。汽车金融产品立足市场供需状况，以商品标的物（汽车）的价值为基础，以服务为手段，以金融运作为主体，以不同群体的消费需求为对象，设计、开发系列化可交易金融工具、金融服务及各类金融策略。我国现有的汽车金融产品大多具有以下特性。

1. 复合性

汽车金融产品是有形产品和无形商品的复合。以交易标的物——汽车为作价基础，结合金融体系的资金融通和资本运作功能而形成的交易契约，兼具实物产品和虚拟产品的成分。消费者的购买行为是以汽车金融产品的使用价值、汽车金融服务公司的社会信誉和汽车金融公司的金融服务质量特点为基础来实施的。

2. 精密性

汽车金融产品的精密性表现在价格、交易结构、盈利模式、现金风险管理等方面。汽车金融产品的价值要应用金融工程和数理统计有关原理进行分析与计算。与股票、债券、银行存款等大众化的金融商品相比，汽车金融产品是一种较为复杂的金融商品。对于投资存款、股票和债券的投资者而言，投资者只需要知道存款本金和利息率、股票的买入价和卖出价、债券的票面价格和利息率等就可计算出这些金融产品的收益率，此时，交易的主动权掌握在投资者手中。而汽车金融产品牵涉一系列复杂问题，并且涉及未来收益向现阶段消费转移的问题，因此其中的不确定性使汽车金融产品的价值很难明确计算。

3. 风险性

一方面，汽车金融产品的定价受汽车生产企业和金融市场的双重影响，使得影响价格制定的因素增多；另一方面，消费者个性化的要求，使汽车金融产品越来越具有多变性。信用风险、流动性风险、市场风险、操作风险、信息技术风险等风险的存在，都影响着汽车金融产品所参与的有关经营活动。

10.1.2 创新汽车金融产品的必要性

我国已经成为全球第一大汽车市场。但就目前的汽车金融市场情况而言，我国相较于国外其他国家，特别是发达国家，仍有着较大的差距。传统的汽车金融产品已经不能满足人们现在的需求。国内的汽车金融市场要想得到进一步的发展，当务之急就是进行汽车金融产品的创新。

汽车金融市场依托资本及汽车金融产品得以发展。汽车金融产品作为销售策略之一，能有效缓解消费者的预算焦虑，促进车辆销售。

对于新车经销商而言，面对日益增大的新车销售压力，对汽车金融产品的供应提出了更高要求。汽车金融公司相较于商业银行的优势主要体现在销售人员的专业性和自身管理系统与厂商系统的对接等方面。而商业银行的优势则主要体现在有关利率及贷款额度等方面。若要提升新车经销商满意度、提振新车经销商新车销量，就要求汽车金融公司和商业银行等有关金融机构不断深化对汽车经销行业的认知和理解，创造出更多创新且具有针对性的汽车金融产品，并提出更多有实际指导意义的业务运作建议。

同时，受车辆置换周期缩短及其他因素影响，我国汽车保有量将保持稳定增长，预计到 2025 年约达到 2.5 亿辆、2030 年超过 2.9 亿辆。汽车保有量的稳定增长为二手车交易市场提供了充足的车源。在需求层面，由于二手车电商的快速发展，消费者对二手车交易的认知度和接受度快速提升。未来，随着优质二手车车源和认证二手车的发展，二手车价格将有所提升，从而可以进一步促进二手车购车者对汽车金融产品的需求。

自 2018 年 1 月起，中国人民银行和银监会将二手车贷款最高发放比例从 50%提高到 70%，刺激了二手车金融市场的发展。在此趋势下，二手车金融对消费者的吸引力提升，其有关汽车金融产品将从互联网平台主导的助贷、融资租赁向多元化发展，并叠加二手车翻新、保险等衍生服务与产品，覆盖购车、用车环节。

自 2014 年起，我国迎来了以网约车和分时租赁为代表的移动出行时代。移动出行时代的到来改变了消费者的出行习惯。在城市拥堵问题日益凸显、共享经济进一步发展及有关政策的不断支持等多种因素的推动下，移动出行时代的汽车金融市场成为汽车金融产品创新的重要突破点。

网约车司机将车辆作为生产工具，只追求使用权，其所属的网约车平台在扩大车队规模的过程中将会更加重视对金融杠杆的利用。针对网约车的汽车金融产品可以覆盖贷款购车、融资租赁、维修、保险和二手车处置等各个环节。在市场竞争逐渐激烈的大环境下，汽车金融产品的创新将进一步推动相关行业的快速发展。

10.1.3　创新汽车金融产品的建议

伴随着我国汽车消费人群的年轻化，消费者对于汽车消费拥有超前的消费意识，加之复购人群的消费升级，使得消费者对汽车金融产品个性化及多样化的需求进一步提高。

我国汽车市场的产品结构正由传统的燃油汽车逐步向新能源汽车转变，这就要求汽车金融公司及商业银行等有关金融机构及时创新并推出新的汽车金融产品，以消除消费者的购车顾虑。面对市场大环境的快速变化，汽车金融公司及商业银行等有关金融机构必须加强对消费者的需求洞察、提升风控管理能力、及时研发并推出适应大环境变化的汽车金融产品。

10.1.3.1　拓宽汽车金融融资渠道，优化汽车金融参与主体关系

我国汽车金融的融资方式长期局限于商业银行贷款，而其他融资方式较少，造成了汽车金融行业发展停滞不前。针对这一问题，我国应以开放包容的姿态，去接纳其他汽车金融主体的进入，及时创新汽车金融产品，拓宽汽车金融融资渠道，加快推动汽车金融行业进程。

目前，我国汽车金融市场格局主要以商业银行、汽车金融公司作为提供汽车金融服务的两大主体，协同汽车制造商、汽车经销商共同参与。未来我国汽车金融行业的发展布局可以参考发达国家做法，以汽车金融公司作为调和剂，通过汽车制造商给予汽车经销商财务支持，从而更好地优化汽车制造商和汽车经销商的资金结构，实现汽车制造商销售目标最大化，提高汽车经销商的盈利能力，提升汽车金融公司参与度。

10.1.3.2　深刻认识汽车金融产品现状，充分挖掘汽车金融消费潜力

有关调研报告显示，尽管我国汽车金融产品的品种相较以前更为丰富，但产品类型较为单一，缺乏产品创新能力。目前，行业资源独立分散、各项资金来源有限等问题，极大地限制了我国汽车金融行业的发展。若要实现汽车金融的产品创新，就要做到真正的量身定做，为不同年龄阶段、不同职业，甚至不同性别的消费者画像，为其量身定做专属化的、有针对性的汽车金融产品。同时，还应及时洞察消费者意向，充分挖掘消费潜力，实现包括主机厂、金融公司、消费者、经销商等各个汽车金融主体的多方供应局面，真正实现汽车金融产品的创新和销售，更大范围地触达消费者。

10.1.3.3 认真研读政策文件，打造特色汽车金融服务

作为汽车产业链的重要一环，我国汽车金融从汽车消费分期付款起步，逐渐演变为包含消费者、汽车经销商、汽车制造商在内的多种形式的全方位金融服务。在此期间，为更好地促进汽车金融行业发展、规范有关经营行为，我国政府出台了一系列相关指导文件及法律条款。

在积极引导汽车金融产品创新方面，国家发展改革委、生态环境部、商务部联合印发《推动重点消费品更新升级畅通资源循环利用实施方案(2019—2020 年)》，鼓励银行等金融机构优化资源配置和业务布局，增加地级及以下城市和农村地区汽车金融服务的有效供给；针对细分市场提供特色金融服务，以适应多样化汽车消费需求；利用金融科技手段优化产品定价、简化抵押贷款等业务办理流程，提高风险控制能力；积极创新汽车金融消费信贷产品，规范汽车金融服务费收取标准，切实保障消费者权益。

该文件的出台，进一步推动了汽车金融产品的创新发展，为打造特色汽车金融服务提供了新思路。

10.2 利用新技术加强风险控制

目前，我国智能科学技术高速发展并广泛应用到各个行业。智能科学技术在汽车金融行业的应用，势必给汽车金融服务体系带来重大变革，使其迎来新的发展机遇。

10.2.1 人工智能技术在汽车金融领域的应用

人工智能在汽车金融领域的具体表现为金融科技。金融科技是指利用计算机技术对客户的消费心理和消费导向进行智能分析，从而使得汽车金融行业的销售经理可以更有针对性地引导客户，逐步扩大金融服务。同时，智能汽车的创新也为汽车金融行业带来了新的契机。通过建立催收系统和综合平台，使汽车金融公司可以更有效地管理租赁车辆，及时对违约客户的行为进行预警，为风险控制部门和催收团队提供便利条件。

在汽车金融领域，人工智能技术的应用可以有效帮助汽车金融公司和银行等金融机构改进业务流程，紧密结合汽车金融业务，专注垂直领域的人工智能技术应用开发与探索，推动汽车金融行业迈向全流程智能化的进程。在汽车金融业务中，大量的工作需要一线金融顾问进行人工操作，不仅是销售沟通，还包括意向达成后的信息收录、资质审核等。如果业务进行中的某些环节能够借助人工智能技术加以改进，将极大地提升业务效率、降低成本。

同时，人工智能技术的应用将汽车金融烦琐的线下流程搬到线上，既节省了人工成本，又提高了业务效率，还带给客户更流畅的分期购车体验。这是人工智能技术赋能汽车金融业务的集中体现。利用人工智能技术再造汽车金融业务流程，实现全部交易环节的"去人工化"，汽车金融业务流程将以预先设计好的时间和步骤，以最低错误率高效运行，从而实现对汽车金融业务的精准控制。

10.2.2 区块链技术在汽车金融领域的应用

区块链是一种分布式的数据库，通过去中心化、去信任的方式，集体维护一个可

靠数据库。区块链技术处于一个完全终端的网络里，可以实现系统内的数据共享，并且对敏感数据和核心数据进行加密保护，拥有绝佳的保密性和安全性，可以极大地降低汽车金融行业的风控风险和欺诈风险。汽车金融公司和商业银行等金融机构可以利用区块链技术作为保密通信工具，通过数字签名技术验证每个客户的身份，从而保障业务的安全性和真实性。同时，区块链技术的数据共享机制和数据共建机制可以有效整合汽车制造商、汽车经销商和汽车金融公司等汽车金融主体的资源，减少中间环节，为客户提供更便捷的服务。区块链技术在汽车金融行业的应用，可以极大地促进汽车金融行业的快速发展。

1. 区块链技术保障汽车供应链安全

2017年，百度金融与长安新生发行了规模达4亿元的汽车金融资产证券化产品，该产品运用了区块链技术。2018年，福田汽车联合平安集团旗下"金融壹账通"上线了基于区块链技术的汽车供应链金融交易平台"福金 All-Link"系统，并推出首张数字凭证"福金通"。

采用区块链技术后，汽车金融行业能够实现有关数据的一致存储、防篡改、防抵赖，根据区块链上的数据信息，有关平台可以进行授信决策，减少在数据收集、校验、评估等环节的时间，降低风险成本，提升决策的精确性和效率，确保数据可信、透明。

区块链技术在汽车金融的应用在贷前，可以追溯、审查数据来源的真实性，并核对是否进行过其他融资；在贷后，可以进行持续跟踪，对可能参与重复融资的企业和个人进行预警与处置，使风险管控的等级得到提升。但应用区块链技术并非解决汽车金融风控难题的唯一途径，汽车金融机构仍要及时对资料、数据进行分析与监控。同时，汽车金融机构还应对具体的风险状况进行全面梳理，从而做到全方位预防、控制，并进一步化解汽车金融风险。

2. 区块链技术助力增强汽车金融行业监管

区块链技术的应用，不仅可以极大地增强汽车金融平台的风险管控力度，防范风险，还可以增强消费者对汽车金融行业的信心，扩大汽车金融产品的销售量。汽车金融服务机构可以利用区块链数据存证技术，将购车租赁放款合同等信息通过数据指纹方式放入区块链中，从而为这个合同盖上时间戳。如果在未来的某个时间节点一旦发生合同纠纷，则可运用该技术证明这份合同在当初已经存在并且已经双方认可生效。通过区块链技术还可以很好地实现产品溯源。消费者可以利用区块链溯源技术，了解所购车辆的生产过程或所租赁车辆的使用状况。例如，可以防止汽车租赁公司把原本的车辆损耗归责于新的消费者，从而造成消费者的损失。放款机构也可以通过区块链溯源技术快速定位车辆，有效降低信用程度较低的消费者所带来的二次抵押的风险。

3. 区块链技术降低二手车交易风险

目前，车辆在使用过程中的保养、维修、事故、出险、缺陷召回等信息没有可靠的记录方式，这就使得二手车在交易过程中面临信息不透明、难查询等问题。二手车"一车一况"的特殊属性使得车辆的历史数据容易被篡改，加之二手车交易市场缺乏有效的监管机制，难以保障二手车信息的真实性、有效性，相关购车人群出于对二手车质量的担心，大多会选择谨慎购买，这也极大地限制了二手车产业的发展。

二手车交易行业先行者通过与区块链技术公司合作，利用区块链技术，为车辆行驶数据、事故记录建立共享账本，保证旗下二手车数据的准确性与真实性，以期在未来可以对二手车的区块链系统进行规模化拓展，从而打通整车企业、4S 店、车主、车管所、维修中心和二手车交易市场等各个节点，准确记录车辆保养、维修、出险、缺陷召回、所有权变更等车辆信息。这样就可以最大限度地为消费者提供真实有效的数据，解决二手车交易过程中不公开、不透明、缺乏诚信等问题，极大地降低二手车交易的风险。

10.2.3 物联网技术在汽车金融领域的应用

物联网是指把物品通过射频识别、红外感应器、全球定位系统、激光扫描器等信息传感设备与互联网相连接，进行信息交换和通信，以实现对物品的智能化识别、定位、跟踪、监控和管理的一种网络。物联网的核心技术是指在物体之间建立连接，以实现对物品或生产过程进行定位、追踪、监控及智能化管理，从而可控制生产或交易过程中各个环节的流程，在提高生产效率的同时，优化资源配置、降低生产或交易成本。

从物联网系统架构角度，可将物联网划分为感知层、网络层、平台层和应用层。物联网系统架构如图 10-1 所示。感知层通过信息传感设备及感应器等组成的网络采集环境信息，并通过 RFID、二维码、工业网关等短距离传输技术传递数据，其中的传感技术是物联网的技术核心。网络层主要实现物联网数据信息的传递、路由和控制，包括接入网和核心网。网络层所采集的信息可通过移动通信网、局域网、互联网、广电网和卫星网等传输。平台层是数据及信息等集中处理和计算的环节，包含设备管理、数据存储和数据挖掘等功能。应用层对物联网所形成的数据进行分析，并将分析结果反馈到感知层以执行特定的控制功能，包括控制物与物之间的协同、物与环境的自适应、人与物的协作等，并可与各行业场景相结合，为行业发展提供精细的智能化信息管理解决方案。

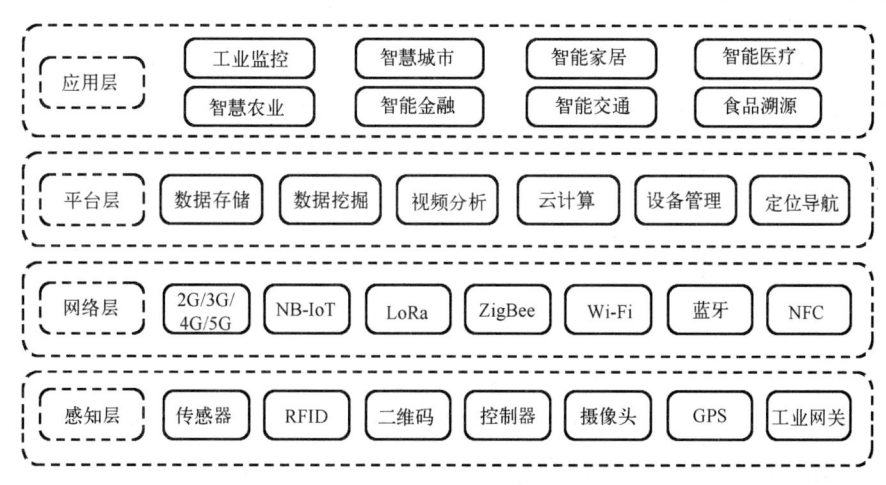

图 10-1 物联网系统架构

物联网在汽车金融行业的应用主要表现在汽车整车销售方面，即在汽车整车入库后，会使用带有产品电子编码(Electronic Product Code，EPC)的射频标签详细记录车辆的颜色、型号、生产批次、配置、生产日期、出厂信息等关键信息。物联网技术在车辆整车销售中的应用如图 10-2 所示，将 RFID 识读器安装在整车运输中途节点，在车辆从出库至最终交予消费者手中的过程中，RFID 识读器持续读取车辆信息，并且在车辆运输过程中，利用 GPS 定位技术实时跟踪每辆车的运输情况。

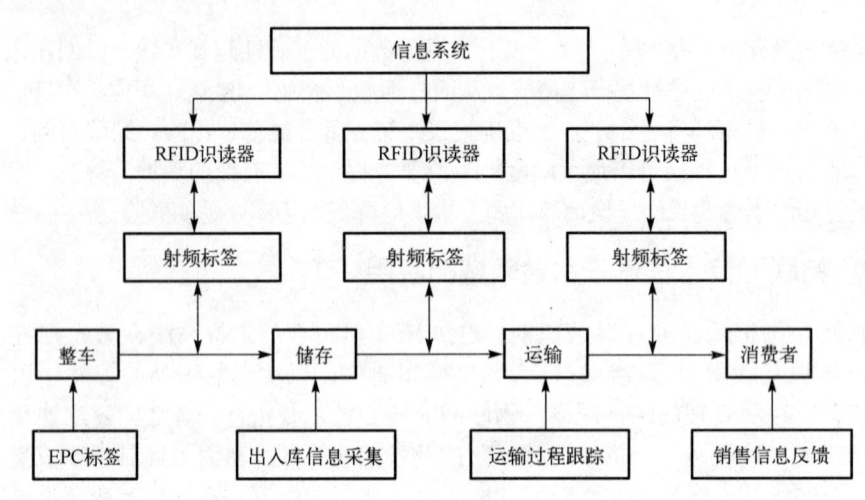

图 10-2　物联网技术在车辆整车销售中的应用

在车辆整车销售过程中，利用相关物联网技术可以掌握全程的信息流。当车辆从汽车制造商的仓储中心出库时，通过 RFID 设备的识别，汽车制造商将发货信息传递给汽车经销商，并在整车即将到达时通知汽车经销商；当车辆最终售出时，利用分布在各处的汽车经销商的 EPC 网络及 RFID 设备，将整车销售信息反馈给汽车制造商。这些反馈信息既可以为汽车企业研发新产品提供参考，也可以为优化汽车经销商补货管理系统和客户需求管理系统提供数据依据。

10.2.4　大数据技术在汽车金融领域的应用

大数据时代已经到来，在日常生产生活中随处可见大数据的身影，不同的数据产品都需要进行数据分析和整理运用。汽车金融产业作为我国经济的一个重要风口，不可避免地需要运用大数据助力生产运营。

在市场营销方面，汽车金融公司可以通过大数据分析，精准地掌握消费者需求。通过大数据技术对消费者行为进行详细分析，汽车金融公司可以把握消费者的心理预期，从而有效地引导消费者进行有关汽车金融产品的购买。在征信及风控方面，汽车金融公司可以通过大数据分析，有效地了解消费者在申请车辆贷款的同时是否已申请过其他借贷产品，从而更好地对消费者进行贷款评级及还款能力评估，最大限度地避免汽车消费欺诈风险。

现如今，越来越多的技术公司通过大数据技术和云计算技术积极研究风险评估服务，汽车金融公司能够利用这些技术产品来改进其风控工作，以规避风险、减少业务损失。利用互联网技术构建风控模型，汽车金融公司和银行等金融机构能够更加细致详尽地了解消费者信息，从而对消费者的存款、预期收入、信贷记录、家庭情况等进行分析，更加快捷地完成对消费者的评估，不仅缩短了审批流程和时间，还提高了风控能力。

同时，在有关汽车金融主体进行零售数据准备和模型变量开发的同时，大数据技术的应用可以形成从贷款人信贷基础维度到涵盖城市、渠道、车辆等风险因子的模型，从而可以实现对信贷和资产全生命周期的动态监控。在大数据的长期累积下，可以不断积累模型因变量，有效把握有关风险等级变化，及时建立预警和响应机制，从而有效降低资产损失率。

10.3　构建专业汽车金融服务机构

10.3.1　汽车金融服务机构的现状

目前，汽车金融行业主要存在商业银行、汽车金融公司、融资租赁公司、互联网平台四类主要参与主体。早期，商业银行曾垄断汽车金融领域，先发布局，在市场独占鳌头；而后，25 家汽车金融公司陆续开业，依靠主机厂资源、经销商渠道、购车群体基础等优势成为后起之秀；目前，融资租赁公司、互联网平台相继入局，汽车金融行业呈现多元竞争格局；未来，我国汽车金融将主要以商业银行和汽车金融公司为主体，但此两类经营机构均存在马太效应。

10.3.1.1　商业银行的汽车金融服务现状

与国外成熟的汽车金融市场不同，我国商业银行在汽车金融市场占据主导地位。在我国汽车金融市场的参与者中，商业银行依托其雄厚的资金实力，几乎涉足了汽车产业全产业链的金融服务领域，是汽车金融公司最强大的竞争对手。

由于现阶段我国的汽车金融服务较传统信贷业务来说比较零散，购车信贷利润较低，并未吸引国有大型银行过多介入，商业银行也并未在汽车信贷上更多着力，总体汽车贷款占商业银行消费贷款比例不高。但是与汽车金融公司以银行借款、金融债券和资产证券化等高成本负债为主的融资渠道相比，商业银行在发展汽车金融业务时有显著的资金成本优势，同时依托广泛的渠道网点布局，仍是目前汽车金融最大的参与方。

自中国银行监督委员会成立以来，国家对商业银行汽车金融的业务范围进一步放开。为提升汽车消费信贷市场供给质效，中国银行及银监会在《中国人民银行 银监会关于加大对新消费领域金融支持的指导意见》（银发〔2016〕92 号）里提出，自用传统动力汽车贷款最高发放比例为 80%，商用传统动力汽车贷款最高发放比例为 70%；自用新能源汽车贷款最高发放比例为 85%，商用新能源汽车贷款最高发放比例为 75%；二手车贷款最高发放比例为 70%。综合以上信息可以看出，各种汽车信贷政策的出台对于商业银行的汽车金融业务发展无疑起着不可替代的作用。

近年来，随着经济社会的高速运行，商业银行汽车金融业务在促进汽车产业迅猛发展方面所发挥的作用越来越大。但由于我国商业银行的汽车金融业务发展较晚，因此仍然存在着一些不足。

在互联网技术的支撑下，商业银行众多的服务网点可以为机构、企业及个人提供最为便捷的汽车金融服务，并且商业银行雄厚的资金在面临市场冲击时具有较大的抵抗力。当前，国内许多商业银行涉及的业务范围比较广，但是专业化程度相对较低。相对于国内的汽车金融公司来说，商业银行的汽车金融业务仅是商业银行众多业务中的一项，难以达到像专门的汽车金融公司那样的专业化程度和服务水平。

10.3.1.2　汽车金融公司的汽车金融服务现状

汽车金融公司在我国还属于新生事物，从规模、内涵、业务内容来看，我国的汽车金融公司与发达国家的汽车金融公司还存在一定差距。发达国家的汽车金融公司已有近百年的历史，既是配合汽车产业的一种服务，更是配合汽车产业的一种营销方式。发达国家的汽车金融公司凭借其先天的汽车产业背景，几乎提供了与汽车消费有关的所有金融服务，涉及从购车贷款到汽车消费的各个方面，如安全保障、维修、燃油消费及汽车旅行等。这些金融服务在使消费者享受比以前更简捷、更专业的汽车金融服务的同时，也推动了汽车产业的健康发展。

现阶段，我国的汽车金融公司的业务以汽车信贷为主，而发达国家的汽车金融公司的业务则更为广泛。以美国福特公司为例，该公司以专业化和资源化的汽车金融产品满足消费者和汽车经销商的需要，为他们提供新车、旧车和租赁车辆的融资服务，以及批售融资、抵押融资、营运资金融资、汽车保险、库存融资保险等服务，同时围绕汽车销售提供金融投资服务。而我国的汽车金融公司除业务类型单一外，还受业务经营地域、贷款利率、资金来源等多方面的限制。在我国，汽车金融公司的融资渠道较为单一，只能通过同业拆借、向银行借款等方式融资，并不能像发达国家的汽车金融公司那样通过吸收存款、发行债券、股票、抵押融资等多渠道筹集资金，因此存在高融资成本的障碍。

与商业银行相比，我国的汽车金融公司和商业银行二者在长期的业务发展过程中，形成了各自的经营模式和市场空间。目前，作为专门从事汽车消费信贷的金融机构，汽车金融公司积极创新经营机制，业务范围包括为汽车经销商提供库存融资贷款、为消费者提供汽车消费贷款及汽车融资租赁业务。由于融资租赁对借款人的财务压力较小，且机制灵活，因此广受消费者欢迎，目前已成为汽车金融公司的一项重要业务产品。此外，在市场细分上，汽车金融公司还会对有信用污点的消费者提供汽车消费信贷，虽然这样做会有一定风险，但贷款利率较高，且商业银行一般不会介入此类市场。

10.3.2 发展专业的汽车金融服务机构的必要性

金融行业在各国的经济发展中发挥着重要作用，而汽车产业则是发达国家或发展中国家重要的经济支柱。我国目前尚处在发展中国家行列，汽车金融的发展对于我国经济有着相当大的助推作用。在当前形势下，建立我国专业的汽车金融服务机构迫在眉睫。

从汽车金融的基本职能角度来看，汽车金融的产生和发展调节了我国国民经济运行中生产和消费不平衡的矛盾。我国目前汽车生产力水平有所提升，但就我国目前汽车消费的现状而言，我国汽车消费存在供需不平衡的问题。对于汽车整车的购买，消费者的选择范围较窄，多数消费者更加倾向于以分期付款的形式购买。我国的汽车消费信贷主要以商业银行为主体。在进行汽车消费信贷的过程中，消费者需要向商业银行提供繁杂的资料以进行审核，过程烦琐，等待时间长，且存在贷款审批不通过的情况，极大地限制了我国汽车消费需求的增长。而专业的汽车金融机构则免去了商业银行的烦琐流程，促进了汽车消费需求的增长。

发展专业的汽车金融服务机构有助于发挥金融体系的资金融通功能，提高资金的使用效率。汽车金融的独特功能在于其可以充分发挥金融体系的资金融通功能，通过建立专业的汽车金融机构实现专业分工化，并实现汽车生产领域和流通领域的相互分离，从而可以改善汽车产业的资金循环，提高资金使用率。

发展专业的汽车金融服务机构有助于推动汽车产业结构的优化和提升。发展专业的汽车金融服务机构对于建立完善的汽车金融体系有着推动作用。完善汽车金融体系可以通过专业的汽车金融服务机构,利用资产证券化、商业票据等金融工具进行资金筹集。汽车金融机构通过对上游汽车配件企业进行融资,支持其设备更新和技术改造,进而推动生产效率的提高和成本降低;通过对下游汽车经销商进行融资,可以建设标准的品牌专营店,提供优质的售后服务,增强品牌竞争力,促进汽车产业的融合发展。

10.3.3 发展专业的汽车金融服务机构的相关建议

10.3.3.1 建立数字化管理的汽车金融体系和多方合作平台

信息时代的来临,给汽车金融服务机构的发展带来了新机遇。汽车金融服务机构可通过融入数字化的管理模式增加信息来源,从而进行客户风险预估,有效保证业务的顺利进行。对于数据来源可以通过对多方合作平台的有机整合,增强对客户社交信息及交易数据等动态数据的监测。

在建立多方合作平台方面,需要汽车经销商、汽车制造商、商业银行、汽车金融公司、保险公司、地方政府等多个部门携手合作,从而形成多角度、多维度、多层次的汽车金融发展机制,同时还需要政府出台相关的法律文件进行有关约束,规范各方行为。

10.3.3.2 选择重点区域,构建汽车金融服务机构

构建汽车金融服务专业机构不可能一蹴而就,汽车金融服务机构的构建具有多阶段投资的特征,应当实施地域性重点突破的战略。

现阶段,我国汽车集团可以通过在主要消费集中地区及汽车产销基地,率先发展汽车财务公司的分支机构,专注发展汽车金融服务,待未来时机成熟,再将汽车财务公司发展成为更加多元化、更加全面的汽车金融服务机构。

汽车金融服务机构可由汽车集团财务公司、汽车制造商、汽车经销商共同投资成立。汽车金融服务机构通过整合汽车征税企业和汽车经销商的资源,简化相关交易环节,为客户制订灵活多样的、符合市场行情变化的信贷方案。汽车金融服务机构提供的是一项长期的战略性服务模式,可以通过汽车消费信贷、汽车租赁、汽车日常维修保养、旧车置换新车等一系列完善的服务,在汽车制造商与消费者之间建立长期紧密的联系,为消费者带来全新的汽车消费理念。

10.3.3.3 建立汽车金融服务机构学习型组织

人才作为第一资源,在经济发展中起着重要作用。汽车金融服务机构若要在激烈的市场竞争中抢占有限的资源、获取更大的发展空间,就必须具备足够的竞争优势和创新能力。汽车金融服务机构若要提升自身实力、进行创新,就需要储备足够的人才资源,汽车金融服务机构实现稳定、高效、长期发展的目标离不开人才建设。

汽车金融服务机构人才建设的重要手段之一,就是建立学习平台。在汽车金融服务机构建立学习型组织,就需要高度重视人员的培训管理,注重有关汽车金融知识的创新与运用,提高自主品牌汽车企业对汽车金融领域的认知力,打造专业汽车金融服务团队,设计人才梯队,这些举措对于推出具有竞争力的新型汽车金融业务产品,逐步扩大汽车金融服务机构经营规模具有重要的推动作用。

10.4 汽车金融法律法规建设

10.4.1 汽车金融法制建设有关条款

现阶段，我国汽车金融行业主要适用《汽车金融公司管理办法》等行业特定的法律法规，但鉴于行业特殊性，汽车金融行业通常还需要参照部分适用于商业银行的关于公司治理、业务监管及风险防范等的相关法律法规及规范性文件的规定。

(1)在行业管理方面，可参照的相关法律法规及规范性文件包括《汽车金融公司管理办法》《金融许可证管理办法》等。

(2)在行业治理与内部控制方面，可参照的相关法律法规及规范性文件包括《商业银行公司治理指引》《银行业金融机构董事(理事)和高级管理人员任职资格管理办法》《商业银行董事履职评价办法(试行)》《商业银行稳健薪酬监管指引》《企业内部控制基本规范》《商业银行内部控制指引》《商业银行内部审计指引》等。

(3)在业务监管方面，可参照的相关法律法规及规范性文件包括《汽车贷款管理办法》《个人贷款管理暂行办法》《商业银行集团客户授信业务风险管理指引》《同业拆借管理办法》《保险公司等六类非银行金融机构进入全国银行间同业拆借市场审核规则的公告》《全国银行间债券市场金融债券发行管理办法》《金融租赁公司、汽车金融公司和消费金融公司发行金融债券有关事宜》《商业银行金融创新指引》等。

(4)在风险防范方面，可参照的相关法律法规及规范性文件包括《商业银行资本管理办法(试行)》《关于实施<商业银行资本管理办法(试行)>过渡期安排相关事项的通知》《商业银行杠杆率管理办法》《贷款风险分类指引》《商业银行贷款损失准备管理办法》《金融企业准备金计提管理办法》《不良金融资产处置尽职指引》《金融企业不良资产批量转让管理办法》《非银行金融机构全面推行资产质量五级分类管理的通知》《金融企业呆账核销管理办法》《商业银行流动性风险管理办法(试行)》《商业银行声誉风险管理指引》《商业银行操作风险管理指引》《商业银行信息科技风险管理指引》《商业银行数据中心监管指引》《银行业金融机构信息科技外包风险监管指引》《商业银行合规风险管理指引》《商业银行市场风险管理指引》等。

10.4.2 汽车金融法律风险分析

10.4.2.1 汽车金融公司商业贿赂风险

汽车金融公司是我国汽车金融市场的主要参与主体之一。相较于商业银行和其他金融机构，汽车金融公司的从业人员通常具有更加专业的汽车金融知识，对其所经营的汽车品牌也有更加全面的了解。汽车金融公司是我国汽车金融市场中发展最有潜力的参与主体。

随着汽车金融的快速发展，行业内部的竞争也开始逐渐加剧。一些汽车金融公司为了尽快抢占市场份额，出现了贿赂汽车经销商等不当竞争行为。汽车金融公司商业贿赂风险的具体表现形式为汽车金融公司与汽车经销商签订合作协议，由汽车经销商向前来购买汽车的消费者推荐汽车金融公司的汽车贷款等汽车金融产品。一旦汽车金融产品推销成功，汽车金融公司将向汽车经销商给予一定比例的返利。这种商业形式看似促进了经销商汽车的销售，提升了汽车金融公司的业绩，但实际上不仅破坏了公平竞争的汽车金融市场环境，更侵害了广大汽车金融消费者的合法权益。

值得一提的是，在该商业形式中，虽然汽车金融公司和汽车经销商通过合同约定了返利、服务的费用，并约定将费用明示入账，但并不影响其被判定为一种商业贿赂行为。这一商业形式在客观上仍是一种通过利诱手段，排除正当竞争的非法行为。该商业形式的发生容易导致消费者被迫接受消费成本较高的汽车金融业务，不仅会引发各方的法律和经济纠纷，还会给汽车金融行业的良性发展带来不利影响。

10.4.2.2 汽车融资租赁出租人法律风险

我国现阶段关于融资租赁的根本性法律是《民法典》，该法律对融资租赁合同的定义、内容、形式，以及融资租赁合同主体的权利和义务都进行了大致的规定，对指导融资租赁业务的开展起到了相应的促进作用。但是《民法典》中未对融资租赁业务的本质进行明确界定，并且对于出租人、承租人及出卖人在不同情况下的具体权利和义务的规定也不够详细，这就使得在发生相关法律纠纷时各方主体的权益较难得到有效保障。因此我国有必要制定专门的融资租赁法规，并对融资租赁业务经营主体的市场准入和风险管控等进行相关的规定。

10.4.2.3 二手车金融法律制度滞后风险

现阶段，中国二手车金融市场的主要汽车金融业务是消费贷款，汽车经销商库存融资则只占其中很小的一部分。我国二手车金融市场发展空间广阔，增长速度较快，但当前二手车交易的开展仍受到很多法规、制度的限制，二手车交易相关制度的滞后将会直接影响二手车金融业务的开展。

首先，临时产权登记制度的缺失。二手车临时产权登记制度的缺失极大地延长了二手车的置换周期。在许多限购城市，二手车经销商在收购二手车后首先将车辆过户到自己的名下，然后通过各种销售渠道进行销售，在买卖双方意向达成后再将该车辆过户到购买该二手车的买家名下，只有通过这样的流程才能完成一笔交易。但二手车经销商收购二手车也需要购车指标，因此二手车卖家只有等到二手车完成产权交割之后才能获得新的购车指标。这不仅导致二手车的置换周期大大延长，流转效率低下，还会增加二手车交易的经营和管理成本，很容易加大二手车交易的流转风险，产生经济和法律纠纷。目前，我国只有部分城市出台了关于二手车交易周转指标管理的办法。

其次，二手车检测评估制度尚未上升到法律层面。与新车交易市场不同，由于二手车车况及车源提供者各不相同，二手车交易市场上的交易很大程度上依赖于二手车检测评估制度。在现阶段，我国二手车的车况评估主要依赖于相关评估师的主观判断，但真正影响二手车残值评估的若干重要信息，如维修记录、历史交易记录和出险记录等却掌握在不同机构手中。由于行业缺乏统一的二手车检测评估管理体系，以及有关二手车检测评估制度尚未上升到法律层面，导致我国二手车交易市场的交易规范性不足，二手车金融产品的具体设计和定价难以统一确定，因此很容易导致二手车在交易过程中发生不必要的法律和经济纠纷。

10.4.3　汽车金融法律法规建设的相关建议

于我国现阶段的经济发展状况而言,要想更好地推动汽车金融的发展,需要从多个方面进行完善和改进,特别是相关法律法规的问题,需要从多个方面进行规范。

10.4.3.1　完善汽车消费信贷相关法律法规

相较于发达国家较为完善的汽车消费信贷法律而言,我国相关法律法规仍存在很大的缺失。

以美国的《公平信用报告法》和英国的《消费信贷法》为代表,这些法律都在具体的条款中体现了信用原则,并对信用体系、消费信贷范围等进行了具体规定,有力地提高了全民的社会信用意识,极大地促进了个人信息的保护。但就我国而言,结合我国现阶段的实际情况,需要从法律层面明确各个主体的相关权利和义务,切实保障各方利益。同时,我国还需要设立专门的信用信息系统,从源头保护相关主体权益,防止个人信息泄露。

10.4.3.2　完善汽车融资租赁相关法律法规

我国虽已出台了相关法律法规对汽车融资租赁的部分问题做出指导,但在实际的运用中,这些法律法规都存在缺乏可操作性、立法漏洞明显等问题,甚至一些法律法规之间存在着某种抵触和冲突。

针对这一问题,需要我们出台专门的汽车融资租赁法律,明确规定融资租赁市场的主体、准入条件和风险指标,以提供明确的法律依据,降低汽车融资租赁运营风险。另外,目前我国还需要解决《道路交通事故处理办法》与汽车融资租赁合同条款间的冲突,并需要确立中国人民银行征信中心融资租赁登记公示系统的全国范围内的法律效力。

10.4.3.3　完善二手车金融相关法律法规

二手车市场对于我国汽车行业来说是一个重要的组成部分。就我国的现实情况而言,发达国家的成熟法律体系对我国虽有借鉴作用,但仍需结合我国实际情况进行相关法律的制定和创新。

首先,我们可以建立二手车临时产权登记制度,以提高二手车交易的效率和保护买家的权益。其次,我们需要优化相关交易增值税的征收法规,只对二手车经营企业的增值部分征税,以激发市场活力。最后,我们需要改进二手车限迁政策,缓解二手车市场供需失衡的问题。这些改变都将有助于我国二手车金融市场的长远发展。

本 章 小 结

汽车金融作为我国经济的一个重要风口,对于我国经济的发展有着重要的推动作用。在如今市场不断变化的情况下,汽车金融各主体如何实现正业务增长并且完成自身的再次发展是值得我们思考的问题。

关 键 词

汽车金融；汽车金融产品；汽车金融服务机构

思 考 题

1．简述汽车金融产品特性。
2．思考如何创新汽车金融产品。
3．简述人工智能、区块链等技术在汽车金融领域中的应用。
4．思考如何发展汽车金融服务机构。
5．列举与我国现行的汽车金融法制建设有关的条款。

参 考 资 料

[1] 童倩．汽车金融产品设计[M]．广州：暨南大学出版社，2020．
[2] 邱华桢．互联网汽车融资租赁金融产品的设计与创新[J]．时代汽车，2021（9）：164-165．
[3] 徐维，徐中明．新能源汽车保险产品设计开发问题分析[J]．时代汽车，2020（18）：93-94．
[4] 高孝禄．北京现代汽车金融业务发展研究[D]．石河子：石河子大学，2020．
[5] 侯家明．"互联网+"背景下汽车金融发展探讨[J]．合作经济与科技，2020（12）：62-64．
[6] 谢姗姗．中国平安并购汽车之家的绩效研究[D]．石家庄：河北经贸大学，2020．
[7] 陈晨．F汽车金融公司消费信贷业务营销策略研究[D]．哈尔滨：东北农业大学，2020．
[8] 君迪．市场变化催生多样化汽车金融需求，产品供应成掣肘[J]．汽车与配件，2021（14）：48．
[9] 尚凯．资产证券化在汽车金融公司融资中的应用分析[D]．广州：广东外语外贸大学，2019．
[10] 张婷．汽车金融的新玩法[J]．金融博览（财富），2017（11）：42-44．
[11] 匡志成．汽车金融的"四化"未来[J]．金融博览（财富），2017（11）：49-50．
[12] 张永强．中国商业银行汽车消费信贷发展研究[D]．武汉：武汉大学，2013．
[13] 舒扬，杨秋怡．基于大样本数据模型的汽车贷款违约预测研究[J]．管理评论，2017，29（9）：59-71．
[14] 段云峰，李少年，周梦飒，等．汽车保险中车联网大数据智能分析及应用[J]．信息通信技术与政策，2018（8）：34-39．
[15] 高东．汽车电商金融在中国的发展前景[J]．国际融资，2018（9）：62-66．
[16] 张亮．大数据驱动的汽车金融风险评估研究[J]．时代汽车，2020（18）：167-168．
[17] 宋蕾浩．基于互联网视角一汽汽车金融公司服务质量升级研究[J]．全国流通经济，2021（13）：160-162．
[18] 冯照华．零售汽车金融行业数字化转型发展探究[J]．中国信用卡，2021（3）：51-53．
[19] 李申蕾．我国商业银行汽车金融业务优化研究[J]．商讯，2020（33）：64-65．
[20] 王跃刚．汽车金融行业的 IT 系统解决方案及金融科技应用[J]．信息与电脑（理论版），2018（16）：121-122．
[21] 麦科．车联网大数据：助汽车金融服务落地[J]．中国公共安全，2017（10）：189-190．